민주화 이후의 민주주의

한국 민주주의의 보수적 기원과 위기

민주화 이후의 민주주의 한국 민주주의의 보수적 기원과 위기

1판 1쇄 | 2002년 11월 5일
1판 10쇄 | 2005년 2월 28일
개정1판 1쇄 | 2005년 9월 9일
개정1판 12쇄 | 2010년 3월 25일
개정2판 1쇄 | 2010년 6월 10일
개정2판 14쇄 | 2024년 9월 9일

지은이 | 최장집

펴낸이 | 정민용·안중철
편집 | 이진실, 윤상훈

펴낸 곳 | 후마니타스(주)
등록 | 2002년 2월 19일 제2002-000481호
주소 | 서울 마포구 신촌로14안길 17 (2층)
전화 | 편집_02.739.9929 제작·영업_02.722.9960

블로그 | blog.naver.com/humabook
페이스북, 인스타그램 | humanitasbook
이메일 | humanitasbooks@gmail.com

인쇄 | 천일_031.955.8083 제본 | 일진_031.908.1407

값 15,000원

ⓒ 최장집 2010
ISBN 978-89-6437-116-9 03340

민주화 이후의 민주주의

한국 민주주의의 보수적 기원과 위기

최장집 지음 | 박상훈 개정

후마니타스

차례

개정2판 서문 7
이 책을 쓴 이유 8

1부 문제

1장 │ 민주화 이후 한국 사회의 자화상
1. 참여와 대표의 위기 19
2. 보수적 민주주의의 사회적 결과 27
3. 민주화 이후의 민주주의 35

2부 보수적 민주주의의 기원

2장 │ 국가 형성과 조숙한 민주주의
1. 민중 동원의 사회와 강력한 국가의 탄생 49
2. 이념적 양극화에 따른 정치적 대립 축의 전치 56
3. 권력의 중앙 집중화와 관료 국가 59
4. 이념적으로 협애한 정당 체제의 형성 62
5. 한국의 '세자리즘'과 일본의 '55년 체제' 66
6. 조숙한 민주주의의 효과 71
7. 냉전 반공주의와 한국 민주주의 78

3장 │ 권위주의적 산업화와 운동에 의한 민주화
1. 박정희식 발전 모델의 특성은 무엇인가? 82
2. 박정희 정권의 사회적 지지 세력은 누구인가? 101
3. 민주주의를 위한 공간을 여는 문제 106

4장 | 민주화 이행의 보수적 종결과 지역 정당 체제
    1. 한국에서의 민주화 이행의 특징 117
    2. '협약'에 의한 민주화와 지역 정당 체제의 형성 129
    3. 민주화가 보수적으로 종결된 이유 142

3부 민주화 이후의 민주주의 : 구조와 변화

5장 | 민주화 이후의 국가
    1. 민주화 이후 강력한 국가, 무력한 정부의 문제 155
    2. 무력한 정부와 관료제의 문제 168
    3. 민주화와 대통령제의 문제 174
    4. 민주화와 중앙집권화의 문제 187

6장 | 민주화 이후의 시장
    1. 민주화와 시장의 개혁 194
    2. 민주화는 권위주의 시장구조를 변화시켰는가? 201
    3. IMF 세계화와 경제개혁 208

7장 | 민주화 이후의 시민사회
    1. 한국의 시민사회는 어떤 맥락에서 어떤 내용으로 형성되었나 219
    2. '국가에 반하는 시민사회' 테제에 관하여 225
    3. '시민사회 대 시민사회' 테제의 제기 231
    4. 시민사회의 약화와 한국 민주주의 238

4부 결론

8장 | 민주주의의 민주화

1. 보수적 민주화 247
2. 갈등의 억압과 대안의 배제 251
3. 갈등의 사유화에서 갈등의 사회화로 254
4. 유권자 편성 구조의 변화와 경직된 정당 체제 258
5. 신자유주의적 민주주의로의 쇠퇴 263
6. 슈퍼 재벌의 등장과 민주주의의 변형 266
7. 제도 문제, 다른 수단에 의한 정치, 그리고 헌정주의 269
8. 민주주의도 능력 있는 정부를 필요로 하는 이유 275
9. 자유주의와 공화주의에 관하여 281

인명 찾아보기 290
용어 찾아보기 293

개정2판 서문

처음 이 책을 출간한 것은 2002년 11월이었고, 2005년 9월에 1차 개정판을 냈다. 이번이 두 번째 개정판인 셈이다. 이번 개정 작업은 2005년 이후 변화된 현실을 반영하기 위한 것이기도 했지만, 보다 중요한 목표는 더 이상 개정하지 않을 책을 만드는 데 있었다. 그러기 위해서는 단기적인 정세 변화에 대한 분석을 줄이는 대신 한국 정치의 변하지 않는 특성 내지 패턴을 일반화해야 했다. 그럼에도 불구하고 현실의 힘과 갈등을 다룰 수밖에 없는 정치학의 운명이라 할 '상황 구속성'으로부터 완전히 자유로울 수는 없었다. 결국 구조적인 차원의 문제와 국면적인 차원의 문제 사이에서 균형을 맞추는 서술을 해내야 했는데, 이 까다로운 작업은 후마니타스 출판사를 운영하고 있는 박상훈 박사가 맡았다. 내가 한 일은 그가 첨가하고 삭제하고 수정하고자 하는 내용에 대한 이야기를 듣고 내 의견을 말하는 것이었다.

2010년 6월
최장집

이 책을 쓴 이유

1.

나는 민주화 이후 한국 사회가 질적으로 나빠졌다고 본다. 계급 간 불평등 구조는 훨씬 빠른 속도로 심화되어 왔으며, 과거 교육과 근면을 통해 가능했던 사회이동의 기회는 크게 줄어들었다. 어느덧 서울의 강남을 중심으로 상층계급 문화가 발전하고 소득과 교육의 기회가 점차 정비례하는 현실이 되었다. 그러면서 중산층 상층의 특권화된 사회 부분과 나머지 서민이라고 할 수 있는 사회 부분 간의 괴리는 심화되었다.

정당이 중심이 되는 민주정치는 매우 보수적인 이념적 범위 안에서 기존의 정치 행태를 지속함으로써 사회적 기대와는 거리가 먼 정치 계급[1]의 쟁투장에 가까운 것이 되고 말았다. 누구나 알 수 있듯이 한국 정치에 대한 부정적 평가는 냉소를 넘어 거의 무관심의 대상이 되고 있다. 사회적 불만이 팽만해 있지만 정상적인 제도와 절차를 통해 해결될 것이라는 기대 또한 없기에, 뭔가 강렬한 변화를 바라는 사회심리가 한국 정치의 한 특징으로 자리 잡았다.

> [1]_정치 계급(political class) | 이탈리아 정치사회학자 모스카(G. Mosca)의 개념. 민주주의하에서도 당원과 지지자의 이익을 실현하고자 하는 것이 아니라 자신의 이익을 추구하기 위해 통치하는 소수 정치 엘리트가 존재한다는 것을 강조하기 위해 사용했다.

오늘날 우리 사회에서 민주주의는 이런 현실에 압도당하고 있다. 이런 조건에서 다양한 사회적 요구에 기초해 대안을 조직하는 정치 본래의 기능이 발휘되기를 기대하기는 어려울 것이다. 나아가 이 속에서 한국 사회가 좀 더 사람 살 만한 곳으로 발전하고, 민주주의가 사람들의 기대를 충족시키면서 사회적으로 건강한 뿌리를 내릴 수는 없다. 왜 이렇게 되었을까? 왜 한국 민주주의는 사회적 요구와 변화에 부응하지 못한 채 무력해지고 있는가? 왜 제도권 정치 세력은 현실을 개선할 수 있는 대안을 적극적으로 조직하지 못한 채 보수적 경쟁에 머물고 있는가? 이 책을 통해 내가 대면하고자 하는 문제는 이것이다.

2.

오늘의 사회 현실만큼 민주주의를 만드는 것과 지키고 발전시키는 것이 서로 다른 문제라는 사실을 실감나게 하는 것도 없다. 잘 알다시피 민주주의를 수립하는 데에는 많은 사람들의 투쟁과 희생이 있었다. 그런 투쟁과 희생이 있었기에 그야말로 '범국민적'이라 부를 만큼 감동적인 대규모 시민 참여의 민주화 운동이 가능했고 이를 통해 권위주의 통치에서 벗어날 수 있었다.

그러나 그 이후 민주주의를 사회적으로 안착시키고 내용적으로 발전시켜야 하는 단계에서 우리는 그 이전과는 매우 다른 양상을 발견하게 된다. 이제 민주주의는 더 이상 사람들의 기대와 열정을 만들어 내는 단어가 아니다. 일반 국민은 물론 민주주의를 위해 투쟁한 사람조차 한국 민주주의의 현 상황에 대해 무관심하고 냉담하며 비판적이 되었다. 무엇보다도 그것은 민주주의를 통해 기대했던 것과 한국 민주주의가 실제로 가져온 결과 사이의 격차가 만들어 낸 실망의 표현이라고 할 수 있다. 더욱이 이 같은 실망이 현실 정치에 대한 환멸을 동반하면서 한국 민주주의를 위기로 몰아가고 있는 것이 오늘의 현실인 것이다.

민주주의로 전환하는 것보다 민주주의를 지키고 발전시키는 것이 더욱 어렵다. 실망이 실망에서 끝나거나 환멸이 환멸로 끝난다면 민주주의는 물론 한국 사회의 미래는 없다. 민주화 이전에 가졌던 민주주의에 대한 좁은 관점으로는 민주화 이후의 민주주의를 제대로 실천하기는커녕 이해하기도 어렵다는 사실이 강조되어야겠다.

그간 정치학자들은 민주주의를 보통선거권, 주기적인 선거, 정당 간의 경쟁을 통한 정부의 구성 등 민주적 경쟁의 규칙을 확립하는 '절차적 최소 요건'을 갖춘 정치체제로 이해해 왔다. 물론 객관적 조건과 절차적 기준을 통해 접근할 때만이 민주주의에 대한 논의는 비교의 시각과 더불어 사회과학으로서의 분석적 엄격함과 정치함을 얻을 수 있다. 하지만 기존 논의가 방법론적 엄격함을 추구한 나머지 지나치게 미시적이고 기술적인 문제와 씨름하거나 다소 편협한 해석을 낳은 것도 사실이다.

더 넓은 관점에서 볼 때 민주주의는 토크빌[2]이 보았던 것처럼 정치의 체제이기보다 '사회의 상태'를 의미한다. 민주주의는 절차적 최소 요건을 갖춤으로써 스스로 자기 발전의 경로를 따라 움직이는 것이 아니라, 그 사회가 어떤 지적·도덕적·문화적 토양을 발전시키는가에 따라 더 좋은 내용으로 발전할 수도 있고 그 반대일 수도 있는 것이다. 민주주의는 똑같지 않다. 미국의 민주주의가 다르고 유럽의 민주주의가

2_토크빌(A. de Tocqueville) | 프랑스의 정치사회학자. 1835년에 제1권, 1840년에 제2권이 출간된 *Democracy in America*(『미국의 민주주의』, 임효선·박지동 옮김, 한길사, 1997)를 통해 시민의 삶 속에서 민주주의가 어떻게 뿌리내리고 있는가를 보고자 했다.

다르다. 우리가 민주주의를 어떻게 실천하고 발전시키느냐에 따라 한국 민주주의의 미래는 열려 있다. 더 나빠질 수도 있고 더 좋아질 수도 있다.

한 사회의 민주주의 발전은 민주주의를 이해하는 수준과 같이 간다. 민주주의가 사회에 뿌리내리고 나아가 질적으로 발전하기 위해서는, 먼저 민주주의에 대한 그 사회의 이해가 발전해야 한다. 민주주의를 위한 시민교육은 그래서 중요하고, 이를 통해 사회적 문제에 대한 관심과 참여를 확대하는 것이 필요하다. 자신이 속해 있는 사회에 관심을 갖고 참여할 때 민주주의를 이해하고자 하는 지적 욕구도 커지고, 민주주의를 더 이해하게 됨에 따라 사회적 실천도 늘어나 그 사회의 민주주의가 발전하게 된다.

그러나 막상 민주주의를 이해하고 실천하기란 쉬운 일이 아니다. 우리 스스로가 민주주의를 말하면서 어떤 내용과 논리, 또는 어떤 이론의 안내를 받으면서 사태를 전망하는가를 반추해 보면 알 수 있을 것이다. 민주주의에 대한 이해를 넓히고 이를 통해 시민적 관심과 참여를 불러일으키기 위해서는 민주주의에 관한 비판적 논의와 논쟁이 존재해야 할 것이다.

좋은 논의와 논쟁은 사태를 명료하게 만들고 문제를 선명하게 부각함으로써 민주주의에 대한 좀 더 넓고 깊은 이해를 가능하게 하고 참여와 실천을 자극하는 민주주의의 기관차다. 그리고 이는 사회가 지식인에게 기대하는 역할이기도 하다.

그러나 오늘날 한국 사회에서 그런 지식인의 역할을 발견하기는 어렵다. 그 자리를 주류 언론의 지배적 담론과 기득 이익을 위한 수구적 논리가 대신하고 있으며, 대부분의 지식인들은 주류 언론이 만들고 주도하는 이슈와 의제의 틀 안에 동원된 필자일 뿐이다. 그 결과 언론은 우리 사회의 여론을 주도할 뿐만 아니라, 지식인 사회와 정치의 세계를 지배하는 담론의 생산자가 되었다. 이런 상황에서 우리 사회의 근본문제에 대한 발본적 비판이나 이성적 논쟁이 숨 쉴 공간은 없다.

우리 사회에서 언론이 생산하는 담론이란 정치를 공격하고 정치를 부정하는 것, 혹은 냉전 반공주의와 오랜 권위주의가 강요한 좁은 이념적 시야에서 지극히 협소한 정치의 언어만을 조합해 내는 데 그친다. 우리는 매일 모든 언론의 정치 관련 기사가 얼마나 천편일률적인가를 목격한다. 생각해 보면 놀라운 사실이 아닐 수 없다. 대안적 논의가 뒷받침되지 않는 정치 비판은 의도했든 안 했든 민주주의를 말할 공간을 축소시켜 버린다.

언어가 제약된 곳에서 자유로운 생각을 갖기는 어렵다. 지배적 담론으로부터 자유로운 이성적인 비판과 논쟁의 장이 개척되지 않는 한 오늘의 한국 민주주의는 한 발짝도 전진할 수 없을 것이다. 결국 나는 이 책이 한국 민주주의에 대한 비판서이자 동시에 한국 민주주의를 둘러싼 지배적 담론과 해석에 대한 비판서가 될 수밖에 없다는 사실을 인정하지 않을 수 없다.

3.

이 책은 지난 50여 년의 현대 한국 정치를 소재로 한국 민주주의의 기원과 구조, 변화를 다룬다. 오늘날 한국 민주주의가 안고 있는 문제를 이해하기 위해서는 표피적이고 현상적인 해석의 차원을 넘어 좀 더 구조적이고 역사적인 차원에서 한국 민주주의의 초기 형성 조건과 제약, 그리고 이후의 사태 전개와 변화를 살펴보는 것이 중요하다.

그러나 한국 정치사의 시계열적 서술이나, 다소 형식주의적인 구성을 갖는 한국 정치 관련 교과서와는 달리 이 책은 문제 중심의 접근과 서술을 특징으로 한다. 다시 말해 이 책을 통해 나는 오늘의 한국 민주주의가 안고 있는 중심 문제를 포착하는 것에서 출발해, 그 기원과 구조를 밝히고 나아가 ― 비록 정교한 프로그램과는 거리가 있겠지만 ― 일정한 방향의 대안을 모색해 보려 한다. 이런 의미에서 이 책은 한국 정치에 대한 정밀화가 아니라 소묘이며, 핵심 구조와 역동성에 초점을 두고 여타의 요소들을 과감히 생략하는 토르소torso에 가깝다고 말하고 싶다.

크게 보아 이 책은 네 부분으로 구성된다. 이 책이 다루고자 하는 문제를 정의하는 첫 번째 부분에서는 오늘의 한국 민주주의가 사회적 요구와 변화를 반영하지 못한 채 안락한 보수주의에 젖어 있는 시대 상황을 비판한다. 두 번째 부분은 국가 형성, 산업화, 민주화로 이어지는 거시 변화의 특징을 분석하는 동시에 한국 민주주의가 사회적 요구와 변화에 비해 보수화되고 정치 계급의 일상사로 고착된 현실의 역사적·구조적 기원을 밝히는 데 초점을 둔다. 세 번째 부분은 민주화 이후 한국 사회의 문제, 즉 민주화 이후 20년의 경험을 다룬다. '왜 한국의 민주주의 국가는 무능한가', '시장으로의 전환이 대안이 될 수 있는가', '시민사회에 기대할 수 있는 것과 기대할 수 없는 것은 무엇인가' 하는 질문을 탐색할 것이다. 네 번째 부분은 이 책의 결론으로 '어떻게 할 것인가'에 대한 문제를 다룬다.

이 책에서 나는 현대 민주주의의 틀 안에서 가장 현실적이고 적극적인 대안은 정치일 수밖에 없다는 생각을 발전시킬 것이다. 다시 말해 정치가 문제라고 정치를 없애는 것이 아니라 정치를 정치답게 만드는 것만이 대안이라는 사실을 강조하려 한다. 나는 한국 정치에 비판적이지만 그렇다고 반反정치적이지도 않다. 왜냐하면 정치에 문제가 있다고 해서 정치를 없애는 것은 곧 민주주의를 없애는 것이기 때문이다.

이런 문제의식은 내가 한동안 큰 관심을 갖지 않았던 정당 관련 분야와 정치철학 분야의 문헌들을 읽게 했던 동인이 되었다. 이 시기 나는 립셋S. M. Lipset, 샤츠슈나이더E. E. Schattschneider, 사르토리G. Sartori와 같이 지금은 고전이 된 정당에 관한 이론들과, 로크J. Locke, 매디슨J. Madison, 토크빌의 자유주의, 그리고 마키아벨리N. Machiavelli로 대변되는 공화주의republicanism 전통의 이론들을 읽게 되었다. 한편으로 한 나라의 민주적 실천과 그 수준은 대체로 정치 경쟁의 장에서 국가와 사회 사이를 매개하는 대표 체제인 정당(체제)의 발전 수준과 역할에 의해 결정된다는 생각 때문이었다. 다른 한편 정치철학의 지식이 절실히 필요하다고 느꼈던 것은, 민주주의의 주요 제도들이 어떻게 하면 민주주의의 규범과 가치에 부응할 뿐만 아니라 효율성을 가지며 작동할 수 있는가 하는 이른바 '제도의 문제' 역시 대부분 정치철학적 주제와 접맥되어 있다는 생각에서였다.

결국 나는 민주화 이후 우리 사회가 당면하게 된 숱한 문제들을 이해하고 해결하는 데 있어 때늦은 감이 있지만 고전의 중요성을 깨달은 셈이다.

4.

이 책은, 2002년 8월 12일부터 21일까지 총 6회에 걸쳐 진행했던 "민주주의 특강"의 산물이다. 내가 연구소장으로 있었던 고려대학교 아세아문제연구소가 주관한 행사였다. 처음 나는 민주주의를 위한 시민교육, 정치

교육이 절박하다는 인식을 가지고 강의를 통해 민주주의를 이해하고 제대로 된 정치의 언어를 확장하는 데 조금이나마 기여할 수 있게 되기를 바라는 소박한 생각으로 강의에 임했다. 한국 민주주의를 주제로 하는 강의가 사람들의 관심을 끌까 하는 회의적 생각이 없었던 것도 아니었다.

그러나 수강생들의 관심은 뜻밖에 컸다. 강좌의 신청 과정에서부터 예상치 못한 신청 쇄도가 있었고, 애초 강의실보다 규모가 세 배나 큰 대형 강당으로 장소를 변경해야 했다. 특강을 시작하고 진행하는 과정에서뿐만 아니라, 특강이 끝나고 나서도 내 강의에 많은 사람들이 관심을 보여 주었다. 확실히 이런 사실들은 한국 사회가 안고 있는 문제만큼이나 변화에 대한 욕구도 크다는 것, 한국 민주주의가 제대로 작동하지 않는 것만큼이나 민주주의에 대해 알고 싶어 하는 열정도 많다는 것을 말해 주는 것이다.

많은 사람들은 젊은 세대들이 정치나 사회적 문제에 무관심하다고 말한다. 그러나 나는 그렇게 생각하지 않으며 그 강좌를 통해 이를 더욱 확신하게 되었다. 젊은 세대들의 신세대 의식, 개인주의적 사고가 문제가 아니라 이들이 우리 사회 공동체의 문제에 열정을 가질 수 있는 통로와 대안이 배제된 정치가 문제일 뿐이다. 변화의 열망을 표출할 기회가 주어질 때마다 젊은 세대들은 우리 사회에 발랄한 영향을 미쳤다. 민주주의와 정치에 대한 제대로 된 이해와 결합된다면, 이들의 열정은 지금처럼 많은 사람들의 실망의 대상이 되고 있는 정치의 세계를 변화시키는 원동력이 될 것이라 생각한다.

특강이 끝난 후 많은 사람들로부터 책을 내라는 압력을 받았다. 그것도 가능한 한 빨리 내면 좋겠다는 것이었다. 나 역시 민주주의에 대한 우리 사회의 관심과 열망에 무언가 부응해야겠다는 생각을 가졌다. 그래서 강의에서 했던 내용, 혹은 준비했지만 강의에서는 사용하지 못한 내용을 중심으로 내 생각을 정리하고자 했다.

강의를 준비하면서 그리고 이 책을 쓰면서 내 의식의 한 켠에서 반복적으로 연상된 장면이 있었다. 그것은 강의 시작 얼마 전에 보았던 뮤지컬 〈레미제라블〉이었다. 뮤지컬 초반부에서 민중들은 "변한 것이 아무것도 없네"라고 노래한다. 원작 『레미제라블』의 배경이라고 할 수 있는 프랑스혁명 이후에 민중의 실망, 민중혁명 이후에도 변한 것이 없다는 것을 말하는 것이다. 우리 사회에서도 민주화 이후 달라진 것이 무엇이냐는 회의적인 질문이 광범위하게 제기되고 있다. 그러나 우리는 여기에서 그치지 말고 한국 민주주의의 현실을 어떻게 이해해야 하고 또 민주주의를 발전시키기 위해 무엇을 해야 하는가라는 질문을 함께 제기해야 할 것이다. 나는 우리 사회가 다시 한 번 진지하고 열정적으로 민주주의와 마주서게 되기를 기대한다.

1부

문제

1장 | 민주화 이후 한국 사회의 자화상

1. 참여와 대표의 위기

낮은 투표율과 한국 민주주의

이 책을 통해 내가 말하고자 하는 것을 압축적으로 표현한다면 이렇다. 한국 사회에서 민주주의는 사회의 다양한 갈등과 이익을 정치적으로 표출하고 대표해 대안을 조직함으로써, 한편으로 대중 참여의 기반을 넓히고 다른 한편으로 정치체제의 안정에 기여하는 본래의 기능을 하지 못하고 있다. 한국 민주주의는 기존의 냉전 반공주의의 헤게모니와 보수 편향의 정치 구조에 그저 얹혀 있는 외피에 불과한 것이 되고 말았다. 그 결과 특권적 기득 구조와 계급 구조는 심화되었고 사회의 공동체적 기반은 더욱 약화되었으며 개인의 삶도 황폐화되었다.

지난 2008년 4월에 있었던 18대 국회의원 총선의 투표율이 50%도 되지 않았다는 사실 만큼 한국 민주주의의 자화상을 단적으로 보여 주는 예도 없다. 이렇게 낮은 투표율은 어느 당을 찍느냐 누구를 찍느냐를 떠나서, 그리고 낮은 투표율로 인해 누가 이득을 보느냐와 상관없이 그 자체로 매우 큰 문제가 아닐 수 없다. 현대 민주주의는 시민의 '참여'와 정당에 의한 '대표'를 그 핵심으로 한다. 유권자 다수가 민주주의가 부여한 시민권의 행사를 거부했다는 것은 그 자체로 '참여의 위기'를 반증하는 것이자, 과연 한국 민주주의가 다수 의사를 만들어 내는 정당한 절차로 기능하고 있는지, 현존하는 한국의 정당들이 시민 생활에 직접적인 영향력을 행사하는 정책 결정 과정과 입법 과정에서 시민 의사의 정당한 대표자일 수 있는가 하는 문제, 즉 '대표성의 위기'를 부각시킨다.

낮은 투표율은 일회성의 문제가 아니다. 1987년 민주화 이후 유권자의 투표 참여율은 지속적으로 하락해 왔다. 1987년 민주화 직후 최초의 정초 선거[1]라 할 수 있는 13대 대통령 선거와 국회의원 선거에서 투표율은 각각 89.2%와 75.8%였다. 그러던 것이 2007년 17대 대선과 2008년 18대 총선에서는 각각 62.9%와 46.0%의 투표율로 나타났다. 민주화 이후 지난 20년 동안 30% 가까운 유권자가 시민권의 행사를 포기한 것이다. 물론 투표율이 낮아지는 경향은 우리나라만의 문제가 아니라 세계적인 문제다. 그러나 투표율이 우리의 경우처럼 이렇게 급격하게 떨어지고 그 결과 선거의 절차적 정당성에 의문을 제기할 지경에 이른 예는 찾아보기 힘들다.

더 큰 문제는 낮은 투표율의 문제가 계속될 것으로 보인다는 데 있다. 무엇보다도 투표율 감소의 가장 큰 원인은 젊은 유권자층의 낮은 투표율 때문이다. 따라서 이 추세대로라면 신규 유권자가 늘어날수록 낮은 투표율의 행진은 지속될 수밖에 없을 것이다. 중앙선거관리위원회 조사에 따르면 지난 1996년 15대 총선에서 20대 유권자의 투표율은 전체 투표율 64%보다 20%가 낮은 44%로 추정되었고, 2000년 16대 총선에서는 37% 안팎이었으며, 2008년 18대

1_정초 선거(founding election) | 새로운 정치체제로의 이행을 종결짓는 선거를 의미하는 것으로 오도넬과 슈미터에 의해 개념화되었다. 높은 투표율과 강한 경쟁성을 특징으로 한다. 이 선거를 통해 이행의 불확실성이 제거됨으로써, 이때 나타난 정당 간 경쟁과 연합의 패턴이 이후 선거에서도 반복되는 지속성의 효과를 갖는 경우가 많다.
Guillermo A. O'Donnell and Philippe C. Schmitter, *Transitions from Authoritarian Rule : Tentative Conclusions about Uncertain Democracies* (Baltimore: Johns Hopkins University Press, 1986).

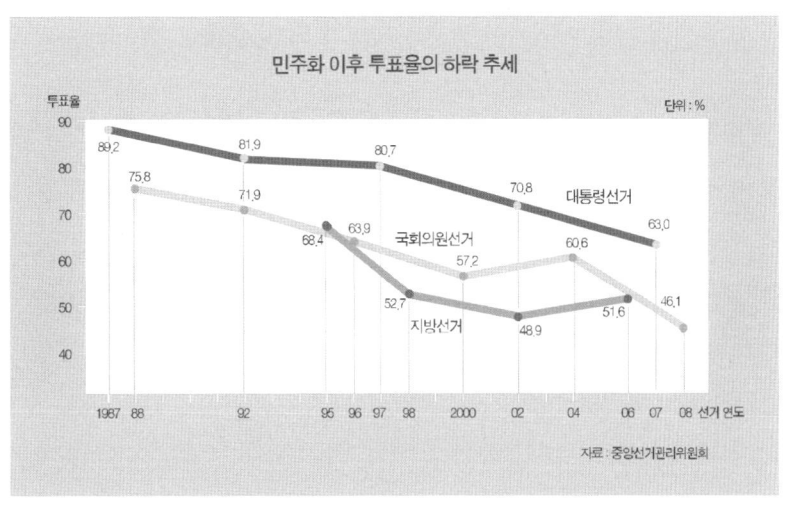

총선에서는 29%에 그친 것으로 조사되었다.

2002년 붉은 악마로 상징되는 월드컵 응원 열기와 2008년 광우병 촛불 집회는 집단적 열정의 분출로서 한국 사회뿐만 아니라 세계를 놀라게 했다. 비록 그것의 정치적 의미를 어떻게 해석할 것인지에 대해서는 여러 가지 의견이 있을 수 있겠으나 분명한 것은 우리 사회의 젊은 세대들에게 뭔가 집단적으로 표출하고 참여하고자 하는 강한 욕구가 있다는 사실이다. 그런데 온 거리를 뒤덮었던 바로 그 젊은 세대들이 투표하지 않는다는 것, 이것은 한국 민주주의의 미래를 어둡게 만들고 있다.

물론 투표하지 않는 젊은 세대들을 규범적으로 비난하기는 어렵다. 정부는 무능하고 무책임하고 부패했다. 민주화 이후 정부들이 한결같이 보여 준 결과였다. 정당들은 사회적 요구에 기반을 둔 정책 대안을 발전시키지 않았다. 국민의 대표라고 하는 국회의원은 정치적 대의를 위해 헌신하기보다는 자신들의 정치적 자산을 증대하는 데에만 관심을 보였다.

이 속에서 정치에 대한 혐오 내지는 반감이 더욱 커지는 것은 당연한 일이다.

이런 조건에서 투표 결정이 합리적으로 이루어질 수 없는 것도 당연하다. 집권 정부의 무능력에 대해 책임을 추궁하고자 하는 유권자의 합리적 선택은 강력한 반대당[2]을 지지하는 것이겠지만, 야당을 대안으로 신뢰하기에는 여러 가지 한계가 있다. 오늘의 무능한 집권당을 비판하기 위해 과거의 무능했던 정당을 지지하는 데 자신의 한 표를 기꺼이 소비하기란 내키지 않는 일이다.

진보적인 성향을 갖는 유권자 역시 적극적으로 선택할 수 있는 대안이 부재한 상황에 직면하게 된다. 진보 정당의 후보를 지지하고자 하더라도 1위 득표자 이외의 표가 사표가 되는 선거제도하에서 진보 정당 후보에 투표하기는 쉽지 않다. 국회의원 총선에서 지역구 당선자들의 평균 득표율은 45%에 이른다. 각자의 지역 기반에서 독점적 지위를 갖고 있는 기성 정당 이외에 진보 정당이 독자적으로 이 정도의 득표를 할 수 있는 지역구는 사실상 없다.

현재와 같은 상황에서 적극적인 대안을 갖는 것은 우리 사회의 기득 세력과 보수적 성향을 갖는 유권자뿐이다. 다른 성향의 유권자 상당수가 투표하지 않는 조건에서 보수적 유권자의 투표 가치는 당연히 과대 대표된다. 유권자에게 합리적 선택의 기회를 제공하지 못하는 현재의 정당 체제에서 평등한 시민권이 실현되길 기대하기란 어려운 일이다.

2_반대당(opposition party) | 흔히 야당으로 번역된다. 여당(government party)이 정부의 입장을 옹호하거나 정부를 통해 자신들의 정치 이념을 구현할 정책을 추진한다면, 야당은 반대 입장에서 여당의 정치 이념이나 정책 혹은 그것이 반영되어 있는 정부의 시책을 비판하고 견제함으로써, 유권자의 지지를 획득하고 차기 정권 획득을 위한 정치투쟁을 전개한다.

보수 편향의 정치적 대표 체제

나는 한국 민주주의의 가장 큰 문제는 매우 협애한 이념적 대표 체제, 사실상 보수만을 대표하는 정치적 대표 체제the system of representation에 있다고 본다. 내용적으로 보수 편향의 정치 구조는 민주화 이후에 변화되기보다 오히려 더욱 강화되었다. 한 사회가 이념적으로 자유롭지 못할 때, 냉전 반공주의가 여전히 지배적인 정치 언어로 기능하고 있을 때, 민주주의는 그 사회가 직면한 여러 문제들을 해결하는 합의 형성의 기제가 되기는커녕 '민주주의의 이름으로' 그 사회의 기득 구조와 특권 체제를 정당화하는 정치적 기제에 머무르게 된다.

냉전 반공주의가 지배하는 보수 편향의 정치적 대표 체제가 만들어 내는 사회적 결과는 무수히 많다. 직접적으로 그것은 서민과 노동계급의 이익 및 요구가 정치적으로 대표되지 못하는 '노동 없는 민주주의'를 지속시킨다. 좀 더 미시적으로 들여다보면 그것은 노동을 천대하는 사회 분위기를 만들고, 일에 대한 헌신이 갖는 사회적 가치를 경시하며, 따라서 부동산 투기나 재테크, 펀드 관리와 같이 생산적 노동을 동반하지 않는 그야말로 돈벌이 그 자체에 우리 사회가 열병처럼 휘말리게 되는 결과를 낳는다.

이런 조건에서 무엇이 정의로운 것이고 무엇에 저항할 것인가 하는, 1980년대 민주화 운동이 우리 사회에 제기한 문제의식은 쉽게 망각되고 있다. 우리 사회의 지도층이나 정치인이 자신의 행위 결정에 대한 준거를 사회정의에서 찾는 예는 드물다. 운동권 출신이 대통령을 하고 여야를 막론하고 국회의원 가운데서도 최대 집단이 되었지만 달라진 것은 없었다. 이제 그들의 언어를 지배하는 것은 어떻게 하는 것이 효율적인가 하는 무규범적 기술 합리성의 논리이며, 그것은 결국 우리 사회의 공동체 문제를 도외시하는 것이 아닐 수 없다.

이런 상황에서 정치가 제 기능을 하리라 기대하기는 어렵다. 우리 사회의 제도화된 영역에서 이루어지는 일이란 대체로 누가 덜 부패했나를 다투는 경쟁이다. 국무총리나 장관, 검찰총장 인준 청문회 때마다 그런 사실이 적나라하게 드러난다. 부정과 부패 없는 공직 후보를 세우는 일은 적어도 지금의 정치 구조에서는 불가능해 보인다. 요컨대 한국 민주주의의 이념적 대표 체제가 지니는 보수성은 비단 진보적 정치 세력을 배제하는 데서 그치는 것이 아니라 한국 사회를 도덕적으로 타락시키는 가장 중요한 원인으로 작용하고 있는 것이다.

민주화 이후의 민주주의가 기득 구조 위에 덧씌워져 있는 부가적 요소일 뿐이며 그에 따라 정치가 한 사회의 상층계급의 일상사를 다루는 일이 되었을 때, 그리고 이에 저항voice할 수 있는 정치적 반대의 채널이 억압되었을 때 유권자는 민주주의로부터 이탈exit하게 된다. 허쉬만[3]이 강조하듯이, 상품 시장에서 소비자의 이탈은 상품 공급자인 기업에게 소비자의 선호에 적응하도록 만드는 자기 조정의 효과를 갖지만, 선거 시장에서 유권자의 이탈은 정당이라고 하는 정치 기업에 변화를 강제하는 효과가 약하다. 메이어[4]의 지적대로 정당 체제는 완전경쟁적 공개시장이 아니며 기존 정당들은 현상 유지를 위한 거래를 할 수 있고 새로운 정당의 출현 가능성이 있을 경우 이를 억압하기 위해 공모할 수도 있다.

미국은 그 대표적인 예가 된다. 쉐프터·긴스버그[5]는 유권자의 절반 이상이 투표에 참여하지 않는 상황이 되었음

3_Albert O. Hirschman, *Exit, Voice, and Loyalty : Responses to Decline in Firms, Organizations and States* (Cambridge: Harvard University Press, 1970)[『떠날 것인가 남을 것인가』, 강명구 옮김, 나남, 2005].
4_Peter Mair, *Party System Change : Approaches and Interpretations* (Oxford: Oxford University Press, 1997).
5_Martin Shefter and Benjamin Ginsberg, *Politics by Other Means : Politicians, Prosecutors and the Press from Watergate to Whitewater* (New York: W. W. Norton & Company, 1999).

에도 불구하고, 공화당은 유색인종과 하층계급의 투표율 증대가 자신들에게 유리하지 않기 때문에, 그리고 민주당 의원들의 경우는 현직의 높은 재선율이 주는 유혹과 투표율의 증대가 가져올 불확실성 때문에 투표자 등록제[6] 폐지와 같이 투표율을 높일 수 있는 너무나 쉬운 제도적 개선에 소극적인 태도를 보여 왔다고 말한다. 그 결과는 기존 정당 체제에 대한 하층계급과 저소득층의 소외감과 그로 인한 투표 불참으로 나타난다. 등록을 한 유권자를 기준으로 보면 미국의 투표율은 거의 90%에 가깝지만, 전체 유권자를 기준으로 하면 투표율은 대통령 선거에서도 50% 안팎에 머문다.

우리의 경우도 마찬가지다. 오랜 권위주의 국가에 의한 투표 동원으로 말미암아, 한국의 전형적인 투표 패턴은 저소득층, 고연령층, 여성, 저학력층, 농촌 지역이 높은 투표율을 보이는 비교 정치학적으로 매우 드문 양상을 보였다. 그러나 민주화 이후 우리가 발견하게 되는 것은 학력, 지역, 성별 투표율 편차는 점차 줄어들고 있는 반면, 20대 신규 유권자의 투표 불참 비율이 설명하기 어려울 만큼 증대되었다는 점이다. 여기에 덧붙여야 할 매우 중요한 사실이 있다. 그것은 소득 및 계급 위치와 투표율 간의 상관관계가 점차 과거와는 정반대의 패턴으로 전환되었다는 것이다.

2001년 고려대학교 아세아문제연구소에서 주관한 조사[7]에 따르면 주관적 계급 분류와 투표율, 그리고 소득과 투표율 간의 매우 높은 상관성이 나타나기 시작했다. 응답자 가운데 자신의 소속 계층을 '상층'으로 분류한 응답자의 투표율은 '하층'이라고 분류한 응답자보다 8.5% 높았다. '상층'과 '중상층' 응답자를 묶어 계산한 투표율 역시 '하층'과 '중하층' 응답자보다 10% 높았다. 월 소득이 250만 원

6_투표자 등록제 | 한국을 비롯한 대부분의 나라들이 유권자 명부를 정부가 작성해 투표권 유무를 통보하는 데 반해, 미국의 경우 투표자 개인이 등록의 부담을 진다. 따라서 투표를 원하는 유권자는 투표일 몇 주 전에 지정된 장소에 출석해 등록을 해야 한다.

7_『한국인의 삶의 질 조사 자료집』(고려대학교 아세아문제연구소, 2001).

이상이라는 응답자의 투표율 역시 200만 원 이하라는 응답자의 투표율보다 10% 높게 나타났다. 손낙구의 책 『대한민국 정치사회 지도 : 수도권 편』(후마니타스, 2010)은 계층과 투표율 사이의 관계를 더욱 적나라하게 보여 준다. 한마디로 말해 투표 참여는 부자 동네일수록 높고 반대로 가난한 동네일수록 정치에 기대를 걸지 않으며 투표에 불참하는 비율이 높게 나타났기 때문이다.

하층과 저소득층을 중심으로 기존 정당 체제에 대한 불만이 빠르게 증가하고 있다는 것은 논리적으로 당연한 것처럼 보인다. 정치적 대표 체제의 이념적 보수성과 사회 전 영역에서 심화되고 있는 계급 구조화는 하층 배제적 정치 동원과 짝을 이루는 현상이기 때문이다. 사실 민주화 이후에도 기존 정당들은 하층과 서민에 대한 정치적 동원 및 조직화를 통해 대중정당으로 전환하려는 노력을 하지 않았다.

그 결과 한국의 정당은 당비를 내고 일상적인 당 활동에 참여하는 일반 당원이 지표상으로도 1%가 채 되지 않는 간부 정당[8] 내지 시민의 생활 세계에는 존재하지 않은 채 언론에서만 볼 수 있는 페이퍼 정당의 특성과, 이념이나 정책보다 선거에서의 승리 그 자체를 목적으로 하는 선거 전문가 정당,[9] 모든 계층의 지지를 추구함으로써 어떤 계층이나 집단의 이해와 요구도 반영하지 않는 무색무취한 포괄 정당[10]의 특징을 갖게 되었다. 정당의 이런 특성이 이념적 대표 체제의 보수성과 결합될 때 정치 경쟁이 어떤 사회적 결과를 가져오게 될 것인가를 이해하기는 어렵지 않다.

8_간부 정당(cadre party) | 뒤베르제(M. Duverger)의 개념으로 대중정당에 대비되는 정당 유형. 후보 지명 및 정당 정책의 결정이 소수의 엘리트나 실력자에 의해 이루어지는 정당을 말한다.

9_선거 전문가 정당(electoral professional party) | 정당 고유의 정책이나 이념을 실현하기보다 선거 승리를 목표로, 선거 캠페인 전문가들의 영향력이 큰 정당을 가리킨다.

10_포괄 정당(catch-all party) | 키르히하이머(O. Kirchheimer)가 사용한 개념으로, 종래 특정 계층의 이익과 이데올로기적 순수성을 강조했던 유럽 정당들이 선거에서 승리하기 위해 여러 계층과 집단의 유권자에게 지지를 호소하는 새로운 경향을 띠는 정당 유형을 가리킨다.

2. 보수적 민주주의의 사회적 결과

계급 구조화의 심화

보수 편향적 정당 체제를 특징으로 하는 한국 민주주의가 가져온 가장 큰 사회적 결과는 계급 간 불평등 구조가 급속하게 심화되었다는 사실이다. 민주주의를 원리로 하는 정치는 시장의 불평등 효과를 제어하는 평등화의 기제로 작용한다. 사회민주주의 정당이 중심이 된 서구 복지국가의 경험은 이를 잘 보여 준다. 그러나 한국 민주주의는 기득 구조와 특권 체제의 기반 위에 서있으며 한국의 시장은 보수 편향의 정치 구조와 닮아 있다. 우리 사회 상류층의 일상화된 부동산 투기와 부패는 한국 사회의 이런 구조를 반영한다.

과거 권위주의 국가는 정치적 정당성의 취약함을 보완하기 위해 소수의 특권화된 엘리트를 제외한 그 아래의 계급들에서는 불평등 구조를 어느 정도 제어해 왔다. 반면에, 민주화 이후 한국 사회는 기득 구조와 시장 체제의 불평등 구조를 제어할 국가의 민주적 역할을 발전시키지 못한 채 기존의 규제 장치를 하나씩 하나씩 제거해 버렸다. 우리는 그 결과를 많은 지표를 통해 확인할 수 있다.

소득 불평등을 나타내는 지니계수[11]는 민주화 이후 줄어든 것이 아니라 지속적으로 증대되었다. 최상위 20%와 최하위 20% 사이의 소득 격차 비율은 1996년 4.74배에서 2000년 6.75배로 늘었고 2004년에는 7.75배, 2005년 8.22배, 2006년 8.36배, 2007년 8.40배, 2008년 8.41배로 늘었

11_지니계수 | 이탈리아의 통계학자 지니(C. Gini)가 제시한 소득 불균형 계수. 0에서 1까지 숫자로 표시하는 지니계수는 0에 가까우면 소득분포가 평등한 반면에 1에 가까울수록 '부익부 빈익빈' 현상이 심화됨을 의미한다.

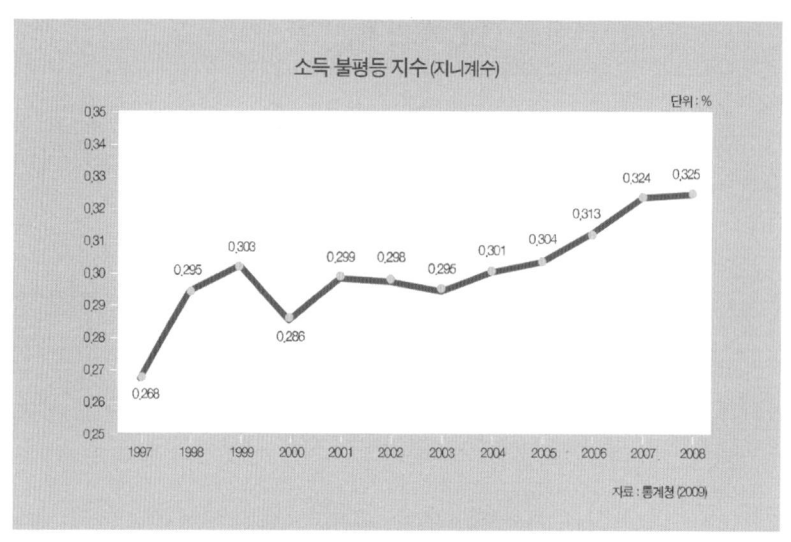

다. 요란스러웠던 재벌 개혁 정책에도 불구하고 상위 재벌의 경제력 집중도는 심화되었으며 시장의 독점과 불균형이 개선되었다고 말할 수도 없다.

1990년대 중반까지만 해도 삼성은 5대 재벌 가운데 하나에 불과했다. 그러나 2005년 기준으로 삼성은 5대 재벌 일반 자산의 50.8%, 자본 총액의 45.9%, 매출액의 39.5%, 당기 순이익 46.2%를 차지하는 재벌 중의 재벌로 성장했다. IMF 금융 위기 시대의 대량 실업 사태에 따른 고용 불안과 국가가 주도하는 지식 정보화 산업의 빠른 성장으로 말미암아 중산층 내부에서도 양극화는 심화되고 있으며, 실업문제와 더불어 노동문제와 주택문제는 서민의 삶을 더욱 열악하게 만들었다. 비정규직 노동자가 전체 노동자의 50%를 상회하게 됨에 따라 노동시장은 정규·비정규의 이중 구조로 재편되었다.

옛날이야기가 되었다고 생각했던 빈곤 문제는 다시 등장했고 나날이 심화되고 있다. 2009년 7월 한국개발연구원KDI이 발표한 "우리나라 빈곤 변화 추이와 요인 분석" 보고서를 보면, 소득(중위 소득)의 50%를 밑도는 빈곤 가구의 비율은 14.3%로 1990년대 초에 비해 두 배가 늘었다. 2000년에서 2008년 사이만 보더라도 사회 전체의 불평등 정도는 7.4% 심해졌고 빈곤 가구 수는 36.2%나 증가했다. 양극화도 문제이지만 그보다는 빈곤화가 더 심각한 문제가 된 것이다.

교육과 계급 구조화

교육 문제만큼 계급 구조화의 문제를 잘 보여 주는 예도 없다. 과거에는 이른바 일류 대학 졸업만으로도 낮은 계층에서 벗어나 사회적 이동이 가능했던 시절이 있었다. 서열화된 대학의 졸업과 계급적 지위가 매우 높은 상관관계를 가짐으로 인해 하층계급에게 교육은 사회이동의 유력한 채널이 될 수 있었다.

그러나 노동시장에서의 계급적 지위가 어느 대학을 졸업했느냐에 따라 결정되면 될수록 대학 입시를 둘러싼 갈등이 전 사회적 계급투쟁으로 발전하는 것은 당연한 일이다. 불행하게도 권위주의 시기보다 민주화 이후에 이런 양상이 더욱 강렬하게 전개되었다. 수학 연령의 자녀를 둔 어느 가정이든 교육에 대한 사적 투자의 점증하는 압박으로부터 자유로울 수 없게 되었다. 주거지역에서 가장 큰 시장은 사교육을 담당하는 학원이다.

사교육 시장이 전체 국민소득에서 차지하는 비중은 한국이 단연 세계 최고다. 한국교육개발연구원의 조사에 따르면, 2004년 기준으로 볼 때 경제협력개발기구 OECD 국가 평균 1.3%에 세 배 가까운 3.4%다. 가계 지출에서 교육비가 차지하는 비중 역시 빠르게 늘어 2005년에는 12%까지

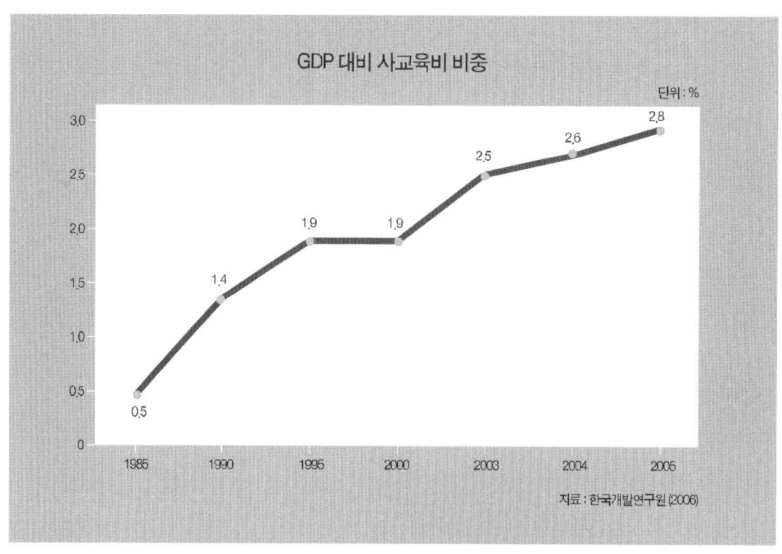

증가했다. 1990년대 초에 비해 거의 두 배 가까이 증가한 수치다.

이처럼 모든 가계가 사적 투자를 늘려서라도 자녀를 좋은 대학에 입학시키는 것을 제일의 목표로 추구하게 되면서, 다른 무엇보다도 소득이 교육의 기회와 성취에 영향을 미치는 가장 지배적인 변수가 되었다. 교육이 미래 소득을 결정하고, 다시 현재의 소득이 미래의 교육을 결정함에 따라 서열화된 계급과 서열화된 대학 입시는 병행하게 된다.

민주화 이후 정부의 대학 입시 정책은 한결같이 자율화라는 이름으로 입학 정원의 확대를 이런저런 방식으로 허용하는 것이었다. 그 결과 대학은 공룡같이 커졌다. 이제 한국 사회에서 대학 졸업 그 자체는 큰 의미가 없어졌다. 마찬가지로 이른바 일류 대학 졸업만으로는 계급적 지위의 상향 이동이 어려워졌다. 이즈음 우리가 보게 된 것은 대학의 고시 열풍이었다. 과거 고시가 주로 법학 내지 행정학 관련 학과의 일이었던 것에서 대학 사회 일반의 문제가 되었다. 일류대 자연계 학생도 고시 준비를 하고, 박사 학위를 마친 사람도 고시 준비를 하는 이상한 현상은 상향 이동을 위해서는 교육적 성취 이외에 다른 조건이 필요해졌다는 것을 의미했다. 동시에 가난 때문에 대학에 가지 못한 고학생이 주경야독으로 고시에 합격했다는 미담도 사라졌다.

그러나 고시 열풍도 그리 오래가지 못했다. 정부는 사법 고시든, 공인회계사 시험이든 국가고시 합격자의 규모를 크게 늘림으로써 특권을 완화하는 정책을 실시했지만, 또 다른 신분 상승의 채널을 찾아 대학 사회가 휩쓸리는 현상에는 변화를 주지 못했다. IMF 금융 위기를 기점으로 한 신자유주의 물결과 더불어 불어 닥친 열풍은 현지 영어 교육과 미국 일류 대학으로의 유학이었다. 이 역시 민주주의 시대의 교육이 계급 간 불평등을 제어하는 기제가 되지 못하고, 거꾸로 소득과 계급 구조 위에 교육이 덧씌워져 있는 형국 혹은 시장 불평등이 교육의 영역마저 지배하는 것을 방치하는 상황이 되었음을 보여 주는 것이다.

지방의 배제와 초집중화

민주화 이후 한국 사회가 나빠지고 있다는 또 다른 증거 중의 하나는 수도권으로의 중앙 집중화가 더욱 심화되었다는 사실이다. 한국에서 중앙 집중화는 어제 오늘의 일이 아니라고 할지 모른다. 이미 오래전에 미국의 정치학자 핸더슨이 "서울은 단순히 한국의 최대 도시가 아니라 서울이 곧 한국이다"Seoul was not simply Korea's Largest Town; it was Korea[12]라고 지적했듯이, 중

12_Gregory Henderson, *Korea : The Politics of the Vortex* (Cambridge: Harvard University Press, 1968), p. 30[『소용돌이의 한국정치』, 박행웅·이종삼 옮김, 한울, 2005].

앙 집중화는 민주화 이전의 문제라고 말할 수도 있다. 하지만 나는 민주화 이후 집중화가 줄어든 것이 아니라 역으로 심화되었다는 사실만큼 한국 민주주의의 문제를 실증하는 것은 드물다고 생각한다.

기실 민주주의란 한 사회의 중심을 다원화하는 경향을 발전시키는 힘이어야 한다. 권위주의, 절대주의, 전체주의 등 비민주적 사회의 특징은 정치·경제·군사·문화적 권력과 영향력이 단일 중심으로 응집되어 있다는 것이다. 민주화는 이들 응집된 힘의 요소들을 해체하고 다원화하는 것이라고 해도 과언이 아니다. 이들 복수의 힘들 간의 관계를 어떻게 해당 사회의 여러 조건과 현실에 맞게 재조합해 공동체의 발전에 기여할 수 있게 할 것인가는 그 다음의 문제다.

그렇다면 국토의 0.6%에 불과한 서울이 전체 인구의 20% 이상을 차지하면서 정치·경제·문화의 모든 자원을 블랙홀처럼 빨아들이게 된 형국을 어떻게 이해할 것인가? 초집중화hyper-centralization와 다원적 가치의 부재 혹은 한국 사회의 특성으로서 획일주의는 동전의 양면과 같은 것이다. 분명 오늘날의 초집중화된 한국 사회는 정상적인 사회라 할 수 없다. 이런 조건에서 이념 및 가치의 다원화와 자유로운 사고는 가능할 수가 없다.

나는 한국의 지역감정을 그야말로 비합리적 감정 그 자체로 이해하는 접근에 언제나 반대해 왔다. 그리고 이를 영남이냐 호남이냐 하는 지역 간 갈등과 대립의 구조로 설명하는 것에 대해서도 찬성하지 않는다. 우리가 보통 말하는 지역감정 내지는 지역정서란 한국적인 중앙 집중화와 이로 인한 불균형적 발전이 가져온 하나의 부수적 현상이다. 비록 지역감정이 표면적으로 어떤 비합리적 감정이나 허위의식으로 나타난다 하더라도 감정을 부추기는 정치적 선동은 중앙으로의 초집중화와 같은 기반이 있기 때문에 위력을 발할 뿐이다.

중요한 것은 지역감정의 정치가 서울로의 초집중화 및 그에 따른 지방의 배제라는 갈등 구조에 기인한 것임에도 불구하고 갈등의 정치적 분획선은 중앙 대 지방의 차원에서 표출되는 것이 아니라 지방 대 지방의 대립으로 나타났다는 사실이다. 이처럼 초집중화의 문제를 지역 간 갈등으로 환치시킨 힘은 다시 한국 민주주의의 보수성에 있다. 정치적 대표 체제의 이념적 협애성, 계층적·이념적 기반을 갖지 않는 정당 조직, 보수 편향적 엘리트 과두 체제, 냉전 기득 세력의 강한 헤게모니 등과 같은 정치·사회적 조건에서 정치 경쟁은 국가권력의 소유권을 둘러싼 단차원적 갈등으로 표출될 수밖에 없다. 이때 경쟁의 편을 가르는 구분선은 지연, 학연과 같은 일차적 특성에 따른 것이 되기 마련이다. 사실 지역감정의 대립은 중앙 엘리트 사이의 권력을 둘러싼 경쟁의 산물일 뿐, 그것이 영남과 호남의 지역민이 갖는 문화적 특성이나 어떤 사회경제적 이해관계에 기반을 두고 있는 것은 아니다.[13]

따라서 지역감정의 극복을 위해서도 우리 사회의 여러 갈등 요소들이 정치 엘리트의 이해관계에 따라 전용轉用되고 왜곡되도록 하는 보수 편향적 정당 체제의 구조 변화가 중요한 것이다. 내가 끊임없이 이념적 대표 체제의 협애성을 문제 삼는 것은 어떤 진보적 변화에 대한 기대 때문이 아니다. 이념적 협애성은 한 사회의 갈등 구조를 왜곡하고 이데올로기적인 것으로 만들며, 한 사회가 자유롭게 대안을 상상할 수 있는 의식의 기반을 파괴하기 때문이다. 중앙의 초집중화와 지방의 배제라는 문제가 정치적 차원에서 지역감정의 대립으로 치환되어 합리적 접근을 어렵게 하는 오늘의 현실만큼 이를 잘 보여 주는 것도 없다.

13_박상훈, 『만들어진 현실 : 한국의 지역주의, 무엇이 문제이고 무엇이 문제가 아닌가』(후마니타스, 2009).

냉전 반공주의의 미시적 결과

냉전 반공주의가 헤게모니적 영향력을 갖는 정치적 대표 체제에서 서민의 이익은 대표되지 못한다. 서민층이 정치 수준에서 대표되지 못한 결과, 사회 수준에서 서민층에 대한 상층계급의 오만과 차별은 강화되고, 못사는 사람에 대한 공공연한 비하가 가능해진다. 이런 조건에서 계층구조의 상향 이동에 대한 열망과 상층계급의 문화적 표지를 갖고자 하는 노력은 필사적이게 된다. 이른바 '명품'에 대한 맹목적 선호는 그 한 예다.

이런 조건에서 생존경쟁의 가열화, 처절한 출세 지향적 행태가 일반화되어 버린 것은 어쩌면 당연한 것일지 모른다. 왜냐하면 계층적으로 낮은 위치에 있으면 한 인간으로 대우받을 수 없기 때문이다. 이는 외양을 중시하고 획일주의가 지배하는 사회를 만드는 힘으로 작용한다. 그런 현상의 다른 한편은 개인의 도덕적 자율성이 부재한 상황, 인간 내면의 황폐화로 나타난다.

2002년 3월 『LA 타임스』의 한 기사는 한국의 영어 교육 열풍을 다루면서 한국인들이 영어 발음을 잘하기 위해 혀 수술까지 한다는 내용을 보도한 적이 있다. 로스앤젤레스 캘리포니아대학UCLA에서 한국사를 가르치는 던컨John Duncan 교수는 이 문제를 주제로 그 신문에 칼럼까지 썼다. 한국의 젊은이들이 영어를 잘하려고, 또 자식들이 영어를 잘하게 하기 위해서 한국의 부모들이 얼마나 처절한 노력을 쏟고 있나 하는 문제는, 특히 영어를 사용하는 미국인들을 놀라게 할 수밖에 없었을 것이다.

더 충격적인 것을 나는 한 일간신문(『중앙일보』 2002/08/12)에서 보았다. 그것은 우리 사회에서 외모를 잘 보이기 위해 성형수술이 유행하고 있다는 기사였다. 여론조사 결과, 응답자의 68%가 "용모가 인생의 성패에 크게 작용한다"고 대답했으며, "상대방의 피부와 몸매를 보면 상대의 생활수준을 짐작할 수 있다"고 응답한 사람은 70%였다. 생활수준이 괜찮은 사람으로 보이는 게 중요한 외형 지상주의의 사회, "부자되세요"라는 인사가 유행하는 금전 만능주의 사회는 노동을 천시하게 만드는 노동 배제적 정치체제의 결과이자, 이런 정치체제를 만들고 획일주의와 상층 이동의 과열을 만든 냉전 반공주의의 병리적 현상이 아닐 수 없다.

증오와 배제의 비인간성을 조장하는 이데올로기로서 냉전 반공주의는 그것이 만들어 낸 극우 보수적 사회구조와 다시 만나면서 더 증폭되고 있다. 북한에 대한 증오심은 다른 현상, 다른 수준, 다른 사건에서도 유사한 구조의 감정과 정서를 유발하며 반복된다. 소외된 지역의 사람들을 마치 권력에 굶주린 사람들로 묘사하는 지역감정의 언어들, 정치적 경쟁자를 '게릴라'나 '빨치산'으로 몰아붙이는 여야 의원들의 욕설, 그리고 이런 소재를 빠짐없이 즐겨 보도하는 언론의 행태가 대표적인 예다.

3. 민주화 이후의 민주주의

언론이 지배하는 한국 정치

민주화 이후 한국 정치의 가장 큰 특징 가운데 하나는 언론의 역할이 매우 커졌다는 사실이다. 혹자는 일본 정치를 관료가 움직인다고 말한다. 누군가 나에게 한국 정치는 누가 움직이느냐고 질문한다면, 한국 정치는 언론이 움직인다고 말할 것이다.

정치는 정당에 의해 주도되기 이전에 언론에 의해 틀이 짜인다. 정책 어젠더와 이슈를 설정하는 것도 언론이다. 대통령에서부터 국회의원, 장관에서부터 정치 참모와 고급 관료의 일이란 심하게 말하면 언론의 보도에 따라 자신의 역할을 맞춰 가는 것이다. 기껏 이들이 내리는 결정이란 언론이 그 결정을 어떻게 평가할 것인가에 대한 예상 위에서 이루어진다. 그만큼 정부의 업적, 정당의 업적, 정치인과 관료 개개인의 업적을 평가하는 언론의 정치적 기능은 막강하다고 할 수 있겠다.

또한 언론은 준사법적 기능을 한다. 정치의 영역에서 이루어지는 일들의 도덕성과 불법성에 대한 판단은 언론에서 먼저 내려진다. 정당과 의회 자체의 정화 기능이나 검찰과 사법부의 결정은 그 이후의 일이며, 대체로 그것은 사건을 정리하는 단계에서의 절차일 뿐이다. 여기에 그치지 않는다. 언론은 한 개인의 정신과 내면의 영역까지 임의적으로 개입하고 판단해 '좌파'니, '사상이 의심'스러우니 하는 일제 식민 체제나 전체주의 체제에서 볼 수 있는 이른바 '사상 검증'을 자유롭게 해댄다. 그뿐만 아니라 법원의 결정이 민주적 규범과 상응하지만 정부 정책 및 보수적 여론과 상충할 때에는 법원의 존립 자체에 의문을 제기하거나 이래라저래라 훈계한다. 사법부 위에 군림하고자 하는 초법적 태도를 보여 주는 경우도 많다.

이 엄청난 권력을 가진 언론은 누가 통제하나? 정당과 정부는 주기적인 대중 직접선거를 통해 업적을 평가받고 책임을 추궁당한다. 그 결과 유권자 다수의 지지를 통해 획득한 신임은 이들 정치조직들의 공적 권력 행사의 정당한 근거가 된다. 그에 반해 언론의 영향력은 국가를 능가할 정도가 되었지만 언론에 대한 시민적 통제의 여러 시도들은 이른바 '언론의 자유'를 마치 천부인권처럼 들먹이는 거대 언론 앞에서 무력할 뿐이다. 나는 19세기 민주주의에서 의견의 자유를 의미하는 언론의 자유와, 오늘날 이미 대기업화되고 거대한 사적 권력으로 커진 언론 기업들이 이야기하는 언론의 자유는 동일시될 수 없다고 생각한다.

킨,[14] 기든스[15]를 포함해 많은 지식인들은 현대 세계에서 언론이 정치를 주도하는 것에 대해 우려하고 있다. 그만큼 언론이 정치를 주도하는 것은 세계적으로도 일반화된 현상인 것처럼 보인다. 나 역시 현대 민주주의의 최대 위협은 대기업화된 거대 언론이라고 생각한다. 무엇보다도 민주주의에서 여론은 다수의 의견이 자유롭게 소통되고 합리적으로 설득될 수 있는 영역이어야 하지만, 언론이 거대 기업화될 경우 이들은 여론 시장을 시장독점의 논리로 지배하려 하기 때문이다.

그러나 나는 한국에서 언론의 문제는 세계적인 경향을 반영하는 정도를 훨씬 넘어서는 문제라고 본다. 비록 선진 민주주의 국가에서도 언론의 거대 기업화 경향이 뚜렷하게 나타나고 있지만, 이들의 언론 시장은 복수의 의견, 복수의 정치적 경향, 복수의 이념적 지향을 반영하고 있기 때문이다. 반면에, 한국의 여론 시장은 매우 동질적인 정치적·이념적 지향을 갖는 몇 개의 대기업 신문사가 독점하고 있다. 매우 동질적인 정치적·이념적 지향을 갖는 언론 대기업에 의해 여론 시장이 독점되어 있는 사회에서 민주주의가 발전할 수 없다는 것은 별도의 설명을 요하지 않는다.

한국의 신문 구독 시장은 소비자인 언론 수용자의 선호와 요구에 반응적이지 않다. 이른바 신문 구독 시장의 불공정 거래 관행은 어제오늘의 문제가 아니다. 시장 논리에 대한 주류 언론들의 강조에도 불구하고 정작 신문 구독 시장은 전혀 자유경쟁 시장이 아니다. 그것은 완벽하게 제도화되어 있는 시장독점이다. 이런 조건에서 신문의 구독률 분포를 곧 시민

14_John Keane, *The Media and Democracy* (Cambridge: Blackwell, 1991).
15_Anthony Giddens, *Where Now for New Labour?* (Cambridge: Polity, 2002).

의 선호를 반영하는 것으로 해석하는 것은 허구다.

이론의 여지가 없이 독점적 여론 시장은 개혁되어야 한다. 의견의 자유로움, 정신적 사유의 자유로움이 제약될 때 자유 시민은 없다. 정치가 언론의 보도에 따라 움직일 때 민주주의는 기득 헤게모니 구조로부터 자유롭게 사회 공동체의 여러 문제를 다룰 수 없다.

최대 균열은 대표된 정당 체제와 대표되지 않는 사회 사이의 균열

물론 언론에 종속된 정치의 문제는 일차적으로 정치의 문제다. 언론에 대한 정치인과 정당의 종속성은 단지 그들의 무능력의 문제를 넘어서 정치적 대표 체제의 보수성, 대중적 기반이 없는 엘리트 과두 체제의 특성과 깊은 연관을 갖는다.

나는 민주주의에서 정치란 어느 정도 물리학적 구조를 갖는다고 본다. 사회 균열[16]에 기초를 둔 아래로부터의 대중 동원과 참여는 정치 엘리트들의 보수적 안주를 막고, 정당 간 경쟁은 사회의 변화와 요구에 상응하도록 대표의 범위를 확장하는 기제로 작동한다. 이 과정에서 정당이든 정치 엘리트든 자신의 정치 행위의 이론적·이념적·정책적 근거를 확고히 하도록 자극을 받고 행위의 규범적 정당성에 대한 자각도 강해지도록 압박을 받지 않을 수 없다. 사회

16_균열(cleavage) | 사회 구성원들 사이의 집단적 갈등과 대립을 야기하거나 야기할 가능성을 지닌 사회적 구분을 의미하는 개념으로, 정치학에서는 정당 체제의 유형적 특징을 만들어 내는 사회적 갈등 라인 혹은 분획선을 의미한다. 사회 균열을 통해 서유럽 정당 체제와 유권자 투표 정렬을 설명함으로써 정당 체제 이론의 사회학적 접근을 대표하게 된 립셋-로칸의 고전적 논의에 따르면, 서유럽의 정당 체제는 근대국가로의 전환과 산업혁명을 거치면서 경험하게 된 ① 중심-주변 간의 균열, ② 국가-교회 간의 균열, ③ 도시-농촌 간의 균열, ④ 자본-노동 간의 균열에 기반을 두고 형성되었다. 다시 말해 이 네 균열이 서로 중첩되거나 교차하면서 각각의 균열이 갖는 정치적 비중과 위계 구조가 상이하게 형성됨에 따라 각기 다른 정당 체제를 갖게 되었다는 것이다. 립셋-로칸과는 다른 방향에서 균열의 정치 이론을 대표하는 샤츠슈나이더는 균열의 정치적 형성과 작위적 동원의 측면을 강조했다. 즉, 정당 체제나 정당 간 경쟁 및 대립을 사회 균열의 정치적 표출로서 이해하는 것이 아니라, 정당과 정치 엘리트들이 여러 균열 요소들 중에서 특정의 균열을 선택적으로 동원하고 배제한 결과로서 정당 체제를 설명한다. 나아가 유권자의 분포 역시 사회 균열의 단순한 반영이 아니라, 정당과 정치 엘리트들에 의해 어떤 갈등 요인이 지배적인 균열 라인으로 만들어지느냐의 결과에 따라 변하는 것으로 이

균열의 정치적 표출, 대중 참여의 정치, 다양한 이념적 대안들의 경쟁이 없다면 정당 간 정치 경쟁은 사회적 내용을 갖기 어렵다.

오늘날 우리 사회가 대면하고 해결해야 할 문제들이 산적해 있다. 실업과 고용 문제, 사회정의와 복지, 재분배 정책의 문제, 민주주의 발전을 위한 정치제도 개선의 문제, 공직자 부패 척결 문제, 탈냉전과 평화에 입각한 남북 관계의 발전, 교육 문제, 중앙 집중화의 완화 등등. 이런 과제들을 어떻게 다룰지에 대한 사회적 합의는 외새적으로 주어지는 것이 아니라 이해 당사자들 사이에서 갈등과 경쟁을 통해 형성되는 것이다.

그러나 이런 문제들이 정당들 간의 정책 경쟁에서든, 신문이 주도하는 여론 시장에서든 중심적 이슈가 되어 서로 다른 주장과 요구가 갈등하고 경쟁하는 것을 발견하기 힘들다. 아주 지엽적인 소재를 동원해 상대방에게 상처를 주기 위한 목적으로 감정 섞인 설전을 주고받는 것이 고작이거나 혹은 어느 정도 우리 사회의 문제를 진지하게 다루더라도 정당 각자의 정책적 견해가 어떻게 다른지 구분하기가 어렵다. 모든 정당은 앞서 예로 든 모든 문제들이 다 중요하다고 말할 뿐, 그 대안에 있어서는 매우 추상적이거나 혹은 기술적 방법론에 치우친 관리 방안을 내놓을 뿐이다.

이런 현상들 역시 한국 정당 체제의 보수적 동질성에 그 기원을 두고 있다. 사회문제를 이해하는 데는 하나의 시각만이 존재할 수 없다. 만약 그렇다면 민주주의는 존재할 이유가 없다. 민주주의는 사회가 서로 갈등하는 이해와 의견의 차이로 이루어져 있는 조건에서, 이들 사이의 갈등을

해한다. 따라서 특정 정당과 정치 엘리트의 정치적 영향력과 권력 효과는 자신에게 유리한 균열을 동원하고 그렇지 않은 균열을 억압하거나 배제하는 능력에 따라 좌우된다고 보았다. 일반적으로 립셋-로칸의 이론은 서유럽 정당 체제에는 잘 적용되지만, 사회 균열의 역사가 짧은 미국의 경우나 국가의 영향력이 압도적으로 강한 제3세계 나라들의 경우는 샤츠슈나이더의 이론이 더 설명력이 높다고 하겠다.

Seymour M. Lipset and Stein Rokkan, "Cleavage Structures, Party Systems and Voter Alignments : An Introduction," Lipset and Rokkan eds., *Party Systems and Voter Alignments* (New York: Macmillan, 1967). E. E. Schattschneider, *The Semisovereign People : A Realist's View of Democracy in America* (New York: Holt, Rinehart and Winston, 1960) [『절반의 인민주권』, 현재호·박수형 옮김, 후마니타스, 2008].

조정하는 데 그 존재 이유가 있는 정치체제이기 때문이다. 서로 다른 이해관계가 합리적 대안으로 조직되고 상호 갈등하고 경쟁하면서 그 내용이 풍부해지고 그 사회적 기초가 튼튼해지는 과정을 거쳐 일정한 타협과 합의를 만들어 갈 때, 민주주의는 유의미한 의사 결정 구조가 된다.

민주주의란 러스토우[17]가 말하듯이, 갈등에 기반을 둔 정치체제다. 따라서 "정의는 갈등이다"라고 햄프셔[18]가 말하듯이, 비록 정의는 보편적인 원리이기는 하지만 민주주의에서 최선의 정의는 정당한 절차를 거쳐 여러 의견과 이익들이 갈등하고 경쟁하는 과정에서 성취되는 것에 지나지 않는다. 한국 정당 체제의 보수성은 사회의 여러 갈등하는 이해와 의견에 따라 정치 경쟁이 이루어지는 것을 어렵게 하고 있으며, 정당 체제를 사회적 기반과 유리된 정치 엘리트들의 과두 체제로 전락시키는 요인으로 작동하고 있다.

나는 우리 사회 최대의 사회 균열은 집권당과 반대당 사이의 이른바 여야 균열이 아니라고 생각한다. 이들 사이의 쟁투가 한국 사회의 중심적 문제를 둘러싼 이념적·정책적 함의를 갖는 것이라고 보기는 어렵다. 누가 보더라도 그것은 국가권력의 장악 그 자체에 몰두하는, 사회의 근본적 이슈와 괴리된 권력투쟁 이상은 아니다. 그 결과는 현 정당 체제를 거부하는 유권자가 계속해서 늘어나 선거마다 매번 사상 최저의 투표율을 갱신하는 것으로 나타나고 있다. 지난 2000년 16대 총선에서 상위 세 정당이 전체 유권자로부터 얻은 지지의 크기는 41.7%에 불과한 반면, 비투표자는 42.8%에 이르렀다. 2008년 18대 총선에서는 비투표자가 그보다 11%나 늘어 54%가 되어 버렸다. 사실상 우리 사회의 제1당은 무당파인 셈이다.

이런 조건에서 선거 결과에 따라 어느 당이 여당이 되

17_Dankwart A. Rustow, "Transition to Democracy : Toward a Dynamic Model," *Comparative Politics* 2 (1970).
18_Stuart Hampshire, *Justice Is Conflict* (Princeton: Princeton University Press, 2000).

고 어느 당이 야당이 되고, 또 어느 당이 과반수 의석을 획득하고 어느 당이 집권당이 되었다 한들, 이를 민주주의가 만들어 낸 권위적 결정으로 기꺼이 인정하고 수용하기는 어렵다. 요컨대 현재 한국 정치의 최대 균열은 사회적 기반이 없는 정치적 대표 체제와 이에 대표되지 못하고 저항하고 있는 비투표 유권자 사이의 균열이다.

안락한 보수주의에 빠져 있는 한국 사회

한국 민주주의의 상황이 이러함에도 불구하고 우리 사회가 이런 현실에 얼마나 절실히 대면하고 있는지에 대해서는 부정적으로 생각한다. 정당과 정치인들은 사회의 변화와 요구를 정치적으로 표출하고 동원하기보다는 기존의 지역당 체제가 분할해 놓은 지역의 시장독점에만 관심을 가질 뿐이다.

개혁적인 정치인 역시 막상 선거 국면을 앞두고는 중도 내지 보수적 경향을 보이는 것이 마치 합리적인 듯 행동한다. 그것은 개혁적이고 진보적인 유권자는 어차피 다른 선택을 할 수 없을 것이기에 이들에게 관심을 두기보다는 중도 내지 보수적 유권자층을 분할해 획득하는 것이 현명한 계산이라는 다운스[19]이론의 저급한 해석판을 신봉하는 것이자, 동시에 언론과 재벌을 중심으로 한 보수 헤게모니[20]에 맞서는 것을 피하고자 하는 변명에 불과하다. 어느 정당이나 정치인도 오늘의 한국 민주주의가 안고 있는 문제를 진지하게 이해하고, 이를 해결하고자 하는 비장함을 보여 주고 있지 못하다.

[19] Anthony Downs, *An Economic Theory of Democracy* (New York: Harper & Row, 1957).

[20] 헤게모니 | 이탈리아 마르크스주의자 그람시(A. Gramsci)의 개념. 한 집단의 다른 집단에 대한 지배가 단지 강제력을 통해서만이 아니라 도덕적·이데올로기적 힘을 통해 행사되는 것을 의미하는 개념이다. 다시 말해 제도나 사회관계, 이데올로기와 관념 또는 도덕적 힘을 통해 지배받는 사람들의 동의를 이끌어 넘으로써 지배하는 것을 말한다.

지난날 권위주의의 강권 통치에 맞서 민주화를 이뤄 낸 대학 사회는 더 이상 비판적 지성이 살아 숨 쉬는 전당이 아니다. 대부분의 학생들은 대학 4년의 결코 짧지 않은 기간 동안 미래의 노동시장에 남보다 좋은 조건으로 진입하기 위한 준비에 모든 에너지를 쏟고 있다. 그러는 사이 교육의 가치는 신자유주의적 시장 논리에 압도되어 버렸다. 캠퍼스에서 운동이 소멸한 이후 이를 대체한 것은 진리 탐구를 위한 지적 열정이나 작업도 아니고 사회 현실에 대한 지적 비판도 아니다. 비판 정신이 거세된 대학 사회는 마치 거대한 사회 입시 학원과 같은 것이 되었다.

캠퍼스 밖에서는, 이른바 변혁적 사회운동은 사라졌고 중산층적인 정향을 갖는 시민운동이 그 자리를 대체했다. 1990년대 이후 한국 사회에서 그나마 위력적인 사회적 비판과 저항은 이들 시민운동에 의해 이루어졌다. 그것은 한편으로 시민운동의 활동가들이 과거 학생운동과 사회운동의 경험, 문제의식을 가졌다는 사실과 연관되어 있는 것이지만, 더욱 중요한 것은 학생운동과 사회운동이 약화됨에 따라 이들이 해야 할 비판과 저항의 역할을 시민운동이 대신할 수밖에 없었던 사회적 요구의 산물이었다고 이해할 수 있다.

그러나 2000년 총선시민연대[21]의 활동과 그 사회적 충격을 정점으로 시민운동의 역할과 영향력은 크게 약화되었다. 총선시민연대의 활동을 마무리하는 과정에서 시민운동은 스스로가 가질 수 있는 정치적·이념적 기초가 얼마나 취약한 것인가를 드러냈다. 결과적으로 시민운동의 자율성과 시민적 기반은 축소되었고, 중심 활동가들은 현실 정치에 참여하는 것에서부터 극우 신문에 동원되기에 이르기까지 널리 분화되었다. 중산층적 엘리트 의식이 강한 시민운동이 조직의 생존

21_2000년 총선시민연대 | 2000년 1월 12일, 전국적으로 400여 시민 단체가 연대해 결성한 연합 단체로 "시민의 힘으로 부패 정치인을 몰아내자"라는 목표를 내걸고 2000년 4월의 16대 총선에 적극적으로 개입했다. 공천 반대자 명단 발표 및 전국적 낙선 운동을 통해 국내외에 커다란 반향을 불러일으켰다.

과 유지에 급급한 상황으로 내몰리면서 아이러니한 일이지만 국가와 기업에 대한 의존은 심화되었다.

대학교수를 중심으로 하는 지식인 사회 역시 우리 사회의 보수적인 집단 가운데 하나일 뿐 그 이상의 어떤 의미가 있는지 자문해 보게 된다. 신문에 기고된 우리 사회 지식인의 칼럼을 보면서 나는 언론에 종속되어 있는 것은 정치만이 아니라 지식인 사회도 마찬가지라는 생각이 든다. 정치인과 정부, 정당에 대한 이들의 경멸과는 대조적으로 이들은 언론과 재벌을 비판하지 않으며 심화되는 계급 구조화 과정에서 희생되고 있는 계층과 집단에 대해 관심을 기울이지 않는다. 정책 정당이 되라는 이들의 충고는 기실 정치를 비난하는 것에서 자신의 정당성을 찾는 언론 논조의 연장선에 있는 경우가 다반사다.

한국 사회의 중심 문제들에 대해 지식인 사회가 마땅히 해야 할 체계적인 연구는 발견하기 어렵다. 한 사회에서 정책 정당이 가능하려면 지식인 사회에서 이론적이고 실천적인 대안이 제시되고 이를 둘러싼 논쟁을 통해 여러 대안들의 타당성과 현실성이 검토될 수 있어야 한다. 지금 우리 사회에 한국 민주주의가 안고 있는 문제들에 대한 발본적 비판에 기초해 실천적 대안을 제시하고자 하는 그 어떤 의미 있는 지적 논쟁이 존재하는가? 지식인 사회에서조차 민주화 이후 한국 민주주의가 직면하고 있는 근본적 문제들에 대한 논의는 회피되고 있다.

보수적 민주화에 대한 비판

지금까지 내가 말한 것을 단순화하면, 한국 민주주의의 문제는 그 보수성에 기인하는 바 크다는 것이다. 한국 민주주의의 보수성이 그 자체로 새로운 현상은 아니다. 그러나 오늘의 한국 민주주의를 보수적 민주주의라고 정의하는 것은, 1980년대 거대한 사회운동을 통해 이루어진 한국의 민주화가 제기했던 여러 문제들이 여전히 존재함에도 불구하고, 변화의 계기들은 점차 약해진 반면, 변화를 거부하는 힘들은 보다 조직화되고 강해졌다는 것을 의미한다.

지금 우리 사회에서 민주주의는 암암리에 도전받고 있다. 역사상 민주주의는 순탄하게 발전한 적이 없다. 민주화가 되었다는 것은 그 이전에 무언가 '구체제'가 있었다는 것을 의미한다. 영국이나 프랑스처럼 절대왕정이 있었을 수도 있으며, 동구나 러시아처럼 사회주의 체제가 있을 수도 있고, 한국을 포함해 많은 라틴아메리카 국가들처럼 군부 권위주의가 있을 수 있다. 이들 국가에서 민주화 이전에는 구체제를 유지하는 기득 이익이 존재했고 민주주의란 이런 기득 이익이 중심이 되는 체제를 바꾸는 것을 의미한다. 즉, 민주주의가 진전되고 공고화되기 위해서는 필연적으로 개혁이 진행될 수밖에 없다는 것이다. 여기서 기득권 세력이 정도의 차이는 있겠지만 언제나 민주화에 격렬하게 저항하게 되는 것도 자연스러운 일이다. 이런 의미에서 볼 때 문제는 변화에 저항하는 힘에 있는 것이 아니라, 민주화 이후에 민주주의를 발전시키는 데 있어서 민주 세력이 보여 준 무능력에 있다.

민주주의에 대한 이해가 깊어지는 것 없이 한국 민주주의가 안고 있는 문제를 극복해 가고 이를 통해 민주주의가 내용적으로 발전하기를 기대하기는 어렵다. 민주화 이후에도 나쁜 결과가 나타날 수 있고, 또한 민주주의가 좋은 것만을 의미하는 것도 아니다. 민주주의가 현실적으로 가장 좋은 제도라는 것은 의심의 여지가 없지만 민주주의는 완벽한 제도가 아니며, 민주주의 역시 후퇴할 수도 있고 권위주의적 반동을 불러올 수도 있다는 사실을 인식하지 않으면 안 된다. 예를 들어 독일의 나치즘은 민주주의 체제에서 선거라고 하는 민주주의의 방법을 통해 나타났다.

최초의 정치 이론가들, 즉 플라톤Platon, 아리스토텔레스Aristoteles, 폴리비오스Polybios 그리고 르네상스 시기의 마키아벨리 등의 이론을 보면 민주주의가 안고 있는 문제의 본질, 그리고 민주주의가 퇴행할 수 있는 가능성을 그들이 얼마나 절실한 문제로 다루었는지 알 수 있다. 몽테스키외Montesquieu, 매디슨, 토크빌 등 여러 주요 정치 이론가들 역시 마찬가지다. 그들은 민주주의가 자기 이익을 추구하는 인간들이 실행할 수 있는 현실적으로 최선의 정치체제라는 것을 인정하면서도, 민주주의가 잘 작동하기 위해서는 여러 가지 장치들의 보완이 필요함을 강조했다. 이들 역시 다양한 제도적 장치와 보완이 없다면 민주주의 역시 퇴행할 수 있음을 잘 알고 있었던 것이다.

나는 민주주의는 민주주의를 지키고, 그것에 맞는 가치를 함양하고, 발전을 위한 제도적 장치를 끊임없이 개발하는 노력이 뒤따르지 않으면 이내 후퇴할 수 있다는 것을 강조하고자 한다. 그것은 그간 한국 사회에서 민주주의의 내용적 발전을 위한 자기 쇄신의 노력이 부재했으며, 그 결과 한국 사회가 점차 나쁜 방향으로 급격히 퇴보하고 있다는 것에 대한 문제 제기이기도 하다.

본격적인 논의의 시작

이제 본론으로 들어갈 차례다. 본론은 두 문제를 다룬다. 하나는 한국 민주주의의 보수적 기원에 대한 부분이다. 나는 어느 정치체제이든 그 기원과 형성기의 구조적 특성으로부터 이해하는 것이 가장 좋다고 생각한다. 『레미제라블』에서 장발장이 "나는 누구인가"Who Am I라고 계속 자문하면서 나는 어디서 와서 어디로 가고 있는가를 묻고 있는 것처럼, 한국의 민주주의는 어디로부터 와서 어디로 가고 있는가를 탐구하는 것이다. 이를 위해서는 냉전 반공주의가 주조한 정치·사회적 틀의 형성과 그 구조적 특성에서부터 권위주의 산업화가 남긴 문제들, 그리고 민주화 이행이 보수적으로 종결된 과정을 살펴보아야 한다.

다른 하나는 민주화 이후 한국 민주주의의 보수성이 어떤 형태로 재생산되고 있나 하는 문제를 다룬다. 나는 이를 국가·시장·시민사회 세 수준에서 살펴볼 것이다. 이를 통해 민주화 이후의 한국 민주주의가 왜 처음에 기대했던 것처럼 되지 못하고 실패하고 있나, 그 원인은 무엇인가, 그리고 민주화 이후의 변화를 이해하기 위해 새롭게 조명되어야 할 주제들은 무엇인가 하는 문제들을 탐색할 것이다.

2부

보수적 민주주의의 기원

2장 | 국가 형성과 조숙한 민주주의

1. 민중 동원의 사회와 강력한 국가의 탄생

해방 공간의 등장

한국 현대사 연구자들은 '해방 공간'이라는 말을 널리 쓴다. '해방'이라는 말은 제2차 세계대전의 종전과 더불어 일제강점기의 억압에서 벗어나 자유를 맞이한 8·15 광복을 의미함과 동시에 해방 직후의 일정한 시기를 담는 표현이다. 이에 비해 '공간'이라는 말은 다소 복합적인 것으로 최소한 두 가지 의미를 갖는다.

첫째, 일제의 식민 통치 기구가 갑자기 붕괴되고 어떤 새로운 권력 중심이나 통치 형태가 나타나지 않은 일종의 힘의 공백이라는 객관적 조건을 지칭한다. 둘째, 한국 사회의 여러 힘, 세력들이 서로 경쟁하며 스스로 어떤 질서를 형성할 수 있는 매우 긍정적이고 적극적인 의미로서의 '가능성의 정치 영역'을 지칭한다. 다시 말해 우리 민족이 자율적으로 새로운 질서를 만들 수 있는 가능의 공간을 갖게 되었음을 뜻한다. 그것은 마치 어떤 국가나 정치사회 혹은 시민사회를 만들어 낼 수 있는 원초적 상황 내지 출발점이 되는 일종의 '자연 상태'에 비유될 수 있다.

주요 연표 (1945~60년)

- 1945년 8월 15일 해방
- 1945년 9월 8일 미군정 시작
- 1946년 10월 1일 10월 항쟁
- 1948년 4월 제주도 4·3사건
- 1948년 5월 10일 5·10 단독 선거
- 1948년 8월 15일 대한민국 정부 수립
- 1948년 10월 19일 여수·순천사건
- 1949년 5월 20일 국회프락치사건
- 1950년 6월 25일 한국전쟁 발발
- 1952년 5월 25일 발췌개헌
- 1953년 7월 27일 휴전
- 1954년 11월 29일 사사오입개헌
- 1958년 1월 13일 진보당 사건
- 1960년 3월 15일 3·15 부정선거
- 1960년 4월 19일 4·19 혁명

해방 공간은 무엇보다 사회의 아래로부터 민중의 자발적이고도 폭발적인 동원을 수반했다. 그것은 해방의 기쁨과 식민 통치에서 벗어나 자주적인 독립국가를 만들자는 열망의 분출이었다. 아마도 1987년 6월 민주항쟁과 2002년 한일 월드컵의 국민적 축제가 합쳐진 것에 비유될 수 있을지도 모른다. 일제강점기 잔재를 해체하고 새로운 질서를 만든다는 정치적 목표와 에너지의 분출이라는 의미를 담는다는 점에서 그렇고, 그러면서도 온 국민이 하나가 되어 해방의 기쁨을 만끽할 수 있었기 때문에 비정치적이었다는 의미에서 그러하다.

냉전의 도래

이런 상황에서 한반도에 급격히 몰아닥친 냉전과 이에 따른 갈등 축의 격변적 전치轉置에 대해 논해야 하겠다. 먼저 해방 직후 정치의 갈등 축 혹은 대립 축은 일본 제국주의 세력 대 민족독립운동으로 요약된다. 이는 식민 통치의 필연적 산물로서, 이 축의 형성 과정에서 강력하고도 저항적인 민족주의 이념을 중심으로 한 운동이 전개되었다. 일제강점기하에서 한국민들은 처음으로 민족이라는 근대적인 집단적 자아를 발견하게 되었다.

하지만 한국에서 민족주의는 기본적으로 반일·반제 식민 투쟁을 내용으로 하며, 일본이나 독일의 경우처럼 제국주의적 팽창의 이념적 지주 역할을 했던 공격적 민족주의가 아니라 저항적 성격을 갖는다. 따라서 일세 식민 통치 기구가 붕괴된 해방 공간 초기에 민족주의 운동에 참여했던 독립운동 지도자들이 정치 전면으로 부상한 것은 당연했다. 그러나 문제는 그렇게 간단하지 않았다. 왜냐하면 식민 통치하에서 민족독립운동은 사회주의 내지는 공산주의를 중심으로 한 혁명적 민족독립운동 세력과 문화 교육 운동을 중심으로 한 보수적 운동 세력으로 나뉘어 있었기 때문이다.

물론 이 양자 사이에 사회주의적이되 혁명적이지 않고, 반(비)사회주의적이되 훗날 반일이냐 친일이냐의 논쟁에 휘말리지 않을 만큼 강하고 일관된 중간파 그룹도 존재했다. 어쨌든 해방 공간 초기에는 좌파 민족주의 세력들이 주도권을 가지며 정치적 경쟁과 대중 동원에서 우위를 확립하는 것으로 나타났다. 그러나 곧 밀어닥친 냉전으로 말미암아 반공이냐 친공이냐 하는 새로운 대립 축이 급속히 형성되었다.

새로운 대립 축이 나타난 것만 해도 복잡한데, 사태를 더욱 복잡하게 하고 갈등을 증폭시켰던 것은 그 이전 한국의 독립운동이 어떤 중심축을 갖지 못했다는 사실이다. 인도, 인도네시아, 베트남 등의 독립운동은 통합된 대안 정부[1]를 발전시켰던 데 반해, 한국의 경우는 그렇지 못했다. 예

1_대안정부(alternative government) | 현재 통치하고 있는 정부의 정통성을 인정하지 않는 사람들이 대안으로 조직한 정부. 식민 체제에서는 지하정부나, 임시정부, 망명정부의 형태로 존재한다. 독립 후에는 이들 대안 정부가 중심이 되어 새로운 근대적 정치체제가 만들어지는 것이 일반적이다. 네루와 간디가 중심이었던 인도의 국민의회(Indian National Congress)나 호치민이 주도했던 베트남의 베트민(Viet Minh)이 대표적인 대안 정부의 예다.

해방 직후의 정치 계보

북한

좌 ▲ ▼ 우				
	만주파(김일성)	조선공산당 북조선 분국(1945)	북조선로동당 (1946)	조선로동당 (1949)
	연안파(김두봉/무정)	조선신민당(1946)		
	소련파(허가이)			
	기타	천도교 청우당(1946)		
	민족계(조만식)	조선민주당(1945)		

남한

좌 ▲ ▼ 우					
	사회주의계(박헌영)	조선공산당(1945)		남조선노동당(1946)	
	사회주의계(백남운)	남조선신민당(1946)			
	사회주의계(여운형)	조선건국준비위원회(1945)	좌우합작위원회 (1946) 여운형/허헌	근로인민당 (1947)	
		조선인민공화국(1945)			
		조선인민당(1945)			
	임정계(김규식)			김규식/안재홍	민족자주연맹(1947)
	임정계(김구/조소앙)		한국독립당(1946)		
	신민족/신민주의(안재홍)	국민당(1945)			
	민족계/우파(이승만)	독립촉성중앙협의회(1945)		자유당(1951)	
	민족계/우파(송진우/김성수)	한국민주당(1945)			

컨대 미국의 이승만과 중국의 김구, 국내의 김성수·여운형·박헌영 등은 운동의 지역적 기반이 달랐고, 같은 국내에서 활동했다 하더라도 그들 사이의 이념적 격차는 컸다. 여기에 해방 이후 북한 지역, 특히 주로 만주에서 활동한 김일성, 중국에서 활동한 독립동맹 그룹 등을 포함한다면 사태는 더없이 복잡해진다.

인도의 경우 영국의 식민 지배하에서 국민의회파 지도자였던 간디M. K. Gandhi, 네루P. J. Nehru가 독립 이후 새 정부의 지도자가 되는 것은 너무나 자연스러운 일이었다. 그런데 한국에서는 누가 새 정부의 지도자가 되어야 하는가? 이탈리아와 같이 반反파시스트 투쟁에 참여한 주요 여섯 개 정파가 모두 참여하는 연합체를 형성해야 하는가? 이런 기본적인 문제조차 정리되지 않은 상황에서 냉전이 몰아닥치고 새로운 갈등 축이 나타남으로써 사태는 해결 불가능한 상태로 악화되었다.

냉전의 국내화 과정

애초에 38도선은 일본군을 무장해제하기 위한 미소 간의 잠정적인 분획선이었다. 그러나 38도선을 중심으로 남과 북에 각각 미국과 소련의 군정이 시행되면서 38도선은 곧 정치적·이념적 경계선이 되었다. 미군정은 미국을 중심으로 활동했던 독립운동 지도자 이승만과 김성수·송진우를 중심으로 한 국내 토착 세력이자 보수적 민족주의 운동 지도자들과 연대를 강화해 갔다. 조선공산당[2]과 같은 극좌파는 물론 사회민주주의적 혹은 중도적인 온건 좌파라 할 수 있는 여운형과 조선건국준비위원회[3] 그룹들은 미군정에 의해 정치적으로 탄압받거나 배제되었다.

좌우 이데올로기 투쟁을 중심으로 한 갈등과 그로 인한 혼란은, 남북한에 각각 분단국가가 만들어지는 과정에서 극한으로 치달았다. 이 시기에는 공산주의자가 아니면서 분단의 제도화를 저지하고 민족 독립국가를 희구했던 다수의 민중이 많은 희생을 당하기도 했다. 이처럼 냉전이 국내 정치에 제도화되는 과정에서 겪게 되는 정치적 혼란은 대체로 세 국면으로 나타났다.

첫 번째 국면인 해방 공간 초기에는 좌파 세력이 우세를 보였다고 할 수 있다. 두 번째 국면은 1945년 말부터 다음 해 초 이른바 '탁치정국'(모스크바 3상회의 이후 신탁통치 안을 둘러싼 좌우파 간의 갈등 정국)을 기점으로 좌파의 기세가

---

[2] 조선공산당 | 1925년 4월 서울에서 조직된 우리나라 최초의 공산당. 해방 후 박헌영에 의해 재건되었다. 남쪽의 공산주의 세력을 규합할 목적으로 1946년 11월에 남조선신민당 및 조선인민당과 함께 남조선로동당(남로당)으로 통합되었다.

[3] 조선건국준비위원회 | 1945년 8·15 광복 후 여운형을 중심으로 조직된 최초의 건국 준비 단체. 약칭하여 '건준'이라고도 한다.

꺾이고 우파의 기세가 상승하면서 좌우 각축이 이루어졌던 시기라고 할 수 있다. 세 번째 국면은 해방 이후 최대 규모의 아래로부터 저항이라고 할 수 있는 1946년 '10월 항쟁'[4] 이후 좌파 세력이 현저하게 약화되면서 우파 우세가 뚜렷해지고, 1947년 7월 제2차 미소공동위원회[5] 결렬 이후 우파 헤게모니가 확립된 시기다. 남한 사회 내에서의 대립이 우파만의 권력 독점으로 귀결되면서 이데올로기 대립은 남과 북의 대결로 단순화되었다. 이는 한반도에서 분단국가의 제도화로 나타났고, 급기야는 전쟁으로 치닫게 되었다. 한반도에서 냉전은 남한에서는 가장 반공적인 체제가, 북한에서는 가장 급진적인 사회주의 체제가 정착되는 결과를 가져왔다.

냉전과 과대 성장 국가

좌우 이데올로기의 극단적 대결이 불러온 결과 중 하나는 강력한 국가가 만들어지게 되었다는 것이다. 여기에서 말하는 강력한 국가는 군과 경찰, 검찰과 방첩 기구 등과 같은 강권 기구가 그 중심을 이룬다. 이는 주로 해방 공간에서 정치화되고 동원된 좌파와 민중 세력을 배제하는 과정에서 강권 기구들이 팽창되지 않을 수 없었던 결과였다고 할 수 있다.

그러나 강력한 국가의 발전은 외부로부터 냉전이 부과되고 분단국가가 만들어진 결과만은 아니다. 과거 조선조는 유교 국가로서 강력하게 중앙 집중화된 관료 국가의 전통을 갖는다. 그리고 식민 통치 기간 동안 일제는 강력한

[4] 9월 총파업과 10월 항쟁 | 9월 총파업은 1946년 9월 23일 부산에서 8천여 철도 노동자들이 파업에 돌입함으로써 시작되었다. 이후 주요 산업의 노동자 약 25만여 명이 파업에 합세했다. 10월 항쟁은 9월 총파업에 이어 10월 1일 대구 시위가 직접적 계기가 되어 발생했다. 성난 군중이 경찰서와 교도소를 습격해 죄수를 풀어 주었고, 관료와 경찰의 집을 습격했다. 이렇게 발생한 시위는 인근 지역으로 전파되면서 약 3개월 동안 지속되었다.

[5] 미소공동위원회 | 1945년 12월 모스크바 3상회의의 합의에 의해 설치된 한국 문제 해결을 위한 미·소 양국 대표자 회의. 한국의 신탁통치와 임시정부 수립 등 제반 문제 해결을 위한 예비 회담을 가진 후 1946년 3월 20일 제1차 회의를 가졌다. '미소공위'라 부르기도 한다.

강권적 국가기구를 식민지 통치 기구로 발전시킨 바 있었다. 해방 후의 조건은 조선조의 전통과 식민 통치에 이은 세 번째의 역사·구조적 조건이었다고 할 수 있다.

물론 이 말은 한국이 중앙 집중화된 강력한 국가의 정치 문화나 유산을 가졌기 때문에 해방 이후에도 자동적으로 강력한 국가가 만들어졌다는 것을 의미하지는 않는다. 그보다 해방 이후의 사태 전개가 과거의 유산과 제도를 다시 불러들이게 만들었으며, 그 결과 강력한 국가가 전통적으로 지속되어 왔던 것처럼 보일 뿐이라고 할 수 있다.

최근에는 자주 사용하지 않았지만 나는 해방 이후 국가의 특징을 정의하기 위해 '과대 성장 국가'라는 개념을 사용한 바 있다. 이것은 원래 파키스탄의 정치경제학자 알라비H. Alavi가 탈식민 사회의 국가를 분석하는 데 사용했던 개념이다. 그것은 식민 통치를 위해 제국주의 국가의 잘 발달된 국가기구가 식민지 사회에 이식된 결과, 독립 이후에도 경제적 토대나 사회적 기반보다 과도하게 강한 국가가 지배적인 역할을 하게 되었음을 의미한다. 요컨대 해방 공간에서 냉전의 전개와 이데올로기적 양극화, 분단국가의 수립 과정에서 사회적 동원이 억압·해체되는 과정은 과거 식민지 국가기구의 역할이 다시 복원되는 과대 성장 국가의 출현과 맞물리게 된다.

2. 이념적 양극화에 따른 정치적 대립 축의 전치

민족에서 좌우로

일제강점기하에서 저항운동의 발전은 민족주의라는 최초의 이념과 이를 중심으로 한 운동의 출현을 가져왔다. 그러나 3·1 독립운동 이후 러시아혁명과 사회주의 이념의 영향을 받은 민족독립운동이 급속히 발전했는데, 이는 식민 통치에 따른 한국민의 민족 이산diaspora으로 독립운동이 지리적으로 확산된 것과 많은 관계가 있다. 즉, 러시아의 연해주 지역과 이르쿠츠크 지역 그리고 중국 대륙에서의 독립운동은 혁명적 사회주의의 강력한 영향을 받았다.

이처럼 국외에서 혁명적 민족주의 운동이 전개되던 시기에 국내에서는 교육 문화 운동을 중심으로, 방법에서는 평화적이고 문화 운동적이며, 이념적으로는 보수적인 민족운동이 발전했는데, 여기에는 주로 국내의 토착 지주 세력이 참여했다. 해방 이후 이들은 한국민주당[6]을 구심점으로 결집하게 된다. 민족주의 운동의 좌우 분화는 정치 이념과 운동에 있어 최초의 근대적 분화라 하겠다.

해방을 맞이해 독립국가 형성 문제가 전면으로 부상함에 따라, 누가 새로운 독립국가의 지도자가 되느냐 하는 문제가 잠재적인 갈등의 요인이 되었다. 이런 조건에서 냉전이 몰아닥치면서 독립국가 형성의 문제와 좌우 이데올로기 대립이 중첩되는 가운데 좌우파가 격돌하게 된 것이다. 이 과정에서 있었던 분단에 대한 반대를 좌파 세력이나 좌파 이념에 대한 지지와 동일시하는 것은 잘

[6]_한국민주당 | 송진우, 김성수 등을 중심으로 1945년 9월에 창당된 보수 세력의 정당. 약칭 '한민당'.

못이다. 당시 일반 민중의 다수가 분단을 반대했고, 그렇기 때문에 분단을 추진하는 미군정에 반대하고 미군정과 동맹한 보수파 정치 세력이나 인사들에 반대했다고 할 수는 있지만, 이들이 모두 공산주의자였기 때문에 그랬던 것은 아니다.

마찬가지로 뒷날 분단국가가 수립되어 이승만 정부가 들어섰을 때도 이승만 정부에 반대하는 사람이 많았지만, 이들이 친북적이었기 때문에 그랬다고 할 수는 없다. 그러나 현실에서 그 두 문제 사이의 경계는 모호했다. 이로 인해 정치적 갈등의 대립 축이 급격히 전환되는 과정에서 엄청난 혼란과 희생이 뒤따르게 되었다.

좌우에서 남북으로

분단국가의 수립 과정이 공산주의를 완전히 축출하는 방법으로 이루어진 결과 사회적 동원은 전면적으로 억압되었고, 이 과정에서 애매하게 희생된 민중이 많았다. 이것이 남한만의 사태가 아니었음을 강조해야 한다. 북한은 모든 문제를 계급적 시각에서 정리하고, 1946년 3월 불과 3주 만에 가장 급진적인 방법으로 토지개혁[7]을 완결하고 지주와 부농을 땅으로부터 축출했다. 북한의 집권 세력들이 이를 무산자 혁명의 모델로 세계에 자랑할지는 모르지만, 그것은 지주와 부농이 공존할 수 있는 방법이 아니라 이들을 배제하고 축출함으로써 공동체를 급격하게 해체하는 가장 폭력적인 방법으로 이루어진 혁명이었다. 그 결과 북한에서 배제와 폭력으로 희생된 많은 사람이 남하해 남한 사회에

7_북한의 토지개혁 | 북한은 북조선임시인민위원회에서 1946년 3월 5일 '토지개혁에 대한 법령'을 제정하여 실행함으로써 3월 말까지 지주제가 전면적으로 해체되었다. 토지개혁의 기본 원칙은 무상몰수와 무상분배였다. 이는 빈농 계층의 지지를 받았지만 지주 계층의 저항이 있었고 이들이 대거 월남하는 계기가 되었다.

서 가장 강고한 반공 극우 세력을 형성하게 된다.

제1공화국의 수립과 함께 남한 내의 좌우 갈등이 좌파의 완전한 궤멸로 정리되고 냉전 반공 체제가 확립되었을 때 남한 내의 좌우 갈등은 남북 간 갈등으로 전이되었다. 그리해 남북한은 각각 이념의 양극단을 대표하게 되었다. 냉전의 오른쪽 이념은 남한이, 왼쪽 이념은 북한이 각각 독점적으로 대변하게 되는 사태가 발생한 것이다. 다시 말해 남과 북의 지리적 분단과 좌우의 이념적 분단은 중첩되었다.

남북에서 사회 내부로

남한에서 '빨갱이', 북한에서 '미제 간첩' 혹은 '반동'이라는 말은 단순히 적을 지칭하는 개념을 넘어, 사회의 지배 구조와 사고의 틀을 이분법적이고 단순 도식적인 구조로 바꾸고 이를 지속적으로 재생산하는 담론적 기능을 갖는다. 바꿔 말하면 남북한 간의 적대 관계는 이제 각자의 사회 내부에서 재생산되었다. 뒤에서 상세히 논의하겠지만 정당 체제도 그런 구조로 제도화되었고 정당 간의 경쟁 유형이나 레토릭도 냉전식 적대 관계를 닮은 것이 되었다.

그러나 분단국가라 하더라도 그것이 하나의 사회인 한, 경제적 영역에서 발생하는 이익 갈등을 비롯해 사회 각 부분의 이익과 열정을 대변할 이념을 지닌 정치조직으로서의 정당을 필요로 한다. 이것은 민주주의하에서 정당 체제가 그 사회의 갈등과 균열, 열정의 차이만큼이나 넓은 이념적·공간적 스펙트럼 위에서 조직된 정당들 간의 경쟁 체제로 발전하게 되고, 또 그렇게 되어야 하는 이유다. 그러나 냉전 반공주의적 조건에서는 이념과 지지 기반이 서로 다른 정당들이 나타나기 어렵다.

　　분단국가 건설의 주역이었던 두 중심적인 정치 세력, 즉 이승만 그룹 내지 한민당 같이 보수적인 이념적 지향을 갖는 여야당을 제외하고는 제3의 다른 종류의 정당은 유지될 수 없었다. 설령 새로운 정치 세력이 등장할 경우에도 빨갱이 혹은 친북 세력으로 정의하는 순간 쉽게 이들을 배제할 수 있었다. 조선로동당 이외의 정당이 존재하지 못한 북한은 더 말할 필요도 없을 것이다. 단일 정당 체제와 민주주의는 양립할 수 없다.

3. 권력의 중앙 집중화와 관료 국가

초집중화와 동심원적 엘리트 구조

일차적으로 정치 영역에서 권력의 집중화는 여타 다른 사회 영역의 집중화를 가져왔다. 즉, 한국에서의 중앙 집중화는 정치권력이 서울에 집중된 것만을 의미하는 것이 아니라, 경제·사회·교육·문화 등 사회의 모든 주요 영역에서 자원이 지리적·공간적으로 서울이라는 한 곳으로 집중되어 있음을 의미한다. 지리적·공간적 차원의 집중화가 곧, 사회 제 분야에서의 기능적 집중화를 동반함으로써 집중화와 집적화가 동시에 이루어졌다는 것이다. 그렇기 때문에 이를 단순한 집중화가 아니라 초집중화로 보는 것이 좀 더 현실적인 이해가 된다. 그 결과 한국 사회는 정치·경제·사회 등 각 영역에서의 엘리트 집중이 서로 중첩되는 동심원적concentric 구조에 가까운 것이 되었다. 이는 한편으로 엘리트 구조의 안정성을 가져왔지만, 다른 한편으로는 엘리트로 상승하기 위한 치열한 경쟁을 만들어 냈다.

    그렇다면 한국에서 왜 이런 초집중화가 발생했는가? 네 가지의 역사적 계기들이 이를 촉진하고 유지하는 데 기여했다고 할 수 있다. 첫째, 조선조의 유교적 관료 국가와 문화는 이미 전통 사회에서 중앙 집중화의 구조와 문화를 만드는 씨앗을 뿌린 바 있었다. 둘째, 일제하 식민 통치 기구와 지배 체제는 그에 못지않게 중앙 집중화를 강화했다. 셋째, 해방 이후 집중화의 추동력은 냉전과 더불어 좌우 이데올로기 투쟁과 남북한 대결 구조가 틀을 잡음에 따라 계속 강하게 유지되었다. 넷째, 1960~70년대의 군사 권위주의 체제와 이를 통한 국가 주도형 산업화는 집중화를 더욱 강화시켰다.

    1960년대에 이미 정치학자 핸더슨은 '소용돌이의 정치'라는 말로 한국 사회에서 모든 사회적 자원과 가치가 서울과 권력의 정점으로 집중하는 현상을 한국 정치의 가장 큰 특징으로 강조한 바 있다. 그러나 핸더슨의 집중화 테제는 유교적 관료 문화를 거의 유일한 동인으로 강조하는 문제점을 갖고 있다.

집중화의 동력

핸더슨은 토크빌의 『앙샹레짐과 프랑스혁명』(박영률출판사, 2006)을 이론적 모델로 한국을 설명한다. 자율적 중간 집단의 약화와 부재 그리고 그 결과로 가속화되는 관료적 중앙 집중화라는 토크빌의 이론은 한국 사회에 적용할 때 커다란 정합성을 갖는다. 그러나 그런 구조적 유사성에도 불구하고 프랑스와 한국은 역사와 문화에서 근본적인 차이가 있다. 특히 어떤 메커니즘을 통해 중앙 집중화가 강화되는가를 보는 것이 중요하다.

앞에서 말한 네 가지 역사적 계기가 말하고 있듯이, 유교 문화가 정치 문화로 지속되어 왔기 때문에 중앙 집중화가 계속된 것이 아니라, 서로 다른 역사적 국면과 계기에서 이를 추동하게 된 새로운 변화들이 나타났기 때문에 중앙 집중화가 가속화된 것이다. 토크빌이 말하고 있는 프랑스에서나 핸너슨이 말하고 있는 한국 사회에서 중앙 집중화의 가장 큰 동력은 국가 관료 체제가 아닐 수 없다. 그러나 양자 사이에는 서로 근본적인 차이가 있다.

토크빌은 혁명이 중세 봉건제에 기반을 둔 귀족제의 질서를 파괴함과 동시에 개인과 사회를 연결하는 중간적 매개 고리를 해체함으로써 개인을 무규범적 존재로 원자화시킨 것이 국가 관료 체제의 강화를 가져왔다고 보았다. 이와는 달리 한국의 중앙 집중화는 정치에 대한 대중 또는 민중 참여의 채널들이 협소화되거나 봉쇄된 엘리트 중심 지배 체제의 결과물이다. 좌우 이념 갈등에 뒤이은 냉전 반공주의의 확립은 이념적 획일주의와 더불어 사회의 모든 자원을 독점 배분하는 국가 관료 체제를 강화했고, 그것이 보다 강력한 중앙 집중화를 가져왔다는 것이다.

이런 조건에서는 넓은 이념적 지평에서 서로 다른 엘리트 간 경쟁이 불가능하게 되고, 앞에서 동심원적 구조라고 말했던 극도로 단순화되고 동질적인 엘리트 구조가 강화된다. 소수의 엘리트가 중심이 되어 위로부터 국가 건설이 추진된 결과 필연적으로 권력의 집중화를 가져오게 된 것이다. 요컨대 과대 성장 국가는 곧 중앙 집중화된 관료 국가 체제의 다른 말이라고도 할 수 있다.

4. 이념적으로 협애한 정당 체제의 형성

보수 양당 체제의 출현

강력한 관료 국가 체제는 허약한 대의제도에 기반을 둔 것이며, 양자는 서로 맞물려 있다. 그리고 허약한 대의제도의 특징은 곧 이념적으로 협애한, 사회에 뿌리내리지 못한 정당 체제를 핵심 내용으로 한다. 해방 공간에서의 주요 정치 세력으로는 이승만 중심의 독립촉성중앙협의회 그룹, 김성수·송진우 중심의 한민당, 김구의 상해임시정부 세력(뒤의 한독당), 김규식의 중간파 및 민족자주연맹,[8] 여운형의 건국준비위원회 세력(뒤의 인민당, 근로인민당), 박헌영의 조선공산당(뒤의 남로당) 등이 있었다. 박헌영은 북한으로 갔고, 남북한이 이념적으로 분단되었기 때문에 공산주의 세력 혹은 사회주의 세력이 배제되는 것을 피하기는 어려웠다. 그러나 분단국가 수립 과정에서 김구·김규식과 같은 우파 민족주의 세력이나 여운형과 같은 온건 좌파 그룹 역시 분단에 반대하면서 스스로 참여하지 않았거나 배제되었다. 이들 정치 세력의 영향력이 이데올로기적 투쟁의 양극화를 통해 어떻게 변했는가 하는 것은 오른쪽 그림을 통해 요약될 수 있다.

여러 정치 세력 가운데 이승만 그룹과 한민당만이 분단국가를 제도화하는 선거 경쟁에 참여했다. 앞서 살펴보았듯이 이들은 분단국가 건설에서 두 중심축을 이루는 세력이었다. 그리고 해방 공간에서 활동했던 광범위한 비극우 잔존 그룹들은 무소속 형태로 1950년 5·30 선거, 즉 제2대

8_민족자주연맹 | 1947년 12월 20일 김규식과 여운형이 주도했던 좌우합작위원회가 해체된 후 중간 정치 세력의 집결체로서 만들어진 조직. 여운형 암살 이후 김규식은 민중동맹·신진당·사회민주당 등 중간파 세력을 규합해, 좌우익 편향을 배제하고 민족의 자주 노선을 표방하며 이 단체를 결성했다.

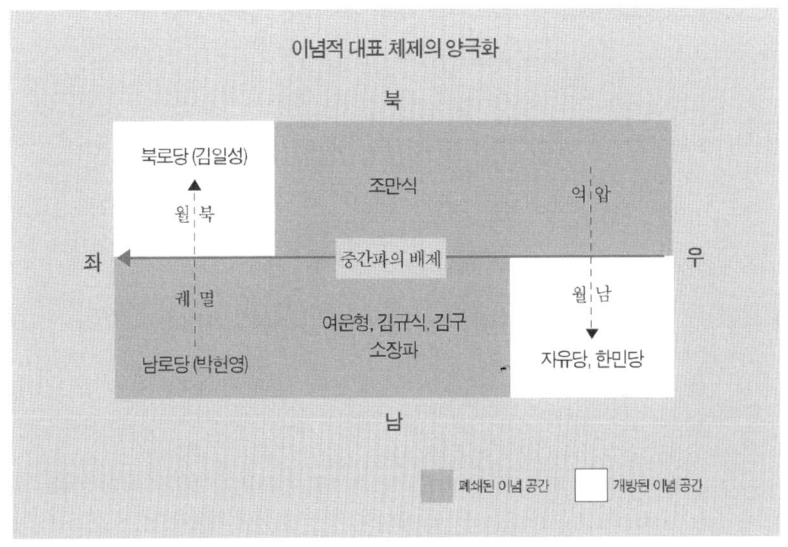

국회의원 총선까지 두 차례 선거 경쟁에 참여했다. 이후 이들 대부분은 한국전쟁을 거치며 소멸되었고, 그 결과 자유당 대 한민당의 양당제적 틀을 갖추게 되었다.

예외가 있다면 1950년대 중반 조봉암의 진보당[9]이 있다. 그러나 진보당은 이후 정당 체제에 큰 영향을 남기지 못한 하나의 에피소드에 지나지 않았다. 결국 한국의 정당 체제는 분단국가를 만들었던 두 중심 세력인 이승만 그룹과 한민당(뒤에 민국당, 민주당으로 변화)이 공화국 수립 이후 서로 대립적인 경쟁자가 되는, 즉 정치적 노동 분업을 통해 경쟁 관계로 들어가는 것에 그 기원을 갖는다. 그리고 이 두 그룹만이 정당 체제를 주조하게 됨으로써 한국의 정당 체제는 다음과 같은 특성을 갖게 되었다.

9_ 진보당 사건 | 1958년 1월 평화통일을 주장하는 조봉암을 비롯한 진보당의 간부들이 간첩과 내통하고 북한의 통일 방안을 주장했다는 혐의로 구속 기소된 사건. 이후 1959년 2월 27일 대법원의 확정판결에서 조봉암은 사형선고를 받았고, 7월 31일 사형에 처해졌다. 이 사건을 계기로 통일 정책에 대한 공개적인 논의가 동결되었고, 혁신 세력의 활동이 크게 위축되었다.

첫째, 여야당은 이념적으로 동일한 지평 위에서 경쟁한다. 둘째, 양당은 밑으로부터의 대중적 이익이나 요구에 기반을 두기보다는 지도자와 그를 둘러싼 엘리트 중심적 성격이 강하다. 셋째, 사회의 계층적·직능적·직업적 이익들은 그들 스스로의 조직화를 통한 방식으로는 정치적으로 대표되지 못한다. 넷째, 그러면서 여야당을 막론하고 사회 전체, 국가 전체, 민족 전체의 대의와 이익을 내세움으로써 포괄 정당적 성격을 갖는다.

정초 선거와 보수 양당 체제의 결빙

한국 정당 체제의 기원과 관련해 우리는 '정초 선거'의 특징을 살펴볼 필요가 있다. 원래 정초 선거라는 개념은 오도넬과 슈미터가 민주적 개방과 더불어 가능해진 정당 간 자유경쟁과 유권자 투표 패턴을 중심으로 민주화 과정을 설명하는 하나의 개념으로 제시한 것이다. 그것은 정치 세력의 재편과 투표자 정렬에 있어 일정한 '결빙 효과'[10]와 함께 이후 선거에 큰 영향을 미칠, 문자 그대로 이후 선거 경쟁의 패턴을 '정초'하는 선거를 일컫는다.

그러나 해방 직후 시기의 선거는 1987년 민주화 이행을 위한 정초 선거가 시민적 열정의 분출을 수반했던 것과는 달랐다. 분단국가 수립 과정에서의 강제적 탈동원화의 여파로 선거는 완전히 민주주의적인 분위기라기보다는 다소 억압적인 분위기에서 행해졌고, 90% 이상의 투표율이 말해 주듯이 위로부터 동원된 선거라는 특징이 강했다. 어쨌든 제헌의회 선거는 제1공화국 수립 이후 장기간 동안 한국 정당 체제의 유형에 결정적인

10_결빙 효과(freezing effect) | 립셋·로칸이 서유럽 정당 체제의 형성과 관련해 사용한 개념. 대중 정치로의 이행기였던 1920년대에 형성된 정당 체제가 이후 장기간 지속성을 갖는다는 것을 가리킨다.

제1~4대 총선거 정당별 득표율

선거 시기	1대 1948년 5월 10일	2대 1950년 5월 30일	3대 1954년 5월 20일	4대 1958년 5월 2일
정당별 득표율	대한독립촉성국민회 24.6	대한국민당 9.7	자유당 36.8	자유당 42.1
	한국민주당 12.7	민주국민당 9.8	민주국민당 7.9	민주당 34.2
	대동청년단 9.1	국민회 6.3	국민회 2.6	통일당 0.6
	조선민족청년단 2.1	대한청년단 3.3	대한국민당 1.0	국민회 0.6
	대한노동총연맹 1.5	대한노동총연맹 1.7		
	기타 12.0	기타 5.5	기타 3.8	기타 1.1
	무소속 38.0	무소속 62.9	무소속 47.9	무소속 21.5
투표율	95.5	91.9	91.1	90.7

영향을 미쳤다.

그렇다면 어느 선거가 정초 선거인가? 최초의 선거였던 1948년 5월 10일 제헌의회 선거인가? 선출된 의원들이 공화국의 헌법을 만들고 대통령을 선출하고 공화국을 수립할 임무를 가진 제헌의회 선거는 두 가지 점에서 이후 정당 체제와 투표 패턴에 영향을 미치게 되었다. 하나는 대통령의 정치조직인 대한독립촉성국민회[11]가 최다 득표를 했다는 것, 다른 하나는 득표한 정당 및 정치단체가 모두 우파였다는 것이다.

그러나 그것은 제도화 이전의 '불안정한 초기적 단계의 정당 체제'inchoate party system로, 무소속의 득표율이 매우 높았다는 사실이 이를 말해 준다. 어느 정도 정당 제도화가 자리를 잡고 이후 지속적으로 이어지게 되는 정당 체제의 패

11_대한독립촉성국민회 | 1946년 2월 8일 민족주의 정당들이 조직한 정치단체. '독촉국민회'라 약칭한다. 반탁운동과 미소공동위원회의 활동 반대, 좌익 운동의 봉쇄 등이 행동 목표였으므로 좌익 진영에서 가장 두려워하는 우익 진영의 대표적 정치단체였다.

턴이 분명해진 것은 1958년 5월의 제4대 총선에 이르러서다. 이 선거를 통해 무소속의 비중이 현저하게 줄어들 만큼 정당의 제도화가 강화되었고, 집권당과 야당의 득표율이 42% 대 34%로 일정한 균형을 이루는 보수 양당제적 틀을 갖추게 되었다. 이런 특성이 현재에 이르기까지 계속되어 왔다는 점에서 1948년 5·10 선거보다도 1958년 제4대 총선을 한국 정당 체제의 기원을 보여 주는 정초 선거라고 할 수 있다.

5. 한국의 '세자리즘'과 일본의 '55년 체제'

냉전과 사인적私人的 권위주의

냉전과 미국의 헤게모니가 한국에 미친 효과를 검토하기 위해 일본의 경우와 비교해 보는 것은 흥미 있는 일이다. 한국과 일본은 종전 이후 미국이 대공 방위망을 구축한 동아시아에 함께 위치했고, 강력한 냉전의 영향을 받았으며, 전후 정치체제의 제도화에 미국의 정책과 군정의 영향이 압도적이었다는 점에서 그 어떤 나라보다도 공통성을 갖는다. 그러나 우리는 일본과의 비교를 통해 냉전의 영향이 두 나라에서 나타나는 강도의 차이를 가늠해 볼 수 있다. 한국은 지정학적으로 미국과 소련이 중심이 된 양 진영 간 대립의 최전방에 위치했으며 보다 더 극한적인 이데올로기 대립과 분단, 전쟁을 경험했기 때문이다. 이를 위해 전후 질서가 틀을 잡기 시작하면서 만들어진 두 나라의 정치체제를 비교해 볼 필요가 있다.

우선 이승만 대통령의 제1공화국을 사인적 권위주의 권력이라는 의미에서 '세자리즘'[12]이라고 말할 수 있을지 모른다. 이승만 정부는 초기에는 허약했지만 곧 매우 강한 대통령 중심 체제로 발전했다. 이 체제에서 권력은 전체 권력 구조의 정점에 있는 대통령 한 사람에게 집중되고, 따라서 강력한 권력은 사인화 내지는 인격화되었다. 이승만 정부하에서 대통령의 권력 독점은 많은 정치학자들이 대통령제가 제도적으로 승자독식 체제적 성격을 갖는다고 비판하는 것 이상을 의미한다. 권력의 독점 그 자체가 잠재적으로 권위주의적이며, 실제로 이승만 정부는 집권 이후 곧바로 권위주의화되기 시작했다. 행정부 권력을 독점하고 의회 권력 위에 군림하면서 대통령 권력이 모든 것을 행사하게 되었다. 한편으로 대통령은 그 자신의 의지에 따라 위로부터 그 자신의 정당인 자유당을 만들었고, 다른 한편으로 야당은 최소한의 역할만 하도록 약화시켰다.

제도화된 정부 구조 안에서 대통령 권력을 견제할 힘은 사실상 존재하지 않았다. 이런 환경에서 야당은 권위주의 정부의 '충성스런 야당'loyal opposition에 머물 수밖에 없었다. 그러므로 진정한 의미의 야당은 제도화된 정치권 밖에 있는 시민사회로부터 운동의 형태를 띠고 나올 수밖에 없는 구조가 되었다. 이런 체제는 정부에 대한 대중의 지지가 약해지거나, 그들의 태도가 비판적이 될 때 국가기구를 통해 억압의 정도를 높이는 과정, 즉 권위주의화 없이는 유지될 수 없었다. 이는 헌법을 포함해 제도는 민주주의적인 반면, 정치적 실천은 권위주의적인, 민주주의와 권위주의 간의 기묘한 결합을 만들어 냈다. 1948년 제1공화국이 수립되었던 첫 출발에서는 야당과 의회 권력이 대통령 권력을 견제할 수 있었다는 점에서 민주적 제도와 권위주의적 실천이 하나의

12_세자리즘(Caesarism) | 정치적 독재의 한 형태로 1인 지배하의 전제정치를 가리키는 개념. 이 용어는 기원전 1세기 로마공화국 말기의 대정치가 시저(G. J. Caesar)의 이름에서 유래한 것이다. 기원전 47년 시저는 삼두정치를 무너뜨리고 정권을 장악한 이후 종신 독재자가 됨으로써 로마공화정에 종지부를 찍고 제정으로 이행하는 계기를 만들었다.

균형을 이루었다고 할 수 있다. 그러나 한국전쟁을 겪고 이승만 정부가 안정을 찾으면서 균형은 권위주의 쪽으로 빠르게 기울어졌다.

사태를 세자리즘으로 발전하도록 한 데는 여러 가지 원인이 있을 수 있다. 예컨대 근대화의 지체를 하나의 요인으로 꼽을 수 있다. 사회의 구조와 가치, 문화에는 여전히 전통 사회의 권위주의적·가부장적 요소들이 강하게 남아 있다고 볼 수 있기 때문이다. 그러나 무엇보다도 이승만 세자리즘의 가장 강력한 형성 요인은 냉전이었다. 좌우 이데올로기의 극한 대립과 전쟁의 경험, 그리고 남북한 간의 항구적인 준전시 상태는 북한의 위협이 결코 허구적이고 상상된 것이 아니라 실제적인 것이 되도록 했다. 이런 상황은 대통령에게 많은 권력 자원을 가질 수 있도록 했고, 대통령은 자신의 권력을 권위주의화하기 위한 정당화의 근거로 활용했다. 권력을 갖는 정치 지도자에게 그것은 엄청난 자원이 아닐 수 없었다.

정치에 있어 갈등과 경쟁은 권위주의 정권에 의해 이내 남북한 간의 대결로 치환될 수 있었기 때문에 쉽게 억압되었다. 사실상 국내 정치는 정치적 대안을 둘러싼 정당 간 경쟁이 아니라, 북한과의 생사 투쟁에서 유리한 입지를 만들기 위한 갈등 해소와 통합의 과정으로 축소되었다. 야당이 '충성스런 야당'의 범위를 벗어날 때 그것이 야당이 아니라 휴전선을 가로질러 친북적인 어떤 것을 대변하는 것으로 권위주의 정권에 의해 채색되었다. 이것이 반대파에 대

13_국회프락치사건 | 1949년 4월 당시 국회 부의장이던 김약수를 비롯해 진보적 소장파 의원들이 외국군의 완전 철수, 남북 정당과 사회단체 대표로 구성된 남북 정치 회의 개최를 주요 내용으로 하는 '평화통일방안 7원칙'을 제시하자, 북진 통일만을 주장하던 이승만 정권은 남로당 공작원과 접촉, 정국을 혼란시키려 했다는 혐의로 이들을 검거했다. 국가보안법을 정적 제거의 수단으로 악용한 최초의 사례다.

14_발췌개헌 | 1950년 5·30 선거 결과 야당이 압승해 대통령 이승만의 재선이 어려워지자, 1952년 5월 25일 임시 수도였던 부산을 중심으로 23개 시·군에 계엄령을 선포했으며, 야당 국회의원 50여 명을 국제 공산당의 자금을 받았다는 혐의를 씌워 헌병대로 연행했다. 7월 4일 대통령 직선제를 골자로 내각책임제 내용을 혼합한 개헌안이 경찰의 삼엄한 포위 속에서 기립 표결로 통과되었다. 이를 부산정치파동이라고 한다.

15_사사오입개헌 | 1954년 11월 29일 대통령 이승만에 대한 3선 제한의 철폐를 핵심으로 하는 헌법 개정안을 불법적으로 통과시킨 사건. 국회에서의 표결 결과 재적 203명 중 찬성 135표, 반대 60표, 기권 7표로 개헌 정족수인 136표에서 1표가 미달되어 부결이 선언되자, 자유당 정권은 '재적 의원 3분의 2는 135.333인데 소수점 이하의 숫자는 1명의 인간이 될 수 없으므로 4사5입하면 135명이 된다'는 억지 주장으로 부결 선언을 번복, 개헌안의 가결을 선포했다.

한 정치적 탄압의 메커니즘이다. 거기에는 수없이 많은 사례들이 있다. 1949년 '국회프락치사건'[13]과 1958년 '진보당사건'은 가장 중요한 사례라 할 수 있으며, 1952년의 이른바 '발췌개헌'[14]이나, 1954년 이른바 '사사오입개헌'[15] 등도 모두 이런 이데올로기적 담론의 동원을 통해 정당화하려 했다.

냉전과 일본의 '55년 체제'

전후 40여 년에 걸쳐 유지되었던 일본의 정당 체제는 일반적으로 '55년 체제'라고 불린다. 그것은 집권 자민당의 헤게모니적 지위와, 견제 세력으로서 사회당의 역할이 짝을 이루는 정당 체제를 가리킨다. 그러나 그것은 이승만 정권의 경우처럼 대통령으로 제도화된 지도자가 권력을 독점하고 사인화해 모든 정치를 지도자 개인의 자의적 의지에 종속시키는 체제가 아니다. 55년 체제는 개방된 정치 경쟁이 만들어 낸 정당 체제를 말하며, 이를 구성하는 정당 내부에서도 자유로운 파벌 간 경쟁이 가능했던 체제를 말한다. 그러므로 권력은 1인에 의한 권력 독점과 승자독식의 논리에 의해 지배되지 않았다. 권력을 분점하고 상호 공존하는 여러 파벌 중 한 파벌의 수장으로서 수상의 권력은 다양한 당내 이익 갈등을 조정하고 합의를 대변하는 역할로 제한된다.

그것은 냉전 반공주의가 지배적인 이념으로 관철된다 하더라도 이데올로기적으로 열린 정당 간 경쟁의 체제와 자유로운 선거를 통해 만들어진, 즉 대중들이 그런 체제를 스스로 선택하는 방법을 통해 만들어진 정당 체제였다. 헤게모니 정당으로서 자민당은 전일적으로 통합된 정당이 아니라 다섯 개 또는 여덟 개로 구분될 수 있는 파벌의 연합체로서, 이들이 각기 지배 블록 내에서 갈등적인 이익을 대변하고 이들 간의 타협을 통해 합의를 형성하는 방법으로 사회 내의 갈등과 요구를 통합한다. 그렇기 때문에 55년 체제 전반기에 자민당 내 파벌은 정책적 차이를 대변하는 '정당 속의 정당' 역할을 할 수 있었고 한 파벌로부터 다른 파벌로의 권력 이동은 정권 교체와 유사한 성격을 갖는 것이었다. 그들이 다양한 사회의 갈등과 요구를 대변하기 때문에 그렇게 형성된 합의와 일반 국민 대중이 국가 이익에 대해 갖는 인식은 크게 괴리되지 않았다. 55년 체제가 사회 상층 엘리트 사이에서의 권력 분점적 성격을 갖는다고 비판할 수도 있겠지만, 권력이 1인에게 독점되거나 독식되지 않았다는 점에서 이승만 정권의 경우와는 크게 다른 정치체제라고 할 수 있다.

    자민당의 장기 집권은 일본 사회 안팎에서 보수 일당 지배 체제라고 비판받아 왔다. 그런 비판은 상당 정도 진실이다. 중요한 것은 일본 사회에서 자민당 지배는 절차적 정당성에 기초를 두고 있을 뿐만 아니라 헤게모니를 가졌다는 점이다. 무엇이 이를 가능케 했나? 대답은 간단하다. 그것은 이데올로기적인 스펙트럼에서 완전히 개방적이고 자유로운 선거와 정당 간 경쟁을 통해 지배적인 정당의 지위를 확립했다는 사실이다. 공산당이나 통합 이전의 사회당 좌파와 같이 마르크스주의적 혁명 이론을 공식적인 당 이념으로 가진 정당조차도 제한 없이 선거 경쟁에 참여했다. 1940년대 말 미국의 대일 정책이 이른바 '역코스'[16]로 전환하면서 미군정과 일본 정부가 좌파 정당에 대해 여러 형태의 제약을 가했다 하더라도 한국과 비교할 때 그 상황은 훨씬 자유롭고 개방적이었다.

16_ 역코스(reverse course) | 제2차 세계대전 후 일본을 점령한 맥아더 사령부의 대일본 점령 정책이 반개혁적인 방향으로 전환된 것을 이르는 용어. 애초 연합군은 일본 제국주의의 부활을 막기 위해 '천황의 인간 선언', '전범의 숙청', '토지·재벌 개혁', '노조 활동의 자유 허용' 등의 민주적 개혁 조치를 취했으나, 냉전의 도래와 함께 1948년에 이르러 동아시아 반공 보루의 건설을 위해 노조와 좌파 세력에 대한 탄압을 강화하고, 개혁 정책을 후퇴시켰다.

정치학자 디 팔마G. Di Palma[17]는 "정치 게임에 있어, 공개적으로 극단적 정당임을 천명하는 정당까지 최대한 포괄하는 것이 민주주의에 대한 도전을 극복할 수 있게 한다"고 말한 바 있다. 자민당의 형성 자체가 이런 경쟁의 결과물이다. 만약 일본에서도 한국과 같이 협애한 이데올로기적 스펙트럼에서 보수적 정당만이 정치 경쟁에 참여하는 것이 허용되었다면, 같은 보수정당이지만 구체적으로 대외 정책 노선이 달랐던[18] 하토야마 이치로鳩山一郞의 민주당과 요시다 시게루吉田茂의 자유당이 자민당이라는 하나의 정당으로 통합해 55년 체제를 만드는 일은 없었을 것이다. 그 경우 일본의 두 보수정당은 통합되기보다는, 이승만 대통령의 자유당과 한민당처럼 보수 독점적 양당 체제를 유지하면서도 격렬한 정치 경쟁 관계로 들어갔을 가능성이 크다. 요컨대 동일한 냉전의 조건에서도 정치 경쟁의 이념적 범위가 얼마나 개방적이고 자유로웠는가에 따라 매우 다른 정치적 결과를 만들게 된다는 것이다.

6. 조숙한 민주주의의 효과

냉전의 제도적 짝으로서 민주주의

해방 이후 한국 사회에 도입되고 실천된 민주주의의 주요

17_Giuseppe di Palma, "Party Government and Democratic Reproducibility : the Dilemma of New Democracies"(Working Paper no. 18, European University Institute, Florence, September 1982); Guillermo A. O'Donnell and Philippe C. Schmitter, *Transitions from Authoritarian Rule : Tentative Conclusions about Uncertain Democracies* (Baltimore: Johns Hopkins University Press, 1986), p. 60에서 재인용.

18_자유당과 민주당의 외교정책 노선의 차이 | 요시다 시게루는 맥아더 사령부가 제안한 평화 헌법을 받아들이고, 헌법 제9조에서 전쟁과 군대를 포기하는 대신 경제 회복 우선 정책을 취하는 평화 국가 노선을 견지한 반면, 하토야마 이치로는 대미 의존 타파를 주장하면서 소련을 비롯한 동아시아 국가에 대한 독자적인 관계 개선 정책을 추진했으며, 또한 정상 국가로서의 지위 확보의 일환으로 재군비 정책을 추진했다.

특징의 하나를 '조숙한 민주주의'라고 말할 때, '조숙하다'는 의미는 한국인들이 역사·문화·의식면에서 서구인과 같이 민주주의를 할 수준이 되지 못한 상황에서 너무 빨리 민주주의를 하게 되었다고 말하는 것이 아니다. 그보다는 한국에서 민주주의 제도의 최초 도입이 국내 정치 세력의 주도로 이루어진 것이 아니라는 점을 강조하려는 것이다. 한국에서 민주주의는 냉전 시기 미국(과 소련)이 주도했던 분단국가 형성 과정에서 하나의 제도적 세트로 도입되었다. 즉, 민주주의는 분단국가의 제도적 틀이라고 할 수 있다. 그렇기 때문에 민주주의가 토착적 기반을 갖지 못한 상태에서 그 제도적 형식만 들어온 필연적 결과, 그 내용을 채울 역사적·정신적·이념적 면을 결여하게 되었다는 것이다.

냉전이 한반도에 몰아닥치면서 제기되기 시작한 문제는, 하나의 통일된 민족 독립국가를 형성할 것이냐 아니면 한 사회 내에서 공존할 수 없는 이념과 세력들을 분리해서 분단국가를 만들 것이냐 하는 것이었다. 당시 상황에서 이 문제만큼 중요한 것은 아무 것도 없었다. 사태는 분단국가로 귀결되었지만 당시에는 처음부터 분단국가를 지지했던 세력이 오히려 소수였다. 따라서 이런 조건에서 민주주의의 제도화는 이익과 가치, 이념과 열정이 상이한 집단들의 공존과 사회 통합을 가져오는 경쟁의 틀이 아니라, 오히려 배제의 틀로서 작용할 가능성이 컸다.

국민적 통일성을 이루지 못한 상태에서 민주주의는 성공할 수 없다는 러스토우의 명제[19]는 한국의 경우에도 적용된다고 하겠다. 민족 분쟁이 민주주의의 제도적 틀 내에서 해결되지 못하고 전쟁으로 치달은 사례는 얼마든지 볼 수 있다. 1980년대 말 국가사회주의 체제가 해체된 이후 동유럽 여러 나라들이 겪었던 민족 분쟁과 내전이 대표적인 예다. 해방 이후 민중들이 미군정 정책에 대해

[19] Dankwart A. Rustow, "Transition to Democracy: Toward a Dynamic Model," *Comparative Politics* 2 (1970).

봉기와 저항으로 맞섰던 것은, 일제강점기 잔재 청산의 요구와 분단에 반대하는 열정의 분출이었지 민주주의혁명이라고 볼 수는 없는 것이었다. 국민적 통일성을 이루지 못한 상태에서 가치와 신념을 결여한 채 민주주의가 도입되었다는 사실은 끊임없는 제도적 불안정과 실천 과정에서 문제점을 드러내는 한 원인으로 작용했다.

일거에 주어진 보통선거권

조숙한 민주주의를 말할 때 민주주의의 핵심적 제도로서 보통선거권이 도입된 시기와 그 최초의 제도적 실천으로서 1948년 5·10 선거의 정황을 보는 것은 한국 민주주의의 특징을 이해하는 데 매우 중요하다. 서구의 경우 의회 제도의 기반이 된 보통선거권의 도입은 대체로 '세금 납부자 선거 체제'[20] 단계를 거치는 것이 일반적이었다. 영국이나 이탈리아에서 보통선거권은 매우 오랜 기간에 걸쳐, 처음에는 성인 남성 인구 중 일정 수준 이상의 재산세를 납부할 수 있는 재산 소유자로부터 시작해, 중산층, 상층 노동자, 성인 남성, 그리고 마지막에는 여성 유권자로 확대되면서, 결국 성인 남녀 모두에게 확대되는 과정을 거쳤다.

남성 투표권의 경우 대체로 제1차 세계대전이 끝나면서 전면적으로 시행되었고, 여성의 경우 프랑스, 이탈리아, 벨기에 등 유럽 국가들에서는 제2차 세계대전 종전 이후에야 모두 투표권을 갖게 되었다. 그리고 미국의 경우 남부의

20_세금 납부자 선거 체제(régime censitaire) | 선거권과 피선거권을, 일정금액 이상의 세금을 납부한 사람에게만 제한적으로 부여하는 체제. 보통선거권이 주어지기 이전까지 유럽과 미국에서 시행되었다. 예컨대 프랑스의 1815~30년의 왕정복고하에서는 하원 의원 선거권과 피선거권은 각각 직접세 300프랑과 1,000프랑 이상의 세금 납부자로 제한되었다. 그 결과 1848년 남성 보통선거권이 주어지기 이전까지 프랑스의 유권자는 인구의 1%를 넘지 못했다. 영국의 경우 1832년 선거법 개혁을 통해 근대적인 의회 체제를 수립하게 되었지만, 이때 선거권이 허용된 유권자는 약 65만 명에 불과했다. 이런 제한된 선거권 체제는 대표의 확대를 요구하는 이른바 차티스트운동을 불러일으켰다.

흑인이 투표할 수 있게 된 것은 1960년대 말 민권운동 이후에나 가능했다. 이 점에서 볼 때 제도적 수준에 관한 한 한국의 민주주의는 서구에 비해 결코 늦은 것이 아니라고 할 수 있다. 그러나 이것이 전부는 아니다. 서구의 경우 노동자에게 투표권이 부여되었을 때 노동자 이익을 대변하는 정당이 조직되었고, 제1차 세계대전 이후인 1920~30년대에 대부분의 국가에서 집권 정당으로 부상했다. 그것은 투표권의 확대와 더불어 정당의 구조가 소수 엘리트 중심에서 대중정당으로 급격하게 전환한 결과였다. 요컨대 서구에서의 투표권 확대 과정은 광범위한 사회집단과 계급의 정치적 참여의 확대를 동반했다.

한국에서는 보통선거권이 1948년 5·10 선거를 기해 일거에 부여되었지만, 제도를 제외하고는 서구에서와 같은 어떤 변화도 일어나지 않았다. 정당 체제가 광범위한 이념적 스펙트럼에서 사회의 계층구조와 기능적 이익을 반영한 것도 아니었고, 대중정당으로 발전하지도 않았다. 보통선거권에 의한 최초의 선거였던 5·10 선거의 정황은 초기 민주주의가 어떻게 시행되었는가를 잘 보여 준다.

당시 대부분의 사람들은 민주공화국을 수립하는 선거는 곧 분단국가를 제도화하는 것으로 이해했고, 따라서 좌파 세력은 물론 학생을 포함해 많은 사람들이 선거를 보이콧했다. 전국적으로 파업과 동맹휴학이 뒤따르고 많은 소요 때문에 사상자가 속출하는 커다란 정치적 혼란이 발생했다. 이런 상황에서도 민간 조직이었지만 경찰이 주도하는 사실상의 공조직인 향보단[21]이 결성되어 유권자를 투표장으로 동원하고 투표함을 통제하는 상황에서 선거가 치러졌다. 제주도민이 선거 보이콧을 위해 시작한 소요가 이른

21_향보단(鄕保團) | 5·10 선거를 위해 1948년 미군정이 민간인을 대상으로 경찰의 보조 기능을 수행하기 위해 조직한 단체. 그러나 이에 대한 반발과 파문이 계속 일어나자 5·10 선거가 끝난 후 해산되었다. 제주에서는 4·3 사건 발발 이후 민보단(民保團)이라는 이름으로 부활, 상당 기간 지속되었다.

22_4·3 사건 | 1948년 4월 3일 제주도에서 발생한 민중 저항. 미군정과 이승만 정부, 극우 청년 단체들이 1948~49년 사이에 도민의 봉기를 진압하는 과정에서 약 3만 명의 민간인이 희생되었다.

바 4·3 사건[22]으로 번지는 일대 비극이 발생한 것도 이런 선거 상황과 직접 관련된 것이었다. 이런 가운데서도 투표율은 95%를 상회했다. 이 선거에서 나타난 높은 투표율은 일반 투표자들의 자발적 참여의 결과라기보다는 권력에 의해 위로부터 동원된 매우 수동적인 정치 참여의 의미가 더 컸다.

사회 현실과 유리된 헌법

조숙한 민주주의의 관점에서 민주주의의 제도적 기초인 헌법을 보는 것은 한국 민주주의의 특성을 파악하는 데 있어 의미 있고 중요한 일이다. 쉽게 짐작할 법한 일이지만 우리 헌법은 미국을 비롯한 서구의 자유주의·민주주의 국가의 헌법에서 내용을 빌려 왔다. 헌법이 밖으로부터 주어지고, 한국 사회와 유리되었다는 것은 다음과 같은 의미를 함축한다. 첫째, 자유민주주의를 발전시키게 되었던 역사적 경험과 이론 또는 이념의 발전 없이 일거에 그 이념과 제도를 받아들였다. 둘째, 현실 정치를 규율하고 제도화하는 기본법으로서의 의미보다 통일된 국가를 전제한 희원希願이랄까, 규범을 밝히는 데 더 초점이 두어졌다.

일반적으로 헌법은 특정의 정치 세력에 의해 또는 그들 간의 타협의 산물로 만들어지고, 시대의 가장 중요한 현실적 요구를 담기 때문에 전 국민적 관심사가 되고 커다란 논쟁을 불러일으키기 마련이다. 그러나 우리의 헌법은 내용적으로 밖으로부터 주어진 결과 일반 국민의 커다란 관심사가 되지도 못했고, 의회 내에서 정파들 또는 대표들 사이에서 헌법 조문을 둘러싼 토의나 논쟁이 심도 있게 이어지지도 못했다. 이로 인해

보통선거권 부여 시기

단위: 연도

국가	벨기에	프랑스	이탈리아	독일	영국	스위스	뉴질랜드	미국	한국
남자	1894	1848	1913	1871	1918	1848	1879	1860	1948
여자	1948	1945	1946	1919	1928	1971	1893	1920	1948

헌법은 현실과 크게 괴리되었다. 그 결과 헌법 조문을 제대로 읽지도, 존경하지도 않는 헌법 경시의 풍조가 나타났다.

이 점과 관련해 미국과 프랑스의 헌법 제정 과정은 비교의 준거가 된다. 미국 헌법을 만든 지도자들the Framers은 좋은 국가 건설의 틀을 만들기 위해 당시 식민지 미국 사회의 모든 정치적 역량을 결집하고 지혜를 짜내는 데 심혈을 기울였다. 그것은 『연방주의자 논설집』 The Federalist Papers으로 묶여져, 오늘날에도 미국의 학교와 가정에서 가장 많이 읽히는 책 가운데 하나가 되었다. 그러나 헌법 제정에 참여한 당시 지도자들의 탁월한 지혜와 시민적 덕에 힘입어 헌법이 만들어졌지만 그것만으로 헌법이 존중되고 준수되었던 것은 아니다. 공화주의적 원칙을 준수하고, 그 원칙에 따라 스스로 통치할 수 있었던 미국민의 실천이 뒤따르지 않았더라면 휴지 조각이 되었을 것이다.

또한 1789년 프랑스혁명의 와중에서 선포된 프랑스의 인권선언과 1791년의 공화국 헌법은 혁명의 결과이자 최대의 업적 가운데 하나로 평가된다. 혁명적 국민의회 내에서 인권선언의 조문들은 혁명이 동반한 폭발적인 대중 동원과 거대한 정치 위기의 상황 속에서도 아카데믹한 토론에서나 봄직한 놀라울 정도로 깊이 있는 철학적 토론을 거친 작품이었다. "인간은 날 때부터 그리고 그 이후에도 자유롭고 평등하다"라는 유명한 제1조로 시작하는, 인간의 자연적이고 양도 불가능한 신성한 권리를 담은 인권선언은 민주주의를 희구하는 모든 사람들의 암기의 대상이 되고 있다.

우리나라의 경우 정부 구조를 담은 헌법의 내용들은 분단 정부에 참여한 그룹과 지도자들 사이에서는 관심과 논쟁의 대상이었을지 모른다. 그러나 많은 사람들은 헌법 자체에 대해 커다란 관심을 갖지 않았다. 누가 헌법을 작성했는가? 왜 의회중심제보나 대통령제를 바랬는가? 헌법 1조에서 보듯 왜 대한민국은 그냥 민주주의 국가가 아니라 '민주공화국'이었는가? 등 수많은 의문점은, 일반 국민에게 잘 알려지지도 않았고, 또 관심의 대상도 아니었다. 헌법이 대통령중심제를 택했을 때 헌법 제정자들이 대통령제의 장점을 믿었기 때문인지, 이승만 대통령을 위한 위인설관 爲人設官적 의미가 큰 것이었는지 잘 알지 못한다.

우리의 헌법 내용이 어디에서 왔는지, 즉 미국과 일본의 헌법 혹은 독일 바이마르공화국[23]의 헌법 중 어떤 모델에 의거한 것인지, 아니면 여러 모델들을 취합한 결과였는지 잘 모른다. 헌법 제정 과정에서 마땅히 토의되어야 할 중요한 의제들, 쟁점들은 생략된 채 당시 가장 유능한 헌법학자가 논문 쓰듯 헌법을 썼다고 해도 과언이 아니다. 헌법에 대해 국민적 관심이 있었다면 그것은 '누가 대통령이 될 것인가', '어떻게 대통령을 선출할 것인가', '대통령의 임기는 얼마로 하는 것이 좋은가' 등, 즉 모두 대통령의 권력 문제에 국한된 사안들이었다. 대통령의 선출 방법을 직선제로 변경한 1952년의 개헌, 대통령의 중임 제한을 철폐한 1954년 개헌 등 1950년대에 이루어진 두 번에 걸친 개헌을 포함해, 해방 이후 현재에 이르기까지 아홉 차례에 걸친 헌법 개정은 거의 모두 대통령 권력에 대한 내용이었다.

23_바이마르공화국 | 제1차 세계대전 후인 1918년에 일어난 독일혁명으로 1919년에 성립해 1933년 히틀러의 나치스 정권 수립으로 소멸된 독일공화국의 통칭.

우리의 헌법은 민주적 제도와 권위주의적 실천 간의 괴리를 드러내는 문건이라는 성격이 짙다. 적어도 민주주의의 제도와 원리는 권위주의하에서조차 헌법을 통해 일관되게 유지되어 왔기 때문이다. 이처럼 헌법이 장식물이거나 우리가 얼마간의 시간이 흐른 뒤에 장래에 실천하게 될 이상을 규정한 것에 지나지 않는다는 것은, 헌법이 그만큼 현실에 대해 규정력을 갖지 않는 것이자 최상위법으로서의 권위를 스스로 떨어뜨리는 것임에 틀림없다.

헌법의 실천적 제약과 관련해 반공주의의 문제를 고려해 볼 필요가 있다. 실제에 있어 분단국가의 이념적 기초는 다른 이념보다 우선적으로 반공주의였다고 할 수 있는데, 헌법이 그 내용을 뚜렷하게 담고 있는 것은 아니다. 그러므로 분단국가의 이념적 기초와 실천을 담은 법은 헌법이 아니라, 1948년 12월, 법률 10호로 소장파 의원들의 강한 반대에도 불구하고 국회를 통과한 국가보안법이었다. 권위주의에서는 말할 것도 없이 오늘날까지 모든 법을 압도한 상위 규범이요 법률은 바로 국가보안법이라 할 수 있다.

7. 냉전 반공주의와 한국 민주주의

냉전은 해방 이후 현재까지 반세기에 이르는 기간 동안 밖으로는 남북한 간의 적대적 분단 체제를, 안으로는 내가 자주 '국내 냉전'이라고 부르는 보수적인 반공 질서를 강화해 왔던 기반이었다. 동시에 냉전은 한국 사회에서 정치의 틀을 조직하고 그 틀 내에서 허용되는 정치적 실천과 이념의 범위를 매우 좁게 제약하는 가장 큰 힘이었다.

냉전 반공주의가 보수적 결과를 가져왔다고 말하는 것은 냉전 반공주의의 내용 자체가 보수적이기도 하려니와, 어떤 이념성을 수반하는 정치·사회적 조직화를 허용하는 데 적대적이었기 때문이다. 더욱이 조직화의 시도가 노동문제나 계급 불평등의 문제를 제기하거나 혹은 자본주의적 경제체제를 수정하고자 하는 것과 관련된 정책이나 프로그램, 이념과 연계될 때 이내 이데올로기적 공격의 대상이 될 수밖에 없었다. 이런 조건에서 생존할 수 있는 정치 세력은 다만 보수주의 세력일 수밖에 없었다.

해방 이후 민주주의의 초기 제도화가 냉전의 심화와 더불어 민족문제를 둘러싼 격렬한 갈등과 맞물리게 되면서 이데올로기적인 양극화로 치닫게 된 것은 민주주의 발전에 치명적이었다. 두루 알다시피 민족주의는 민족 공동의 역사적 경험, 개인주의와 같은 어떤 다른 가치보다 우선하는 민족 공동체성과 민족 일체성의 중시, 집단주의적 정서와 유대 의식 등을 중심으로 하는 하나의 정치 이념이며 운동이다. 한국 사회의 강렬한 민족주의는 일제 식민 지배라는 공통의 역사적 경험을 토대로 한다. 그러나 냉전 시기 최대의 아이러니는 민족 일체성을 그 어떤 가치보다 우선시하는 강렬한 민족주의가 민족 분단과 전쟁을 가져왔다는 사실이다. 따라서 남한과 북한의 민족주의는 서로에 대해 경쟁적으로 통합을 추구하면서도 각각의 사회 내부에서는 상대방의 이념을 철저히 배제하는 정치 구조를 발전시켰다.

냉전이 만들어 낸 이런 정치 구조는 민주주의 발전에 두 가지 부정적 효과를 갖는다. 하나는 이념적 양극 분화의 효과에 의한 광범위한 중간 영역의 부정이다. 그 효과는 정치적 갈등을 이데올로기적으로 양극 분화하고 정치 경쟁의 양상을 극한적인 적대 관계로 몰아갈 뿐만 아니라, 반대 세력과 비판자들을 배제하는 것으로 나타났다. 집권자들이 강력한 정치적 자원을 독점할 수 있기 때문에 반공주의가 정권의 반대자나 비판자들을 억압할 수 있는 무기로 활용되기 쉬운 것은 당연하다. 냉전 반공주의를 헤게모니로 한 정치 경쟁의 지형은, 광범위한 이념적 스펙트럼을 갖는 정치 경쟁을 불가능하게 하고 협애한 흑백논리적 양자택일로 정치를 축소시켰다. 이 구조에서는 민주주의 체제가 발전하기 어렵고, 열린 이념적 공간에서의 여야당에 의한 정치 경쟁이 가능할 수 없었다. 따라서 냉전 반공주의가 정치의 대표 체계를 시민사회와 수평적으로 연계하기 어렵게 만든 것은 당연한 귀결이었다.

냉전 반공주의의 또 다른 부정적 효과는, 한국 사회의 정치 현실에서 보편적인 정치 언어로서 좌와 우라든가, 또는 영어의 people, 프랑스어의 peuple, 이탈리아어의 popolo 등에 해당하는 적절한 말을 사용하기 어렵게 한다는 점이다. 이런 일상적인 정치 언어가 이데올로기적인 것으로 쉽게 채색될 때 인민, 민중, 계급 등의 말들은 이내 일체의 좌파적인 것에 대한 부정적인 이미지와 결합될 수 있으며, 더 나아가서 북한 공산주의와 연결될 수 있는 '이념적 불러내기'[24]가 가능하기 때문이다. 정치적 언어와 담론이 존재하지 않는 곳에서 정치의 실천이 존재할 수 없는 것은 당연하다.

이런 조건에서 정치사회[25]의 여야 구조 또는 정당 체제는 이념적으로 좁게 열린 스펙트럼에서 각축할 수밖에 없

24_이념적 불러내기(ideological interpellation) | 사실이나 현상에 대해 사회적인 의미가 부여되는 과정에서 이데올로기적 요소들이 동원되고 접합되는 것을 의미한다. 알튀세르(Louis Althusser)의 개념으로 이데올로기가 개인을 종속적인 주체로 호명하면서 지배의 효과를 갖는다는 것을 강조하기 위한 것이다. 그에 따르면 한 사회에서 지배적인 구조나 체제가 유지되는 것은 단순히 생산관계상의 계급 구조의 결과가 아니라, 국가나 이데올로기와 같은 상부구조의 중층적 결정이 중요한 역할을 한다고 한다.

25_정치사회 | 그람시, 토크빌 등이 국가와 시민사회를 매개하는 중간층위로서 설정한 개념. 코헨(J. L. Cohen), 아라토(A. Arato), 린츠(J. Linz), 스테판(A. Stepan) 등의 정의에 따르면 정치사회는 정당, 정치조직 등 공적 권력을 분점하고 있는 정치 세력들로 구성되고, 그 핵심적인 제도는 정당, 선거, 선거 규칙, 정당 연합, 의회이며, 정치체제 구성원들이 공공 권력과 국가기구에 대한 통제력을 획득하려는 정치적 경쟁을 위해 스스로를 특수하게 조직하는 영역이다.

고, 사회 세력이 시민사회의 수평적·기능적 갈등을 조직하거나 사회의 약자를 대변할 수 있는 대안적 담론이나 정치 운동을 조직화하기는 어렵다. 사회의 기능적·계층적 이익이 분화되고 갈등하게 됨에 따라, 예컨대 노동자, 농민, 교사, 중소기업가, 자영업자 등의 집단들이 자신의 특수 이익을 정치적으로 조직하고 대변하기 위해서는 어떤 이념적·담론적 언사言辭를 사용하지 않을 수 없다. 또 여러 형태의 공적 영역에서의 토론과 더불어 대중 동원화가 발생할 수 있으며, 이 과정에서 집권자들의 정치적 이익 및 지배적 담론과의 충돌 내지는 갈등을 피할 수 없을 것이다. 이처럼 기능적·계층적 분화와 갈등이 자연스러운 것만큼 이를 표현할 수 있는 이념과 언어가 필요한 것은 당연한 일임에도 불구하고 냉전 반공주의는 이를 허용하지 않는다.

　　냉전 반공주의의 헤게모니와 민주주의가 양립할 수 있는가 하는 문제를 제기하게 되는 것은 이런 조건에서다. 대답은 양자의 양립이 불가능한 것은 아니지만 냉전 반공주의는 정치의 대표 체제 내지는 정당 체제의 발전을 심각하게 제약함으로써 민주주의를 크게 저해한다는 것이다. 민주주의는 공정하고 주기적인 선거, 참여의 평등, 다수의 결정, 언론·집회·출판의 자유 등 절차적 최소 요건을 갖춘 정치제도의 실천을 그 핵심으로 하는 정치체제로 정의될 수 있다. 그러나 동시에 그것은 공적 이성의 사용을 통해 인간의 가장 기본적인 가치인 자유와 정치적 평등을 정치적으로 구현하고자 하는 가치를 그 중심에 포괄하는 정치적 이념이기도 하다. 이 점에서 한국 민주주의가 냉전 반공주의에 기초를 두고서는 그 질적 수준을 향상시키기 어렵다고 하겠다.

3장 | 권위주의적 산업화와 운동에 의한 민주화

1. 박정희식 발전 모델의 특성은 무엇인가?

박정희 정권의 이율배반성

박정희 정권과 그것이 구현했던 권위주의적 국가-재벌 주도의 발전 모델은 민주주의에 무엇을 남겼는가? 박정희 정권이 직접적으로 민주주의를 낳은 것은 아니다. 전두환 제5공화국 정부를 거친 이후에야 민주주의로 이행이 가능했기 때문이다. 그럼에도 불구하고 박정희 정권은 그 붕괴를 통해 향후 민주주의로 이행할 수 있는 계기를 남겼다는 것은 분명하다. 한배호는 "한국에서 권위주의는 왜 제도화에 실패했는가?"[1]라는 중요한 물음을 제기한다. 요컨대, 박정희 정권은 권위주의를 제도화하는 데 실패함으로써 민주주의로의 길을 연 것이다.

그러나 한국에서 민주주의 이행은 권위주의 정권의 경제적 수행이 실패한 결과가 아니라 성공한 결과로 가능했다는 점에서, 대부분의 라틴아메리카 국가에서의 민주화 이행과는 크게 다르다. 한국에서 박정희 정권이 주도한 위로부터의 근대화 프로젝트는 '박정희식 발전 모델'이라는 말이 세계에서 널리 사용될 정도로 제3세계 후

1_한배호, 『한국의 정치과정과 변화』 (법문사, 1993).

주요 연표 (1961~80년)

- 1961년 5월 16일 5·16 군사쿠데타
- 1962~66년 제1차 경제개발 5개년계획
- 1963년 12월 17일 제3공화국 출범
  (박정희 대통령 취임)
- 1964년 6월 3일 한일회담 반대 시위
- 1967~71년 제2차 경제개발 5개년계획
- 1970년 11월 13일 전태일 분신 사건
- 1972~76년 제3차 경제개발 5개년계획
- 1972년 10월 17일 비상계엄(10월 유신)
- 1974년 1월 8일 긴급조치 1, 2호 선포
- 1977~81년 제4차 경제개발 5개년계획
- 1979년 8월 11일 YH사건
- 1979년 10월 16일 부마사태
- 1979년 10월 26일 박정희 암살 사건
- 1979년 12월 12일 12·12사건
  (정승화 계엄사령관 연행)
- 1980년 5월 18일 5·18 광주민주화운동

발 자본주의 산업화의 성공적인 발전 모델로 받아들여진 바 있다.

그렇다면 성공적인 경제성장과 산업화에도 불구하고 박정희 정권은 왜 '권위주의의 제도화'에 실패했는가 하는 질문이 제기된다. 이 질문은 박정희 정권이 함축하는 하나의 이율배반적 문제를 보여 준다. 즉, 한편으로 박정희 정권은 한국 사회를 근대화함에 있어서 이른바 '성공 신화'를 창출했고, 다른 한편으로 권위주의를 지속 가능한self-sustaining 체제로 만드는 데 실패함으로써 민주주의로의 탈출 경로를 열었다는 것이다.

우리가 국가를 두 수준, 즉 하부구조로서의 국가와 정부로서의 국가로 구분해 볼 때 ― 이 문제에 대해 3부에서 보다 상세히 다룰 예정이지만 ― 박정희 정권에 의한 산업화는 국가의 물적 기반, 또는 바꾸어 말하면 국가의 헤게모니를 강화하는 데 결정적으로 기여했다고 할 수 있다. 그러나 정부로서의 국가 수준에서 박정희 정권은 조숙한 민주주의가 남긴 유산과 산업화의 성공이 갖는 효과로 인해 앞선 이승만 정권이 그러했듯이 체제를 유지할 수 없었다.

산업화와 정치체제의 함수관계 : 세 가지 이론

산업화의 정치적 효과에 관한 문제를 보다 깊이 이해하기 위해 성격이 다른 세 방향에서의 이론을 보도록 한다. 첫째는 아르헨티나의 정치학자 오도넬[2]이 말하는 '관료적 권위주의론'bureaucratic authoritarianism(이하 BA로 줄임)이고, 둘째는 립셋과 쉐보르스키A. Przeworski의 근대화론이다. 그리고 셋째는 무어[3]의 독재냐 민주주의냐 하는 체제 유형의 사회적 기원을 밝히는 이론이다.

먼저 오도넬의 이론을 보자. 1980년대 중후반 우리나라 정치학계에서는, 1960년대 말에서 1970년대 중반 사이 라틴아메리카 국가들에서 등장한 군부 권위주의 정권의 발생 원인을 이론화한 오도넬의 BA 모델이 1972년 유신체제 성립에 적용될 수 있느냐 없느냐를 둘러싸고 활발한 논쟁이 벌어진 바 있다. 그의 BA 모델은 수입대체산업의 고갈과 산업구조의 '심화'deepening라는 경제적 변수를 통해 권위주의 체제가 성립되는 과정을 설명한다. 다시 말해 수입대체산업화가 가져왔던 내수 시장의 성장을 통해 사회의 광범위한 계층을 끌어안는 민중주의 동맹이 형성되었는데, 이것이 산업구조의 심화 단계에서 해체됨에 따라 정치적으로 활성화되고 전투적이 된 민중 부문을 억압하기 위해 민간경제 부문 및 군의 테크노크라트, 외국의 다국적기업을 주축으로 한 쿠데타 동맹이 형성되었고, 그 결과로 권위주의가 등장했다는 것이다. 그러나 나는 한국의 유신체제는 BA 이론에서 설명하듯이 사회경제적 조건의 변화가 정치체제의 변화를 가져온 것이 아니라고 보며, '과대 성장 국가' 이론을 통해 더욱 잘 설명될 수 있다

[2] Guillermo A. O'Donnell, *Modernization and Bureaucratic Authoritarianism* (Berkeley: University of California Press, 1973).
[3] Barrington Moore, Jr., *Social Origins of Dictatorship and Democracy : Lord and Peasant in the Making of the Modern World* (Boston: Beacon Press, 1966)[『독재와 민주주의의 사회적 기원』, 진덕규 옮김, 까치글방, 1985].

고 생각한다.

한국의 국가는 체제를 바꾸지 않더라도 노동운동을 탄압할 수 있는 '냉전 반공 체제'를 가지고 있었다. 유신체제 이전에 노동운동은 약했으며 오히려 유신체제하에서 급속히 성장했다. 또한 라틴아메리카와는 달리 한국 경제는 지속적이고 급속하게 성장하고 있었으며, 이런 고도성장은 노동을 경제성장 체제 내로 포섭하면서 억압의 대가로 성장을 제공하는, 말하자면 억압과 성장의 교환을 가능하게 했다. 다시 말해, BA 이론이 말하는 인과 변수로서 사회경제적 상황은 한국에서 존재하지 않았다는 것이다.

물론 노동 탄압과 유신체제 간의 상관관계는 존재한다. 강력한 국가를 관장하는 대통령은 자신의 임기를 연장하기 위한 구실로 위기를 강조했고 국가의 강권적 억압 기구를 동원했다. 유신체제의 수립에 따른 정당성의 상실을 메우기 위해 성장의 가속화는 더욱 요구되었고, 그와 동시에 빠르게 성장하면서 점차 의식화되고 있는 노동운동에 대해 더 강한 탄압이 필요했기 때문이다. 따라서 관료적 권위주의이론은 유신체제 발생을 둘러싼 인과적 설명보다는 유신체제의 통치 양식으로서 더 설득력을 갖는다고 하겠다.

두 번째는 근대화론이다. 립셋[4]으로 대표되는 근대화론은 간단히 말하면 산업화와 경제성장이 민주주의를 가져온다는 것이다. 경제 발전은 중산층을 성장시키며 교육과 문화적 태도의 확산을 통해 민주주의의 가치가 널리 수용되고 정치 참여의 증대를 가져오며, 사회적 갈등을 제도화해 갈등과 통합의 변증법을 가능하게 하기 때문이다. 한때 근대화론과 그 이론이 함축하는 역사 발전에 대한 단선론적 시각 및 기능주의적 이론은 많은 비판을 불러일으켰다.

[4] Seymour M. Lipset, *Political Man : The Social Bases of Politics* (Garden City, N.Y.: Doubleday, 1960).

그러나 쉐보르스키와 리몽기F. Limongi는 최근에 이르러 '신근대화론'이라고 부를 만한 이론을 제시하고 있다. 그들은 경제 발전의 수준과 민주주의 체제 성립 사이의 밀접한 상관관계를 주장하고 있는데, 양자 사이에 직접적인 인과관계를 발견하기는 어렵지만, 부유한 경제를 가진 국가에서 민주주의가 보다 안정적일 것이라는 가설이 경험적 타당성을 갖는다고 말한다. 그리고 그들은 계속해 1인당 국민소득이 약 6천 달러의 문턱을 넘어설 때 민주주의는 역전되기 어렵다고 주장한다.

1970년대 초 오도넬의 BA 이론과 1990년대 후반 쉐보르스키의 신근대화론이 약 4반세기의 시차를 두면서, 근대화가 가져오는 결과에 대해 전혀 상반된 결론에 도달하고 있는 것은 흥미 있는 일이다. 전자는 근대화는 민주화가 아닌 권위주의를 가져온다고 말했던 데 반해, 후자는 립셋의 전통을 따라 민주화를 가져온다고 말하고 있기 때문이다. (신)근대화론[5]의 관점에서 볼 때 권위주의화는 민주화로 진행하는 긴 역사의 과정에서 하나의 에피소드 이상이 아닌 것으로 보인다.

세 번째는 무어로 대표되는, 특정의 정치체제 유형이 만들어지게 된 사회적 기원의 이론이다. 무어의 이론에 있어 체제 유형이 민주주의로 나타나느냐, 파시즘과 같은 독재 또는 공산주의 혁명으로 귀결되느냐 하는 문제는 초기 근대화 과정의 패턴이 결정적이다. 농업이 어떻게 상업화되느냐 하는 패턴을 핵심으로 해, 토지 귀족들이 실제 생산자인 농민에 대해, 신흥계급인 도시의 부르주아지에 대해, 그리고 기존의 국가권력을 대변하는 왕권에 대해 어떤 관계를 갖느냐 하는 문제가 중요하다는 것이다. 그리고 대토지 귀족이 농업 생산으로부터 잉여를 획득하는 방법과 관련된, 농업 지주와 농민 간의 관계에서 물리적 강

5_신근대화론 | 쉐보르스키와 리몽기는 1950년부터 1990년까지 135개 국가들에 대한 데이터 분석을 통해 민주주의와 경제적 번영 간의 밀접한 상관관계를 주장했다.
Adam Przeworski and Fernando Limongi, "Modernization: Theories and Facts," *World Politics* Vol. 49, No. 2 (1997).

제력의 사용 정도는 특히 핵심적인 변수가 된다.

프러시아에서 융커들Junkers은 대농장에서 현물 수확을 위해 노예노동을 활용했고, 프랑스에서 귀족들은 농민 생산에 대한 봉건적 세금 수탈을 압박했고, 영국에서는 농민들이 공동 토지에서 축출됨에 따라 과거 농토에서 양모업이 번창했다. 이런 조건에서 토지 귀족이 프러시아의 경우처럼 국가권력과 동맹하거나, 영국처럼 도시의 부르주아지와 동맹하거나, 프랑스처럼 그 둘 모두와 상호 동맹 관계를 발전시키거나 하는 유형의 변화들이 나타났다. 말하자면 나라마다 상이한 근대화의 패턴과 서로 다른 유형의 사회적 변화의 결과가 프러시아에서는 독재로, 영국에서는 민주주의로, 프랑스에서는 혁명으로 귀결되었다는 이론이다. 그리고 국가와의 동맹 관계를 중심으로 볼 때, 영국에서는 토지 귀족과 상업 부르주아지가 결합해 왕권을 억제했다. 일본과 독일에서는 국가권력과 결합한 농업 지주의 이익이 부르주아지를 약화시킨 결과 부르주아지가 경제적으로는 비록 강했지만 정치적으로는 영향력을 가질 수 없었다. 러시아와 중국에서는 부르주아지의 약체성이, 지배적인 국가 관료 체제와 농업 지주의 이익 간의 동맹 관계를 발전시킴으로써 농민 봉기가 일어났다는 것이다.

한국의 경험 : 이론을 통한 재해석

이제 논의를 우리나라로 가져오자. 우리는 지금 박정희 정권 시기의 산업화가 오늘의 민주주의에 어떤 효과를 가져왔는지를 가늠하고 있다. 이는 바꾸어 말하면 권위주의가 제도화되고 항구화된 상황에서가 아니라, 민주주의가 공고화[6]되었다고 말할 수 있는 시점에서 박정희 정권의 역사적 위치를 바라보는 것이다. 앞에서 우리가 세 이론을 살펴본 까닭은 한국 사회와는 역사적 경험과 정치적 조건이 매우 상이한 라틴아메리카 및 유럽의 국가들과 비교의 시각에서 박정희 정권을 조망해 보고자 하기 때문이다.

먼저 BA 이론은 산업화의 성격과 단계가 변하면서 나타나는 폭발적인 계급 갈등을 체제 전환의 중심 변수로 보았다. BA의 등장은 국가에 의한 고도의 대규모적인 폭력이 아니고서는 민중 부문의 활성화를 통제할 수 없는 상황에서 일어났다. 이 이론에서는 사회경제적 변수가 일차적이며, 정치체제의 중심적 행위자로서 조직화된 노동운동 세력을 포함하는 강력한 민중 부문의 존재와 체제를 위협하는 이들의 활성화가 인과적으로 중요하다.

근대화론은 그것이 거시적이든 미시적이든 장기간의 사회 및 개인의 가치 정향과 태도 변화에 초점을 두고 있는 반면, 민주화가 누구에 의해 어떻게 이루어지는가 하는 문제에는 관심을 덜 갖는다. 그러나 이 문제 못지않게 그것은 어디까지나 분석의 초점이 한 나라 안에 국한되는 한계, 즉 일국적 시각에 한정되어 있다는 문제가 있다. 그 결과 한국의 체제 변화를 이해하는 데 있어, 국제적인 냉전 체제와 남북한 분단 구조하에서 한국이 지정학적으로 차지하고 있는 위치가 부여하는 전략적 역할이 국내의 사회경제적 조건이나 힘의 관계의 변화 못지않게 중요하다는 사실을 간과한다. 이런 일국적 시각의 문제는 체제 변화를 사회적 기원에서 찾는 무어의 이론에서도 동일하게 나타난다.

BA 이론이 암시하고 있는 것은, BA 쿠데타 이후 수립

6_민주주의의 공고화 | 쉐보르스키의 정의에 따르면 "주어진 정치적·경제적 조건하에서 특정한 제도들의 체계가 '동네에서 할 수 있는 유일한 게임'(the only game in town)이 되었을 때, 즉 어느 누구도 민주적 제도 밖에서 행동할 수 없는 상황, 패자가 원하는 것은 자신들이 패배한 바로 그 제도 내에서 다시 경쟁을 시도하는 것뿐인 상황"을 일컫는 개념이다. 민주주의의 공고화는 학자들에 따라 다양하게 정의되고 있으나, 일반적으로 이행 이후 민주적 정치체제가 안정성과 지속성을 유지하게 되는 상황으로의 변화를 의미한다.
Adam Przeworski, *Democracy and the Market* (Cambridge: Cambridge University Press, 1991)[『민주주의와 시장』, 임혁백·윤성학 옮김, 한울, 1999].

된 군부 권위주의 체제는 다국적기업이 중심이 된 외국자본의 이익을 보장해 주는 위기관리 체제라는 것, 그리고 고도의 국가 폭력을 수반하는 권위주의 체제가 BA 쿠데타 동맹 세력의 이익을 보장해 주지 못할 때 동맹이 해체되고 정권이 붕괴하며 민주화의 계기가 발생한다는 것이다. 따라서 민주화는 이들 국가가 그 후에 직면하게 된 통치 불능 상태의 마지막 단계에서 나타나는 현상이라고 할 수 있다. 여기에서 국가는 폭력적이되 수행 능력에 있어 전혀 효능을 갖지 못하고, 지지 기반 자체가 외국자본에 크게 의존하는 특성을 갖는다. 그런가 하면, 체제 변화의 사회적 기원 이론에서는 농업 지주와 농민의 관계, 농업 지주와 부르주아지의 관계, 즉 주요 사회계급 간 동맹 관계가 일차적으로 중요하고, 이에 대한 국가의 존재는 종속변수 역할밖에 못하면서 인과적 논리의 배면으로 물러나 있을 뿐이다.

 이들 이론을 검토하는 동안 우리는 이들 세 이론이 경험적 기초를 두고 있는 국가들과 한국에서 박정희 시대의 산업화 경험이 얼마나 다른가 하는 것을 알게 된다. 무엇보다 먼저 우리가 주목해야 할 것은 산업화의 타이밍이다. 한국의 산업화는 1960~70년대 권위주의 정치체제 시기에 집중적으로 일어났다. 산업화의 타이밍은 이 시기 이전과 이후에 우리가 각각 경험한 민주화의 성격을 구별하게 하는 중요한 변수가 된다. 이승만 정권의 붕괴 이후 민주화는 1년도 버티지 못하고 무너진 민주당과 함께 단명으로 끝나고 말았다. 그러나 1987년 이후의 민주화는 그와 다르다. 이 점에서 우리는 제2공화국의 민주당 정부에서와 같이 '산업화 없는 민주주의'와, 6월 민주항쟁 이후 '산업화 있는 민주주의' 또는 산업화에 의해 뒷받침된 민주주의를 구분해 보는 것이 필요하다. 이런 구분은 박정희 정권과 그에 의한 산업화가 민주화 이후의 한국 민주주의에 미친 영향을

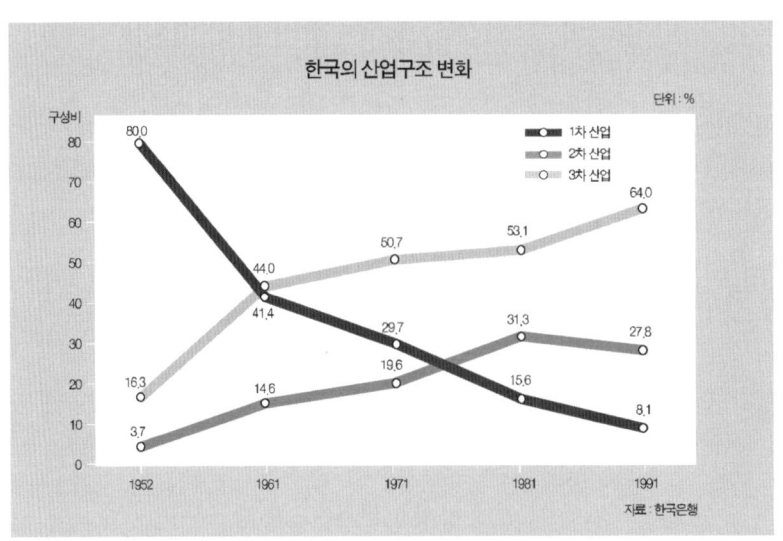

분석하는 데 유의미하다.

이승만 정부는 냉전 반공주의를 이념적 기저로 하는 분단국가 위에서 성립되었다. 그것은 사회의 탈동원화를 위해 강력한 국가의 강권적 하부기반에 힘입은 바 컸다. 이승만 정부가 대면했던 사회는 분단국가의 수립과 한국전쟁을 통해 정치적으로, 이데올로기적으로 완전히 탈동원화된 사회였고, 경제적으로 평등화의 수준이 상대적으로 매우 높은 사회였다. 경제적 평등은 토지개혁의 효과가 가장 큰 원인이었지만, 동시에 이념적 극한 대결과 전쟁이 한국 사회에서 전통적 위계의 사회 가치와 구조를 모두 평등하게 만든 결과이기도 했다. 강력한 중앙 집중화는, 냉전 반공주의라는 이데올로기적 헤게모니에 의해 뒷받침되고 정치권력이 가장 강력한 영향력을 갖는 사회적 조건에서, 사회적 평등주의라는 가치와 구조가 결합하게 되었을 때 필연적으로 발생했던 결과물처럼 보인다.

일찍이 토크빌은 평등을 향한 강력한 정치 문화적 요소가 미국 민주주의를 만든 동력이라고 이해했다. 그러나 한국에서 평등화는, 어떤 정치 문화의 특성이 아니라 이념 대결과 분단 및 전쟁이 가져온 파괴, 그리고 사회 전체적인 빈곤의 결과물이라고 할 수 있다. 요컨대 이승만 정부는 강력한 강권적 국가기구에 기초했지만 사회 전체에 대해 헤게모니를 가졌다고 말하기는 어려울 것이다. 4·19 혁명의 성공은 이를 잘 말해 준다. 5·16 쿠데타 역시 허약한 사회가 만들어 낸 산물이었다. 국가의 강권 기구, 특히 군대만큼 잘 조직되고 강력한 조직은 국가와 사회를 통틀어서 존재하지 않았고 누구도 그에 대항할 수 없었기 때문에 무혈 쿠데타가 가능했다. 이는 1980년 신군부에 의한 5·17 쿠데타가 광주민주항쟁과 같은 엄청난 저항에 봉착했던 것과 대비된다.

그렇다면 누가 이승만 정부를 지지했나? 정치학자 김일영[7]은 마르크스의 『루이 보나파르트의 브뤼메르 18일』의 논지를 빌려 이승만 정권을 지지한 것은 토지개혁의 혜택을 받은 농민이라고 해석했다. 프랑스혁명 이후 농민은 토지개혁으로 자영농화되었고 1848년 루이 나폴레옹의 대통령 선출은 이들 농민 표에 힘입었던 사실에 비견될 수 있다는 것이다. 다시 말하면 1950년대 이승만 정부의 지지 기반은, '여촌야도'라는 말로 그 투표 정향을 표현하듯이 농민이었다는 것이다. 경제적인 변화의 측면에서 1840년대의 프랑스 농민과 1950년대의 한국 농민은 상당 정도 비교의 유사성을 가질 수 있다. 그러나 무엇보다도 이 시기 한국 농민은 정치적으로는 탈동원화되고 잘 발달된 행정적 네트워크를 통해서는 위로부터 수동적으로 동원된 농민이었다는 사실이 강조되지 않으면 안 된다. 우리는 1950년대 선거가 광범위한 행정 동원과 부정선거를 특징으로 한다는 사실, 결국 이 부정선거가 4·

7_김일영, "이승만 정치체제의 성격에 관한 연구"(성균관대학교 박사 학위 논문, 1991).

19 혁명의 직접적인 원인이었다는 사실을 지적할 수 있다. 즉, 이승만 정부는 약한 정당성과 지지의 취약성으로 늘 고통받았던 것이다.

박정희 정부는 이와 근본적으로 달랐다. 나는 박정희 정부가 정부의 조직을 근대적으로 창건하고 이를 운영한, 그리고 그 지지 기반을 적극적으로 동원했다는 점에서 한국 역사상 최초의 근대적 정부라고 생각한다. 그러나 다른 한편 그것은 정치체제에 있어서나 산업화 방식에 있어서 권위주의 체제가 됨으로써 엄청난 대가를 지불하지 않으면 안 되었던 그런 체제였다. 쿠데타 이후 군부 엘리트가 1962년 야심적인 '경제개발 5개년 계획'을 통해 산업화 프로젝트에 돌입했을 때 사회에는 그들의 근대화 계획을 가로막을 아무런 강력한 세력도 존재하지 않았다. 이 점은 라틴아메리카나 유럽의 어떤 나라와도 다른 조건이 아닐 수 없다. 박정희 정권은 여러 라틴아메리카 국가들처럼 근대화 프로젝트에 저항하는 강력한 농업 이익에 직면하지 않았다. 이 점에 있어서 한국 사회에서 구舊지주계급을 해체하고 따라서 한민당의 물질적 기반을 해체한 토지개혁은 결정적으로 중요하다. 이 점은 아마 한국 보수주의의 발전에 있어 지주계급이 그 중심이 되는 전통적 형태가 아니라, 신흥 산업 엘리트가 중심이 될 수밖에 없다는 방향성을 예시하는 것이라고 할 수 있다.

그뿐만 아니라 군부 엘리트들은 강한 부르주아지와 대면하지도 않았다. 프랑스의 '지시적 계획'[8]을 모델로 하는 박정희 정권의 계획을 통한 국가의 적극적 시장 개입과 국가 주도의 산업화는 도시 상업 부르주아지의 강한 저항이 있었다면 가능하지 않았을 것이다. 이 점과 관련해 우리는

8_지시적 계획(indicative planning) | 1950년대 이래 프랑스의 경제계획 모델을 지칭하는 개념. 이는 정부의 고위 경제정책 결정자들이 사기업에게 성취할 목표를 명령하는 것이 아니라, 바람직한 목표를 제시해 주는 방법을 통해 운용되는, 사회주의식 계획경제와 자유 시장경제 사이의 어느 중간에 위치하는 경제체제다. 지시적 계획은 어디까지나 고위 정부 관료와 대기업의 경영진 사이의 자발적 결탁 행위가 본질이다. 이 과정에서 정치인들과 조직 노동의 대표들은 배제된다.
Andrew Shonfield, *Modern Capitalism : The Changing Balance of Public and Private Power* (London: Oxford University Press, 1969).

민주화 이후 재벌 개혁의 문제를 생각해 볼 수 있을지 모른다. 내 관점에서 김대중 정부의 재벌 개혁은 성공과 실패 사이에서 실패에 가까운 개혁이었다. 이 허약한 정부가 재벌 개혁을 시도하고 일정한 효과를 가질 수 있었던 것도 정부의 힘에 의한 것이라기보다는 IMF 금융 위기의 외적 충격의 효과 때문이었다고 할 수 있다. 실제로 그 뒤 노무현 정부에서는 재벌 개혁이라고 할 만한 프로그램이나 실천은 없었다. 그런 점에서 앞으로 어떤 형태의 재벌 개혁이든, 그것은 강력한 리더십을 갖는 정부가 넓은 사회적 합의와 잘 조율되고 계획된 개혁 프로그램을 갖지 않는 한 어려울 것임을 알 수 있다.

1960년대 초의 군부 엘리트는 사실상 계획의 수립과 이를 수행하기 위해 필요한 사회적 동원에 있어서 '백지위임장'을 가진 것이나 다를 바 없었다. 산업화 시기 한국의 국가는, BA 이론에서 말하듯이 노동자계급을 포함한 활성화된 민중 부문처럼 사회의 강력한 반대 세력과 대면하지도 않았고, 체제 변화의 사회적 기원 이론에서 강조하는 것처럼 지주계급과 도시의 상업 부르주아지 등 그 어떤 강력한 세력과도 대면하지 않았다. 박정희 정권 시기 국가 주도의 빠른 산업화는 바로 이런 조건에서 가능했던 것이다.

군부 엘리트가 주도한 박정희 정권은 이승만 정부와는 달리 지지를 적극적으로 동원했다. 그 핵심적인 수단이 고도성장을 통한 산업화다. 분단국가 형성 이후 많은 혼란과 불안정 그리고 전쟁을 경험하면서 한국 사회가 대면한 가장 중요한 의제는 두 가지였다고 할 수 있다. 하나는 민주화이고, 다른 하나는 빈곤으로부터의 탈출을 가능케 할 자립 경제의 달성이었다. 여기에서 자립 경제라는 말은 'autarky'의 번역인 '세계경제로부터 고립된 자족경제'를 말하는 것이 아니라 지속 가능한 자립, 자활 경제를 의미한다. 왜냐하면 미군정기 이래, 특히 전쟁 이후 한국 경제와 민생은 피폐할 대로 피폐했고, 한국은 1인당 국민소득 지표로 볼 때에도 세계 최하위군에 속했던 가장 빈곤한 나라 가운데 하나였으며, 국가의 재정과 경제적 생존은 미국의 원조가 아니고서는 가능하지 않았기 때문이다.

한국전쟁 이후 1950년대를 통해 새로이 성장하기 시작한 사회의 두 중요 집단이 있었다. 하나는 4·19의 주역이라 할 학생이었고, 다른 하나는 5·16 쿠데타의 주역인 군부 엘리트였다. 민주화에 대한 태도에 있어서 이 두 그룹은 정반대에 위치하고 있다. 군부 엘리트들은 빈곤 탈피의 의제를 들고 정치의 전면에 나섰다. 학생들은 민주화를 대표했다. 이들 두 그룹은 전쟁 이후 한국 사회가 해결해야 할 두 과제를 각각 떠맡고 나섰다는 점에서 '1950년대의 아이들'이었다.

군부 엘리트들이 자립 경제의 달성과 민간 정부들이 보여 준 부패를 척결하겠다는 개혁 이슈를 행동의 대의로 제시했다는 점에서, 그들의 문제의식은 '민중적 성격'을 갖는다. 이들은 스스로 군부 엘리트가 중심이 되어 국가의 근대화에 앞장섰던 20세기 초 청년터키당이나, 1950년대 중반 이집트 쿠데타의 주역 나세르G. A. Nasser를 자신들의 행동을 정당화하는 모델로 생각했는지도 모른다. 문제는 민주화와 산업화가 통일되지 못하고 각기 대립적인 관계에 서게 되었다는 사실이다. 요컨대 군부 엘리트들은 학생과 교육받은 지식인 집단이 민주화 운동 과정에서 충분히 제기하지 못했던 경제 발전 문제를 그들의 중심적 이슈로 삼았다. 군부 엘리트들이 집권했을 때 그들은 이 목표를 달성하기 위해 한편으로는 경제성장을 위한 모든 사회적 자원을 동원했고, 다른 한편으로는 민주주의를 가져올 수 있는 잠재적 자원의 동원 가능성을 봉쇄하려고 시도했다.

그렇다면 박정희 정권의 엘리트들은 그들의 야심적인 근대화 프로젝트를 어떻게 실행에 옮겼는가? 그 핵심은 국가행정 관료 체제의 대혁신이라 하겠다. 경제기획원의 설립을 비롯한 경제 관료 체제의 재정비와, 중앙정보부의 신설을 통한 권위주의적 국가 안보 기구의 강화가 양대 축을 이루었다. 안보정책과 경제정책의 기능적 통합은 국가가 경제를 주도하고 시장을 창출하고 개입할 수 있는 강력한 능력을 갖게 된 요체였다. 권위주의 정권의 정당성은 정부의 수행 능력과 효율성에 달려 있다는 것, 이것은 군부 엘리트들이 주도한 정부의 기본 노선이라 해도 지나침이 없을 것이다.

성장, 효율성, 목표 달성이 그들의 철학이자 가치였다. 고도성장 정책을 국가 목표의 최우선 순위에 올려놓음으로써 발전주의는 국가 이념이자 이데올로기가 되었다. 이런 발전주의는 1차 5개년계획(1962~66)에서부터 4차 5개년계획(1977~81)에 이르는 사이, 세계의 산업화 역사에 있어서 그 유례를 찾아보기 어려울 정도의 빠른 성장률을 가져왔다. 1973~76년만 보면 평균 15%의 경제성장률을 기록했으며, 공산품 수출은 연평균 25.7%가 증가했고, 국내총생산은 연평균 10.3%가 성장했다. 그것은 마치 군사 목표를 달성하듯이 목표를 세우고 이를 보다 빨리, 보다 대규모적으로, 보다 효율적으로 달성하기 위해 국가기구를 관장하고 사회의 모든 자원을 집중적으로 개발하고 동원한 결과였다.

일본의 발전 국가 모델과의 비교

박정희 정부가 만들어 낸 높은 수행 능력과 관련해 '발전 국가'developmental state 이론을 보는 것이 필요하다. 국내외의 많은 학자들은 박정희 정권을 발전 국가로 불러왔다. 이 개념은 『통산성과 일본의 기적』이라는 책 이름이 시사하듯이 일본 경제 발전에 대한 존슨[9]의 연구를 통해 발전된 것이다. 이는 전전戰前 1920년대부터 전후 1970년대에 이르기까지 일본의 통산성을 모델로, 사회에 대해 자율성을 갖는 일본의 유능한 관료가 오늘날 일본 경제 발전의 원동력이라는 주장이다. 그는 베버M. Weber의 관료 체제 이론을 모델로, 사회주의도 아니고 자유 시장 발전 모델도 아닌, 계획 합리적인 자본주의 발전 국가라는 하나의 독자적인 시장 개입주의 국가 내지는 국가 중심적 발전 모델을 제시했던 것이다.

존슨의 발전 국가 모델을 한국에 적용한 연구는 미시간대학의 정치학자 우-커밍스가 편집한 『발전 국가』[10]에 잘 묶여져 있다. 여기에서 일본의 경험은 아시아 후발 자본주의 국가, 이른바 '아시아의 네 마리 용'의 눈부신 발전을 설명하는 일반 이론으로 확대·적용되었다. 이미 그 이전 한국의 경제 발전에 이 모델을 적용한 암스덴의 『아시아의 다음 거인』[11]을 필두로 1980년대 중반에서 1990년대 중반에 이르는 기간 동안 이 이론을 적용한 연구가 봇물처럼 쏟아져 나왔고, 그것은 사실상 이 시기 정치경제 연구를 주도하게 되었다.

발전 국가 모델은 경제를 주도하고 시장을 창출하며 시장에 개입할 수 있는, 사회에 대해 자율성을 갖는 유능한 경제 관료 체제의 능력에 주목하는 것이다. 발전 국가에 있어 국가 이념과 목표를 정의하고 정책의 우선순위를 정하는 데 관료 엘리트들의 역할은 핵심적이며, 정치권력은 이런 관료 체제가 사회로부터 자율성을 갖도록 뒷받침한다. 경제 관료 엘리트들은 위계적 관료 구조의 정점에서 정책 결정과 집행을 지휘 통괄하며, 경제정책 전반을 계획하고

9_Chalmers Johnson, *MITI and the Japanese Miracle* (Stanford: Stanford University Press, 1982)[『통상성과 일본의 기적』, 김태홍 옮김, 우아당, 1983].
10_Meredith Woo-Cumings, *The Developmental State* (Ithaca: Cornell University Press, 1999).
11_Alice Amsden, *Asia's Next Giant : South Korea and Late Industrialization* (New York: Oxford University Press, 1989)[『아시아의 다음 거인』, 이근달 옮김, 시사영어사, 1990].

집행하며 조정하는 기능을 수행한다.

그렇다면 '박정희식 발전 모델'은 존슨이 일본의 통산성을 모델로 이론화한 발전 국가에 부합하는가? 그것은 분명 높은 상관성을 보여 준다. 그러나 우리는 양자의 유사성과 차이점을 봄으로써 오히려 박정희식 발전 모델의 독자성에 대해 주목할 수 있다. 이 양자 사이에 유사성이 크다고 말할 때 그것이 갖는 의미는 매우 중요하다. 많은 국내외의 비교 정치학자들은 박정희 정권을 군부 권위주의로, 진보적 학자들은 제3세계 군부독재로 정의하는 데 별로 주저하지 않는다. 이런 개념화는 암묵적으로 박정희 정권에 대한 비교의 준거를 라틴아메리카의 군부 정권에 두고 있다. 나는 그런 비교가 일정하게 설명하는 것은 있다 하더라도, 근본적으로는 한국에서의 박정희 정권의 특성과 시대적 역할에 관한 올바른 이해를 오도한다고 생각한다.

박정희식 산업화를 일본의 경험을 준거로 한 발전 국가 모델에 적용한다는 것은 그만큼 양자의 유사성이 존재하는 것이고, 한국의 군부 권위주의가 일본의 발전 모델, 특히 전전戰前 권위주의와 많은 유사성을 가지고 있음을 말하는 것이다. 허쉬만[12]은 산업화의 타이밍을 후발 산업화 국가와 후후발 산업화 국가로 구분한 바 있다. 후발 산업화late industrialization는 거셴크론Alexander Gerschenkron이 말하듯이 독일·이탈리아·러시아와 같이 가장 먼저 산업화한 영국에 비해 그 타이밍에 있어 한 단계 뒤늦은 산업화와 동일하다. 그러나 후후발 산업화late-late industrialization는 그보다 더 늦은 라틴아메리카와 같은 제3세계에서의 산업화를 지칭한다. 분명 한국은 산업화의 타이밍에 있어 라틴아메리카와 같이 후후발 범주에 들어가지만 정치체제와 산업화의 방법이 결합하는 특성은 오히려 후발 국가적 요소가

12_Albert O. Hirschman, "The Political Economy of Import-Substituting Industrialization in Latin America," The Quarterly Journal of Economics Vol. 82, No. 1 (1968).

강했다고 할 수 있다.

나는 박정희 정권이 어떻게 산업화를 수행하느냐에 따라 한국이 후발 국가적 유형으로 가느냐, 아니면 후후발 국가적 유형으로 가느냐 하는 것이 결정될 수 있는 복합적 분기점에 있었다고 생각한다. 현재의 시점에서 우리가 박정희식 발전 모델의 역사적 기여로서 무엇인가를 평가할 것이 있다면, 그것은 한국의 산업화와 경제 발전이 라틴아메리카적 경로로 빠지지 않게 하는 데 결정적으로 기여한 것이라고 할 수 있다. 요컨대 박정희 정부는 같은 군부 정권으로 출발했다 하더라도 라틴아메리카의 군부 정권보다도 전전 일본의 권위주의 정권과 더 유사했다고 말할 수 있을 것이다.

그러나 동시에 박정희식 모델과 일본 발전 모델의 차이를 간과할 수는 없다. 분명히 박정희 정권하에서 경제기획원으로 대표되는 경제 관료 체제는 1920~70년대까지의 일본 통산성과 현상적으로 상당한 유사성을 가짐에도 불구하고, 한국의 경우 국가의 거시경제 기획 및 집행 과정에서 경제 관료의 영향력이 지배적이었다고 볼 수는 없다. 다시 말해 경제 관료가 단기적인 정치적 사이클에 영향을 받지 않고 장기적인 국가 경제의 이익을 위해 행위할 수 있는 자율성을 충분히 누렸던 것은 아니었다. 대통령의 정치적 목표와 비전, 그의 이해관계와 권력 유지를 위한 전략 전술들이 경제 관료의 자율성 및 전문성보다 결정적인 것이었다. 즉, 정치(권력)의 논리가 경제 관료의 기술 합리성보다 우위에 있었던 것이다. 그리고 한국의 정책 일반, 경제정책 분야에 있어 경제 관료 체제와 함께 안보 기구의 중요성이 강조되어야 한다.

박정희 정권의 경우 다른 분야는 말할 것도 없지만 경제 분야에서도 안보 관련 국가기구의 역할이 절대적이었다. 권위주의적 국가 안보 기구들은 단순히 경제 안정을 위해 노동운동이나 반체제운동을 감시·억압하는 역할만 한 것이 아니라, 주요 정책 결정 과정에 있어서 핵심적인 결정자였다. 방대한 국가 관료 체제에 규율을 부과하고 이를 통제한 것도, 국가권력의 최고 수장으로서 대통령이 이들을 효과적으로 통제할 수 있는 수족의 역할을 수행한 것도 이들 안보 기구였다. 나아가 그들은 국내 기업들의 해외 팽창과 더불어 개별 기업의 해외투자 조건에 관한 정보를 제공하고 투자 조건을 사전 정비하고 경제활동을 지원하는 광범위한 경제적 역할을 수행했다. 따라서 박정희식 발전 전략은 권위주의 체제의 정책 목표에 봉사하고, 폐쇄 회로적이고 관료 기술적인 정책 결정과 수행 방법을 핵심으로 했던 발전 방법으로서, 오직 권위주의 체제에서만 작동될 수 있는 발전 모델이었던 것이다.

박정희식 발전 모델에서 중요한 특성의 하나인 군사주의[13]적 요소를 간과할 수는 없다. 이는 우리 사회의 구석구석까지 깊숙이 침투한 권위주의적인 잔존물로, 이른바 '군사 문화'의 기원이었다. 발전주의와 군사주의의 결합이야말로 박정희식 발전 모델의 핵심이 되는 행동 원리이자 사고 정향이며 에토스라고 할 수 있을 것이다. 남북한 간의 대결과 경쟁의 구조 속에서 군사주의가 산업화와 결합되면서 상당한 역동성을 창출해 낸 것은 특기할 만하다. 이는 군사주의가 경제 발전주의와 결합하면서 군사전략적 측면이 아니라 산업화 과정에 미친 영향을 말하는 것이다.

박정희 대통령에 의해 주도된 개발독재가 발전주의 국가의 한국적 모델로까지 인식되기에 이른 데에는 특히 라틴아메리카 국가들과 구분되는 중요한 차이가 있다. 한국

13_군사주의(militarism) | 위계·규율·지휘·명령에 대한 복종, 멸사봉공, 국가 목표의 기획과 그 달성의 효율성 등 군대 조직의 원리를 국가기구와 사회조직 및 동원의 원리로, 그리고 그 에토스를 사회의 지배적 문화로 만들고자 하는 이념이나 가치. 무어는 『독재와 민주주의의 사회적 기원』에서 일본과 독일을, 근대화 과정에서 이 군사주의를 동원해 위로부터의 근대화를 수행함으로써 그들의 근대화가 파시즘적 경로로 귀결된 대표적인 나라로 본다. 그들은 국제분쟁의 분위기를 강화하고 이를 통해 상층계급을 통합하고 산업 발전을 절대 명제로 만들었다.

에서는 군사주의와 결합된 경제 발전주의가 대중적 현상과 결합했다는 사실이다. 온 국민이 궁핍으로부터 열성적으로 탈출하고자 하는 집합적 의지를 표현한 것이 바로 1960~70년대의 대표적인 구호라 할 수 있는 "잘살아 보세"라는 말이다. 그 대중적 구호는 정부가 위로부터 주도한 것이었지만 그에 대한 열렬한 대중적 호응을 이보다 잘 표상하는 말은 없을 것이다. 허쉬만은, 유럽의 후발 국가들과는 달리 라틴아메리카와 같은 후후발 산업화에서는 '엘랑'élan, 즉 열정적 집합의지가 없다는 것이 특징이라고 지적했다. 이 점에 있어서 한국은 후후발 국가 가운데서도 희귀하게 정부가 산업화 과정에서 국민들로부터 이런 열정을 끌어낼 수 있었다는 차이가 있다.

그러나 이런 군사주의와 발전주의의 결합이 가져온 결과, 특히 그것이 민주화에 미치는 부정적 효과는 컸다. 위로부터 목표의 시달, '묻지마' 식 무조건적 목표 달성, 일사불란, '빨리빨리' 등 우리 사회의 문화 속으로 깊숙이 침투한 행동 원리들은 대표적인 예다. 명령 시달의 지휘관과 이를 무조건적으로 수행해야 하는 병졸 간의 권위주의적이고 위계적 관계처럼, 대통령과 국민 사이, 기업의 사장과 직원 사이, 조직의 장과 피고용자 사이의 권위주의적 관계의 구조 역시 대체로 이런 군사 문화와 깊은 연관이 있다고 할 수 있다. 생산 현장에 있어 노동자들에 대한 통제, 회사 내에서의 직원에 대한 통제는 군대 내의 병영적 형태를 닮은 것이라 할 수 있다. 군사 문화는 상층 정치 수준에서는 민주주의가 제도화된다 하더라도, 사회의 여러 영역, 하위 수준, 개인의 행태에 민주주의의 가치와 규범이 확산되는 데에 여전히 제약적인 요소로 작용하고 있다.

2. 박정희 정권의 사회적 지지 세력은 누구인가?

권위주의 산업화의 지지 계층

누가 박정희 정부를 지지했는가? 이 질문은 권위주의적 산업화 과정에서 투표 행태의 변화를 연구하는 데 있어서만이 아니라 정치체제의 성격을 이해하는 데 있어서도 중요한 문제가 아닐 수 없다. 박정희 정권의 중요한 특성 가운데 하나는 권위주의적 산업화를 통해 그 자체의 지지 기반을 광범위하게 창출한 정권이라는 사실이며, 이 점에서 앞선 이승만 정권과 확연히 비교된다.

무엇보다 박정희 정권은 재벌을 창출했다. 물론 재벌이 이 시기에 최초로 창출된 것은 아니다. 해방 이후 미군정하에서 이루어진 적산[14] 불하를 통해, 그리고 한국전쟁 이후 삼백산업[15]을 중심으로 한 수입대체산업의 발전과 미국 원조 물자의 배분을 통해 재벌의 원초적 형태가 이미 등장했다. 중요한 것은 한국에서 재벌은 정치권력을 통해서, 그리고 국가가 관장하는 생산적 자원에 접근함으로써 만들어졌다는 사실이다. 그리고 본격적으로 경제개발 5개년계획을 추진하기 위해 국가는 재벌을 동원했다.

박정희 정권은 고도성장을 성취하기 위해 재정 투융자와 모든 사회경제적 자원을 일방적이고도 집중적으로 재벌에 투여했다. 1960~70년대의 고도성장이란 정부가 기획하고 선도한 것이지만 이를 생산 현장에서 직접적으로 수행

14_적산(vested property) | 귀속재산이라고도 하는데, 1948년 9월 11일 대한민국 정부와 미국 정부 간에 체결된 재정 및 재산에 관한 최초 협정 제5조의 규정에 의해 대한민국 정부에 이양된 8·15 광복 이전 일본인 소유였던 재산(귀속재산처리법 2조 1항)을 말한다.

15_삼백산업 | 1950년대 미국 경제 원조의 대량 유입과 함께 이를 배경으로 정치권력과 밀착한 독점자본으로서 재벌이 형성되기 시작했다. 이 무렵 대표적인 재벌로서 삼성(이병철), 삼호(정재호), 락희(구인회), 대한(설경동), 개풍(이정림·이회림), 동양(이상구), 금성(김성곤) 등은 이른바 '삼백산업(三白産業)'이라고 하는 면공업·제분업·제당업 등의 소비재 산업을 기반으로 급성장했다.

한 것은 재벌이었다. 재벌은 국가 목표를 위탁받은 수탁자이고, 사적 영역에서 국가의 경제계획을 수행했던 대행자였다. 말하자면 국가를 상위 파트너로, 재벌을 하위 파트너로 하는 국가·재벌 동맹이 국가 주도의 중상주의적 고도성장의 견인차였다. 사실상 정경유착이라는 말로도 제대로 의미를 담기가 부족한 정치권력과 재벌의 융합은 서로 분리하기 어려운 구조적인 것이다. 그리해 재벌은 전통적인 농업 지주계급이 해체된 지배계급의 공백 위에서 한국 사회의 새로운 지배계급으로 나타나게 되었다. 민간 영역에 있어서 그리고 사회에 있어서 지배계급은 출현했으나, 과연 국가권력에 대해 자율성이 결여된 이들 '한국판 부르주아계급'이 서구의 경험에서 볼 수 있듯이 시민사회를 주도하는 민주화 세력이 될 수 있느냐 하는 문제는 상당히 의문스럽다.

　도시 중산층은 어떤가? 이 계층의 성장 자체가 산업화에 힘입은 것이다. 1950년대에 중산층이 존재하지 않았다고는 할 수 없지만 그 규모는 매우 작았다. 산업화에 따른 사회적 변화는 중산층을 도시의 대기업 조직에 고용된 이른바 신중산층과 종래의 자영업자 또는 프티부르주아지로 분화시키는 변화를 가져왔다. 이들의 정치적 태도를 정확히 말하는 것은 간단치 않다. 1950년대 이승만 정부하에서 도시의 교육받은 중산층의 정치적 태도는 대체로 민주주의에 친화적이었으며, 정권의 권위주의화가 가속화되었던 1950년대 중반을 넘어서면서 반정부적인 태도를 갖게 되었다고 할 수 있다. 말하자면 그것은 이승만 정권의 정치적 취약성의 중심적인 원인이었다고 할 수 있다. 그러나 1960~70년대 중산층의 태도가 그와 같았다고 할 수는 없다. 이 문제는 다음 장에서 다시 논하기로 하자.

　농민과 노동자는 어떤가? 농민은 박정희 정권에 대한 가장 강력한 지지자로 나타났다. 사실 고도성장을 수반하는 산업화의 가장 직접적인 효

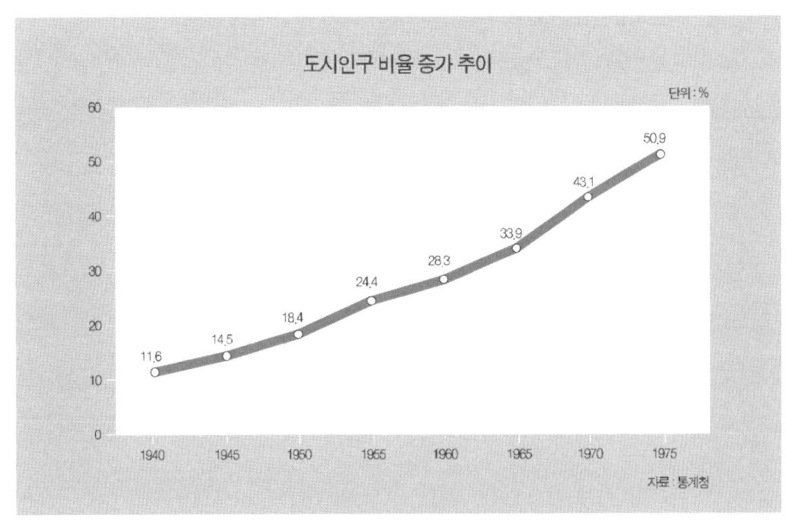

과는 다른 어디보다도 농촌을 크게 변화시켰고, 그 변화의 크기는 거의 전면적인 것이었다. 농촌은 급속하고도 대규모적인 도시의 산업화가 끌어들이는 대규모 노동력을 공급하는 수원이었다. 농촌은 두 방향에서 급격히 변화했다. 하나는 농촌의 유휴 노동력과 사실상 높은 실업률이 농촌의 젊은 노동력을 대거 도시의 2차 산업에 취업하도록 내몰게 됨으로써 농촌인구를 급속히 감소시켰다. 다른 하나는 새마을운동과 같은 정부 지원 투자 사업을 통해 정부는 농촌의 생활 향상을 도모하고 농민을 동원했다. 농민이 투표 정향에 있어 여당의 지지자가 되었다는 점에서는 1950년대와 유사하다. 그러나 1960~70년대의 농민은 정권이 농촌의 동원화를 통해 그들을 적극적인 정부 지지자로 만들었다는 점에서 앞 시기와 다르다.

  노동자의 정치적 태도는 농민과는 다른 방향으로 발전했다. 노동자의 증가는 젊은 농촌인구 유출의 동전의 뒷면과 같은 것이다. 그들은 산업화의 수혜자 가운데 한 집단이라고 할 수 있다. 그들의 출신 배경이 빈한한 농촌이었기 때문에, 도시로의 이주와 노동자로서의 취업은 도시 생활과 소득 향상을 가져다주었다. 그러나 농민들과는 달리 노동자들은 1970년대에 들어와 점차 조직화되고 노동운동에 참여함으로써 자신들의 처지에 대한 집단적 자아를 형성하고 정권의 성장 정책에 도전하기 시작하면서 민주주의를 지지하는 세력으로 전환하기 시작했다.

매우 대조적인 두 시기의 선거 : 1967년 선거와 1971년 선거

1972년 10월 유신체제로의 전환 이전에 시행된 선거 결과들은 위에서 말한 내용들을 그대로 드러낸다. 1963년의 5대, 1967년의 6대, 1971년의 7대 대선과, 같은 시기 6·7·8대 총선을 거치는 동안 새로운 투표자 정렬의 유형을 볼 수 있기 때문이다. 1963년 선거에서는 군부 엘리트가 주도하는 미지의 정치에 대한 지지가 매우 취약했음이 드러난다. 박정희 후보는 40만 표라고 하는 아주 적은 표차로 어렵게 당선되었다.

    그러나 고도성장의 변화를 경험한 다음인 1967년 선거는 박정희 정권과 집권 여당에 대해 그 어느 때보다도 공고하고도 광범위한 지지를 보여 주었다. 1963년 대선에서 1.1%라는 근소한 차이로 어렵게 승리했던 것과는 달리, 1967년 대선에서 박정희 후보는 51.4%의 지지를 획득함으로써 야당 후보에 대해 10.5%의 큰 차이로 당선될 수 있었다. 이런 지지율의 증대는 주로 도시지역에서 나타났다. 대도시에서는 지지율이 15.2% 늘었고, 중소 도시에서는 14.5%가 증가했다. 6대 대선 후 한 달 뒤에 있었던 7대 국회의원 선거에서 집권 공화당은 17.1%가 증가한 50.6%

를 득표, 한국 선거사상 제1당이 과반수 이상을 득표한 유일한 선거가 되었다.

반면에, 1971년 7대 대선과 8대 총선에서 집권 공화당과 제1야당인 신민당 간의 지지율 격차는 여당의 헤게모니를 위협할 정도로 현저하게 축소된다. 대선의 경우 지지율 격차는 7.9%로 축소되었고 신민당의 김대중 후보는 한국 선거사상 야당이 얻은 득표로는 최대 기록인 45.3%의 지지를 획득했다. 이 득표율은 1997년 김대중 후보가 집권할 때 얻은 득표율 40.3%보다도 높다. 총선에서의 격차도 17.1%에서 4.4%로 좁혀졌다. 신민당이 이때 얻은 44.4%의 지지율 역시 한국 선거사상 야당이 얻은 최고 득표의 기록이다. 말할 것도 없이 1967년 선거에서의 압도적인 여당 지지는 고도성장과 이를 추진한 정부의 수행 능력이 가져온 직접적인 효과이며, 1971년 선거는 1969년 대통령 3선을 위한 무리한 헌법 개정이 가져온 권위주의화의 효과가 부정적으로 작용한 결과가 아닐 수 없다. 그야말로 4년의 시차를 두고 두 시기의 선거 결과가 드라마틱하게 뒤바뀐 것이다.

우리는 이런 투표 데이터를 통해 하나의 중요한 사실을 발견하게 된다. 그것은 한국 사회에서 국민들의 광범위한 지지를 얻는 두 개의 가치가 공존한다는 사실이다. 하나는 민주주의에 대한 가치이고, 다른 하나는 정부의 높은 수행 능력의 가치다. 1967년 대선과 총선에서 박정희 정권이 획득했던 광범위한 지지는 산업화 효과의 강력함을 보여 주는 것이다. 1950년대를 통해 나타난 바 있는 여촌야도 현상은 1967년 선거에서 해체되었고 도농 간 지지율 편차는 약화되었다. 그만큼 산업화를 통해 정권이 강고하고도 강력한 지지 기반을 갖게 되었다는 사실을 반증하는 것이다. 사실상 1967년 선거는 한국 정치사나 선거사에서 매우 중요한 사례라 하겠다. 왜냐하면 이전 정부에서 볼 수 없었던 정부의 높은 수행 능력을 과시할 수 있었고 그것이 압도적 지지를 획득한 것이기 때문이다.

    1971년 선거의 메시지 또한 분명하다. 정치체제의 변화에 있어서 1969년 개헌은 하나의 전환점이라 할 수 있다. 이후 박정희 정권이 분명한 권위주의적 경로를 선택했기 때문이다. 그러므로 1971년 선거는 정권의 업적이 아무리 크다 하더라도, 정권의 산업화 프로젝트가 민주주의와 공존하는 것이 아니라 권위주의적 산업화임을 분명히 하게 되었을 때 투표자들은 그에 반反해 투표한다는 것이다. 중산층의 투표 행태는 가장 민감하게 이런 사태에 반응하는 특징을 보였다. 중산층은 고도성장의 직접적인 지지자이고 수혜자였다. 그들은 산업화에 대한 강고한 지지 세력이 되었고, 따라서 1950년대에 지배적이었던 여촌야도 투표자 정렬을 깨뜨리고, 1967년 선거에서 박정희 정부가 도시에서도 높은 지지율을 얻게 만든 중심적인 힘이었다. 그러나 정권이 민주적 가치와 제도로부터 점점 멀어져 갈 때 이들은 민주주의의 지지 세력으로 전환하기 시작했음을 1971년 선거는 보여 주었다.

3. 민주주의를 위한 공간을 여는 문제

박정희 정부와 민주화

우리는 앞에서 한국에서의 민주화는 앞선 권위주의 체제의 실패의 산물이 아니라 성공의 산물이라고 말했다. 이 말은 경제 발전과 정치의 권위주의화를 결합시키는 방법을 통해 수행된 박정희식 근대화는 상당 정도 성공을 거두었다는 사실을 인정하는 의미를 갖는다. 배링턴 무어의 이론을 빌리지 않더라도, 지상의 모든 국가들은 근대화 과정을 회피할 수 없다. 우리가 무어로부터 배울 수 있는 것은, 이런 정황에서 근대화를 하느냐 하지 않느냐 하는 선택이 우리에게 주어진 것이 아니라, 이 전환 과정에서 얼마나 적은 대가를 치르느냐, 특히 농민과 노동자라는 사회 저변층의 어깨 위에 떨어질 수밖에 없는 비용의 무게를 얼마나 줄일 수 있느냐 하는 것에 대한 관심이 아닐 수 없다.

우리는 박정희 정부가 상대적으로 적은 비용을 치르고 다른 나라에 비해 대단히 짧은 시간 내에 근대화를 이룰 수 있었다는 점에서 긍정적 평가를 내릴 수 있다. 그러나 이런 긍정적 평가가 한국의 산업화 전략의 초기, 즉 그 틀이 잡히는 형성기에는 합당할 수 있을지 모르지만, 산업화가 도약을 시작한 안정기에는 해당되지 않는다. 말하자면 1970년대 초 중화학공업화로의 산업구조의 전환이 유신체제라고 하는 권위주의의 강화로 이어져야 할 이유는 없다.

그러나 현실은 그렇게 움직이지 않았다. 모든 권력이 이미 1인에게로 집중되고 그가 뜻하기만 하면 엄청난 경제성장이 가져온 자원을 동원할 수 있는 조건에서, 대통령이 개인의 의지로 권력을 포기하기를 기대한다는 것은 비현실적이다. 고도성장을 추진하는 과정에서 국가 관료제의 팽창과 이를 기반으로 한 권력의 초집중화 현상, 그리고 국가권력과 거대자본의 긴밀한 협력 관계의 발전을 수반하면서 정치의 권위주의화와 고도성장이 수레바퀴처럼 맞물려 상승작용을 일으키는 구조적 조건이 형성되었기 때문이다. 이 점에서 박정희 정권은 그 자체가 출로를 갖지 못했던 체제로 보인다. 왜냐하면 박정희 정권은 일정 기간 동안 긍정적인 역할을 수행할 수 있었으나 그 자체가 체제 전환을 할 수 있는 정치력을 갖지 못했던 불완전한 체제였기 때문에 외부적인 어떤 힘에 의해 폐기될 운명에 놓여 있었던 것이다.

박정희 정권은 그것이 의도하지 않았던 두 가지 방법으로, 즉 하나는 그것이 만들어 낸 성공의 결과로 다른 하나는 그 실패의 결과로 민주화에 기여했다. 성공의 결과라는 것은 기본적으로 자본주의 산업화 없이 민주주의가 존재할 수 없다는 사실에 기인한다. 1960~70년대를 통해 발전하고 팽창한 시민사회가 1980년대 들어와 폭발하면서 누구도 막을 수 없는 민주주의를 향한 요구가 밑으로부터 분출했다. 사회는 서구 사회와 같이 높은 수준의 산업화와 도시화를 이루었고, 그 속에서 사회의 기능적·직능적 분화가 가속화되고 중산층이 엄청나게 팽창했으며, 노동자·농민과 같은 사회 저변의 대중층이 성장했던 것이다. 이런 구조를 갖는 사회에서 권위주의는 더 이상 그 존립 기반을 찾을 수 없다. 그것이 실패의 결과라는 뜻은 민주주의를 폐기하고 권위주의를 편 결과 1950년대와는 판이하게 강력한 민주화 세력을 형성하게 되었다는 것이다. 체제에 반대하는 시민과 노동자를 중심으로 한 민중 세력의 저항이 없었더라면 유신체제의 붕괴는 훨씬 뒤로 미루어졌을 것이다. 마침내 민주주의를 가져온 1980년대 강력한 민주화의 힘은 이를 모태로 한 것이었다.

한국에서 권위주의 체제로부터 이탈의 경로를 만들어 낸 것은 민주화 운동이었다. 배링턴 무어는 근대 민주주의가 상업화를 주도한 부르주아지에 의한 것이었다고 말했지만 한국의 부르주아지라고 할 수 있는 재벌은 권위주의 국가에 의해 창출되고 성장한 권위주의의 경제적 기반이었다. 또한 과대 성장 국가 내부에서 민주주의의 경로를 개방할 수 있는 개혁파가 존재하기는 어려웠다. 제도권 야당은 권위주의 국가가 허용하는 범위 안에서만 존립할 수 있었다. 남은 경로는 사회로부터 올 수밖에 없었고, 그것은 4·19의 전통을 이어 온 학생운동이 주도하고 권위주의 산업화가 만들어 놓은 근대적 민중 부문이 결합한 운동에 의한 것이었다. 따라서 배링턴 무어가 "부르주아지 없이 민주주의 없다"라고 한 것에 대해 한국의 경우는 "운동 없이 민주화 없다"라고 말해야 한다.

권위주의 산업화가 한국 민주주의에 남긴 유산

오늘의 관점에서 중요한 문제는 박정희 정권이 이루어 낸 특정 형태의 산업화가 이후 민주화 과정에 미치게 될 영향을 검토하는 것이다. 여러 요소 가운데 가장 중요한 것은 거의 통제 불능 상태로 팽창한 재벌의 영향력이라고 할 수 있다. 한국의 산업화 전략은 국가가 거대 기업을 창출하고 그들로 하여금 국가의 목표를 수행토록 하는 방법으로 추진된 바 있었다. 그러나 오늘날에는 국가의 경제적 기반과 정부의 업적이 소수 재벌 기업에 의존할 수밖에 없게 되고, 이들이 국가의 경제를 좌지우지하게 되었다. 민주화가 정치화된 군부의 퇴진 및 경제적 시장 자유화와 동일시될 때, 한국 사회에서 재벌에 대응할 만한 힘은 어디에도 존재할 수 없게 되었다. 민주주의가, 권위주의 국가가 독점한 권력의 많은 부분을 시민사회와 국민에게 이양하는 것을 가능하게 했을 때, 실제로 그 권력은 국민이 아닌 재벌에게로 돌아가고 있기 때문이다.

　재벌이 국가 내의 국가, 즉 국가권력이 침투하기 어려운 독자적인 거대 조직으로 발전하면서 그 소유와 결정의 구조는 민주적 통제 밖에 존재하게 되었다. 자유화된 시장을 통해 독점적 힘을 행사하는 사익 추구적 재벌에 비하면 민주주의하에서 정치의 힘을 통해 공공재를 창출해야 하는 국가의 힘은 왜소해 보인다. 동일 재벌 기업이 생산, 유통, 서비스, 레저, 교육, 문화, 스포츠, 언론, 정치 등 모든 영역을 동시에 소유하게 되면서, 재벌의 힘은 통제 불능의 엄청난 영향력을 행사하게 되었다.

시민사회에서 재벌의 헤게모니는 압도적이다. 또한 정치사회에서 재벌의 힘은 '정경 일체'라는 말이 표현하듯, 정치와 경제의 기능 분화를 무너뜨리고 정치를 지배할 수 있게 되었다. 특히 박정희 정권 시기에 창출되고 성장한 재벌은 한국 사회에서 자유주의와 이에 기반을 둔 민주주의에 대한 지지 세력이 되기 어려웠고, 효율 지상주의적인 기술 관료적 경영주의[16]와 군사주의 이데올로기의 보루가 된 것이다. 이런 이데올로기를 체화한 보수적 기득 세력층이 너무 두텁게 형성되어 변화가 필요한 시점에서 변화할 수 없는 조건이 되어 버린 것이다. 요컨대 재벌 구조의 유지와 민주주의는 양립하기 어려운 것이다. 박정희 정권의 권위주의는 군부 엘리트를 통해 전수되는 것이 아니라 재벌을 통해 전수되고 있다.

두 번째 장애는 한국 사회에 권위주의적 관료 체제를 뿌리내리게 했다는 사실이다. 박정희 정권의 군사주의는 권위주의적 관료 체제를 강화했고 이를 통해 실현되었다. 권력이 중앙과 정점으로 집중되고 이것이 피라미드식의 위계적 관료 체제를 통해 나타나는 현상을 모두 박정희 정권의 책임이라고 전가할 수는 없다. 그럼에도 불구하고 오늘날 우리가 목도하는 관료 기구의 강력한 힘은 박정희 대통령이 그의 야심적인 근대화 계획을 추진하기 위해 발전시

16_기술 관료적 경영주의(technocratic managerialism) | 베버적 관료주의의 목적 합리성과 현대 기업 조직의 이윤 극대화를 위한 경영적 원리를 결합한 개념. 수단적 가치와 효율성을 최우선의 가치로 삼는 조직 및 조직 운영의 원리를 말하는 것으로, 이는 비정치적 내지는 반정치적 가치를 핵심으로 한다. 그러므로 기술 관료적 경영주의는 사기업 조직과 정치적인 권위주의 체제와 잘 상응한다. 사회의 다양한 이익 갈등에 기초하고 이를 조정하고 타협하며, 효율성보다는 갈등의 조정과 통합을 중심 원리로 하는 민주정치의 특성과는 상반된다. 결정 과정에 많은 사람들이 참여하고 그것이 공적 통제하에서 개방적이고 투명하게 드러나게 되는 민주주의적 정치과정 및 정책 결정 과정과는 정반대되는 조직이나 제도의 운영 원리다.

킨 관료 체제에서 비롯된 것이다. 이렇게 비대해진 관료 조직은 1980년대 후반 민주화로의 전환이 요구될 때 거대한 하나의 이익집단으로 변모해 민주개혁을 지지하지 않는 저항 세력으로 성장했다.

박정희 정권이 민주주의에 가져다준 세 번째 장애는 거시경제 운영 원리의 중요한 축의 하나를 이루었던 권위주의적인 노동 통제라고 할 수 있다. 이는 재벌 편향적 성장 제일주의 정책의 동전의 다른 한 면이다. 이런 국가의 노동정책은 한국의 산업가들과 보수적인 정치 엘리트들로 하여금 기업·노동 파트너십이라는 개념 자체를 없애 버리는 데 기여했다. 이 권위주의적 노동 통제는 산업 생산 수준의 노사관계에 있어서나 정치적 수준에서의 정치 참여 모두에 중대한 부정적 효과를 갖는다.

우리가 박정희 정권의 초기에 해당하는 산업 발전의 형성기에 자유주의적 틀 내에서 노사관계가 형성되기를 바라는 것은 지나친 기대일지 모른다. 그러나 산업 발전의 안정기에 접어들어 모든 경제 영역에 있어 국가의 경제 개입이 줄어들고 국가와 자본의 관계가 일방적 지도로부터 벗어나 오히려 기업의 이니셔티브가 국가를 능가하게 된 시점에서조차, 노동의 권위주의적 통제가 지속된다는 것은 중대한 문제가 아닐 수 없다. 이제 노동의 권위주의적 통제는 한국 자본주의 생산구조 고도화에 상응하는 노사관계의 전환과 발전을 저해하는 질곡으로 변화하게 된 것이다.

한국의 경제 발전 수준이 노동 억압적 노사관계에 기반을 둔 대량생산 체제에서 벗어나 고임금, 고기술, 유연 생산 체제를 중심으로 하는 현대적 생산 체제로의 전환을 통해 국제시장에서 경쟁해야 할 시점에서, 그런 전근대적이고 권위주의적 노사관계는 더 이상 순기능적으로 작동될 수 없다. 그리고 이런 권위주의적 노사관계는 무엇보다도 민주주의와 양립할 수 없다.

민주주의는 그 정의에 있어 대중의 정치 참여와 이를 통한 대중조직들 간의 자유로운 선거 경쟁을 통해 대중 권력을 실현하는 체제다. 노동자계급의 정치 참여를 허용하지 않는 것은 단순히 사회의 여러 다원적 사회집단 중의 하나를 금압하는 것이 아니라 생산의 관계에서나 사회관계에서 그 중심에 위치하는 집단의 하나를 금압하는 것이다.

민주주의라 하더라도 현실에서는 모든 사회집단의 정치 참여를 허용하지 못한다 하더라도, 이런 핵심 집단의 참여를 금지할 때 이를 민주주의라고 부르기는 어렵다. 우선 핵심 집단을 금압하기 위해서는 그만큼 강력한 국가의 억압 기제가 존재하지 않으면 안 된다. 권위주의적인 억압 기구의 상존과 핵심 집단의 정치 참여 제약은 정당 내 구조와 정당 체제, 시민사회의 기본 조직들인 이익집단 및 자발적 단체의 활동을 포함해 정치체제 전체를 심대하게 왜곡할 수밖에 없다. 이는 그 체제가 군부 권위주의로 불리든 민주주의로 불리든 한국의 정치를 항구적으로 사회 상층의 엘리트 간 게임으로 만들 수밖에 없고, 그렇기 때문에 대중이 항구적으로 정치로부터 소외되는 '위로부터의 개혁'[17]을 되풀이할 수밖에 없도록 만든다.

박정희 정권의 성장 제일주의적 발전 전략은 한국 사회의 자본주의 산업화를 가능하게 하는 데 효과적인 것이었다. 만약 민주주의가 1960년대 이후의 산업화 없이 발전하기 어려운 것이었다고 한다면, 한국의 민주화는 산업화가 일정한 수준에 도달한 이후의 과제로 미루어질 수밖에 없었을 것이다. 박정희 정권을 평가함에 있어서 우리는 후후발 산업화가 초래할 수 있는 부정적인 측면 모두를 박정희 정권의 탓으로 돌릴 수는 없다. 그것은 후후발 산업화 일반의 문제이지

17_위로부터의 개혁 | 한국 정치체제의 중요한 특징 가운데 하나로 정치사회와 시민사회가 분리된 상황에서, 정치 엘리트들이 대중을 배제한 채 시대와 사회의 변화에 대응해 개혁을 수행하는 방식을 말한다. 그람시와 무어가 사용한 '수동 혁명', '위로부터의 혁명', '보수적 근대화'와 같은 의미.

박정희 정권의 문제라고 보기만은 어렵기 때문이다.

다른 한편 민주적 개혁을 어렵게 하고 민주주의 발전에 장애가 되는 요소들을 모두 박정희 정권에 그 기원을 갖는 구조적 요인으로 돌리는 것도 옳은 해석이 아니다. 변화와 개혁에 대한 대중적 열망에 기초해서 등장한 김영삼·김대중·노무현 정부는 집권 초기 민주화 개혁을 할 수 있는 더없이 좋은 입지에 있었다. 그것은 한국 사회가 박정희 정권이 남겨 놓은, 민주주의를 저해하는 여러 가지 장애 요인을 극복할 수 있는 엄청난 동력을 가졌음을 의미한다. 만약 세 정부가 보다 비상한 의지를 가졌다면 재벌 구조는 상당히 합리적이며 자유주의적으로 재편될 수 있었을 것이다. 또한 관료 체제는 지금보다 더 민주적으로 개혁될 수 있었을 것이고, 노사관계도 보다 민주적으로 재편될 수 있었을 것이다. 그러나 민주화 이후의 정부들은 이런 사회의 동력을 제대로 활용하지 못하고 허비해 온 것으로 보인다. 따라서 박정희 정권 시기 형성된 우리 사회의 권위주의적 요소들이 오늘날에도 그대로 유지되고 있다면 그 책임은 민주주의를 제대로 구현하지 못한 민주화 이후 정부들에게도 돌아갈 수밖에 없다.

권력과 언론의 유착

박정희 정권과 뒤이은 전두환 정권이 민주화 이후 한국 사회에 남긴 부정적 유산 가운데 또 다른 하나는 권력과 언론의 유착이다. 일찍이 19세기 중엽 토크빌은 언론의 역할이야말로 미국 민주주의의 요체라고 관찰한 바 있었다. 언론, 즉 도시마다 지방마다 무수하게 출간되는 신문들은 개인과 집단의 공통 이익과 요구들을 한데 묶음으로써, 그렇지 않았다면 파

편화되었을 사회를 다양한 이익들의 그물망으로 연결하는 중추적인 의사소통의 매체였기 때문이다. 사회의 저변으로 확산된 언론의 족출族出은 정치의 장에서 사회의 힘을 우월하게 만든 민주주의의 기반이었다.

물론 한국의 언론은 이런 모습과는 거리가 멀다. 기술의 발전, 거대자본으로 탈바꿈한 언론 기업의 성장을 통해 군소 매체들을 더 이상 존립할 수 없게 만든 현대자본주의 환경에서, 19세기 자유주의적 언론의 위상과 역할은 더 이상 가능하지 않다. 거대한 언론 자본이 사회 위에 군림하면서 막강한 영향력을 행사하는 것은 한국만의 현상이 아니라 현대자본주의의 일반적인 현상이라고 할 수 있다. 그러나 한국 언론의 비대화 과정은 그 자체로 역사적 특수성을 가진다.

1950~60년대의 언론은 민주화와 근대화라는 당시 우리 사회의 가장 중요한 이슈를 제기하고 이를 사회화하는 데 큰 역할을 했다. 국가권력에 대해 상당한 정도의 자율성을 누렸던 1950년대의 언론은 이승만 체제에 정면으로 맞서 권력의 권위주의화를 유보 없이 준열하게 비판하는 기능을 수행해 냄으로써 사회의 민주적 요구를 대변했다. 사실상 4·19 혁명은 한 연구자가 '대학·언론 연합'이라고 불렀던 것처럼 학생과 언론의 연대에 의해 가능했다고 할 수 있다. 민주화 투쟁의 구심체로서 언론의 역할은 1959년 『경향신문』 폐간 사건[18]을 통해서도 예증될 수 있다. 1960년대 초 5·16 쿠데타 이후에도 언론은 여전히 새로이 집권한 군부 세력의 행태와 정책에 대해서 비판적이었고 빈곤의 퇴치와 근대화 이슈의 제기에 있어 선도적이었다. 언론이 사회의 편에서 그 요구를 대변했던 전통은 유신 이전까지 지속되었다.

국가권력으로부터 비교적 자율적이었던 언론의 역할은

18_『경향신문』 폐간 사건 | 자유당 정권 시절 최대의 언론 탄압 사건으로, 이승만 정부는 1959년 4월 30일 야당지로 불리던 가톨릭 재단 소유의 『경향신문』에 대해 군정법령 제88호를 적용해 폐간 명령을 내렸다. 『경향신문』은 4·19 혁명 이후 1960년 4월 27일자 조간(朝刊)부터 복간되었다.

유신체제에 이르러 근본적인 변화를 겪게 되었다. 유신체제는 권위주의적 억압과 배제를 강화했지만 일상적인 법률 체계와 경찰력을 통해 질서를 만들어 낼 수 없었다는 점에서 근본적으로 매우 취약한 체제였다. 한마디로 유신체제는 대통령이 발령하는 긴급조치[19]와 그에 따른 군대 조직의 동원을 통해 유지되었던 체제였다. 비상 체제로서의 유신체제는 약간의 반대라도 허용하면 존립이 위협받는 매우 허약한 체제로서, 미세한 병균의 침투만 있어도 생존을 위협받는 면역 능력이 결핍된 인체와 같다고 할 수 있다. 이는 왜 1979년 중반 200명 남짓한 YH무역의 여성 노동자들의 농성[20]이 정치·사회적 연쇄반응을 통해 정권의 붕괴로 이어졌는가 하는 문제를 이해할 수 있게 한다. 요컨대 이런 조건 때문에 언론 매체가 체제를 비판하는 것은 절대로 허용될 수 없었다. 따라서 언론의 비판적 기능은 유신체제를 거치면서 완전히 봉쇄되었다.

오늘날 보게 되는 한국 언론의 기본적인 구조와 성격은 1980년대에 형성되었다. 이 시기에 언론과 국가권력의 유착이 심화되면서 언론이 권위주의 국가의 정당화를 위해 적극적으로 동원되기 시작했기 때문이다. 언론과 국가의 유착이 강화된 결과는 심대한 것이었다. 무엇보다도 그 결과로 일부의 언론 기업은 거대 언론 자본으로 성장하게 되었고 이는 억압과 특혜의 교환을 통해 가능한 것이었다.

유신체제와 전두환 정권의 군부 권위주의 체제는 체제의 정당성 결여를 보전補塡하기 위해 그 이전 시기보다도 더 언론 매체를 통한 정당화의 기능을 필요로 했다. 언론이 권위주의 정부의 홍보 기구로 전락했던 유신체제로부터 1987년의 민주적 개방에 이르는 시기는 언론의 역할에 따

19_긴급조치 | 제4공화국 헌법(유신헌법)에 규정되어 있던 헌법적 효력을 가진 특별조치.

20_YH 사건 | 1979년 8월 봉제 공장인 YH무역에서 근무하는 200여 명의 여성 노동자들은 신민당사에 들어가 농성을 벌였는데 정부가 강제 진압을 강행해, 농성하던 노동자 김경숙이 사망하고 신민당 총재이던 김영삼은 의원직에서 제명되었다. 당시 YH 사건은 직장폐쇄에 항의하는 경제적인 차원에서 시작되었지만, 결과적으로 모든 반체제 그룹들을 위한 정치적 집결점을 제공함으로써, 부마항쟁과 유신 정권의 몰락을 가져오는 도화선이 되었다.

라 두 시기로 나누어질 수 있을 것이다. 초기의 언론이 강권력의 위협에 의한 권력의 수동적 대행자였다면 후기의 언론은 자기 스스로의 목적과 이익을 추구하기 위해 권위주의 체제 유지 기능을 자발적으로 수행했다. 처음 유신체제가 수립되면서 언론에 준*국가기구의 역할이 주어졌을 때 언론의 상당 부분은 반강제적으로 그 역할을 수행했지만, 전두환 정권 시기로 들어와서는 자발적인 것으로 변화하게 되었던 것이다.

언론 기업은 이런 기능을 수임받는 대가로 국가의 지원하에 거대 언론 자본으로 성장했고, 기자직은 사회의 어느 직종보다 높은 보수, 다양한 물질적 보상과 함께 많은 권력 자원에 접근할 수 있는 특수한 지식인 집단으로 부상하게 되었다. 언론은 정치화된 군부 엘리트, 재벌, 국가기구 내의 테크노크라트와 더불어 군부 권위주의를 지탱시켰던 핵심적인 권력 블록의 구성 요소였다. 언론이야말로 구체제의 기득 세력 중의 기득 세력이 된 것이다. 따라서 민주화 이후 오늘날에 이르는 사태 변화에서 알 수 있듯이 언론이 냉전 반공주의의 보루이자 기득 세력의 헤게모니를 유지시켜 주는 중심적 역할을 할 수 있었던 기원은 바로 이 시기에 있다고 하겠다.

4장 | 민주화 이행의 보수적 종결과 지역 정당 체제

1. 한국에서의 민주화 이행의 특징

운동에 의한 민주화

1987년 6·29 선언은 권위주의가 종결되고 민주주의로의 이행이 시작된 역사적 계기였다. 이를 민주화의 기점으로 삼을 때 한국에서의 민주화는 서구와 비교해 비교적 짧은 시간 내에 비약적으로 전개되었다는 특징을 갖는다. 현대 한국 정치에서 민주주의 이행이 발생한 역사적·구조적 조건을 되돌아볼 때, 그것은 민주주의를 낳기보다 권위주의를 유지·강화하는 데 더 유리했던 것처럼 보인다. 앞에서 살펴보았지만 냉전 반공 이데올로기의 헤게모니와 분단의 효과는 실로 강한 것이었다. 그 위에 강력한 산업 엘리트와 권위주의가 결합한 권위주의적 산업화는 '박정희식 발전 모델'이라고 부를 만큼 국내외에 널리 알려진 '성공 신화'를 탄생시켰다. 이는 분명 현재적으로나 잠재적으로나 권위주의의 발전에 더 친화성을 갖는 조건이다. 이 점에서 1987년 6월의 민주화는 커다란 경이가 아닐 수 없다.

특히 한국의 민주화는, 여러 라틴아메리카 국가에서 볼 수 있듯이 민주화 이후에도 군부가 크든 작든 정치에 개입하는 '군부 후견주의'[1]적 모습을 보였던 것과는 달리, 군부의 정치로부터의 후퇴가 확실하고도 분명했다는 점을 고려한다면 더더욱 그러하다. 그렇다면 한국에서 민주화는 어떻게 가능했나? 정치에 관심이 있는 모든 이의 커다란 관심사가 아닐 수 없다.

　이 문제와 연결된 것으로, '누가, 어떤 사회적 힘이 민주화를 이끌었는가' 하는 문제가 제기된다. 나는 여러 곳에서 한국의 민주화를 학생운동과 노동운동을 중심으로 하는 민중운동이 결합해 만들어 낸 '운동에 의한 민주화'로 특징지었다. 분단과 냉전 반공주의의 헤게모니에도 불구하고, 군부 권위주의의 항구적인 지배가 가능하지 않은 것과 운동에 의한 민주화는 하나의 짝을 이룬다고 할 수 있다. 운동에 의한 민주화에서 중심적 역할을 한 것이 학생운동이라고 할 때, 이는 비교적 관점에서도 특이한 것이라 할 수 있다.

　1970년대 이래 라틴아메리카나 남부 유럽의 민주화 과정에서 노동운동과 같은 민중운동과 가톨릭교회의 민주화 운동은 전체 운동에 있어 주도적 역할을 했지만, 한국과 같이 학생운동이 주도적이었던 예는 찾기 힘들다. 여기에서 우리는 운동의 역사를 쓰는 것이 아니기 때문에 민주화 운동의 전개 과정을 상세히 서술할 필요는 없다. 그러나 그 패턴을 보는 것은 중요하다.

1_군부 후견주의(military guardianship) | 사회불안, 부패, 과도한 민주주의, 경제적 불확실성으로부터 사회를 수호한다는 명분으로 군부가 문민정부의 정책 결정에 영향력을 행사하는 현상을 의미한다. 군부 권위주의 정권이 민간인 정치 엘리트에게 정부를 넘겨준 뒤에도 정부 정책에 군의 조직적 이해가 영향을 미치고 반영되는 경우, 다시 말해 정부로서의 군의 역할은 종식되었음에도 불구하고 제도로서의 군의 조직적 이해와 영향력이 여전히 지속되고 있음을 가리킨다. Brian Loveman, "Protected Democracies and Military Guardianship," *Journal of Inter-American Studies and World Affairs* 36 (1994).

2_한일국교정상화반대운동 | 1964년 3월 '굴욕적인 한일회담 반대'를 외치는 시위가 발생해 전국적으로 확산되었다. 6월 3일에는 1만여 명의 학생과 시민이 시위에 참가했다. 이에 박정희 정부는 오후 8시 서울시 전역에 비상계엄령을 선포하고, 네 개 사단 병력을 서울 시내에 투입해 3개월가량 계속되던 시위를 진정시켰다 (6·3 사태).

3_3선개헌운동 | 1968년 6월 12일 서울대 법학과 학생 5백여 명이 '헌정수호 성토대회'를 개최한 이래 1969년 12월까지 계속된 학생들의 개헌 반대 운동.

학생운동의 주도적 역할

1961년 5·16 쿠데타에 의해 박정희 정부가 수립된 이래 학생운동에는 몇 개의 중요한 파고波高가 있었다. 1964년 한일국교정상화반대운동,[2] 1968~69년의 3선개헌반대 운동,[3] 1973~74년의 반유신체제운동,[4] 그리고 1980년 '서울의 봄'과 뒤이은 광주민주항쟁 등은 박정희 정부와 그 정부의 붕괴 이후 권력의 일정한 공백기에 있었던 주요 학생운동이었다. 그리고 1980년대의 전두환 정부에서도 1983년부터 1987년 6월 민주항쟁에 이르기까지 학생운동은 강하게 지속되었다.

왜 학생들이 민주화 운동의 전면에 나서게 되었는가? 그것은 무엇보다도 박정희 정부 시기의 신민당[5]이든 전두환 정부 시기의 민주한국당[6] 혹은 신한민주당[7]이든, 제도권 야당들이 강력한 권위주의 정권 시기에 의회에서 반대 세력의 역할을 제대로 못한 것의 직접적인 결과였다. 한일국교정상화반대 운동에서 볼 수 있듯, 전후 분단국가가 안정화된 이후 가장 중요한 대외 이슈 가운데 하나였던 한일관계 문제는 의회 내의 야당이 아닌 학생들이 제기한 것이다.

제도권 내의 '충성스런 야당'이 권위주의 체제에 정면으로 도전하는 것은 불가능했다. 유신체제를 부정하는 최초의 시위는 학생들에 의한 것이었고, 전두환 체제에 최초로 도전했던 것도 학생들이었다. 1980년 서울의 봄과 광주민주항쟁, 그리고 1987년 6월 민주항쟁 역시 학생들에 의한

4_반유신체제운동 | 1973년 8월 '김대중 납치 사건'에 국내외 여론이 크게 자극되어 반유신체제운동이 일어났다. 9월 개강과 더불어 대학생들의 시위는 점차 반독재·반체제 움직임으로 성격이 바뀌면서 전국의 고등학교로 파급·확대되었으며, 일부 야당 인사·지식인과 종교인들은 민주 헌정의 회복 및 공화당 정부의 인권 탄압을 규탄하면서 본격적인 개헌 서명운동을 벌였다.

5_신민당 | 제3·4공화국 시기 제1야당이었던 보수정당. 1967년의 제6대 대통령 선거와 제7대 국회의원 선거를 앞두고 민중당·신한당 등 야당 세력을 통합해 1967년 2월 7일 창당되었다.

6_민주한국당 | 약칭 '민한당'이라고도 한다. 1981년 1월 1일 비판·정책정당 역할을 할 것을 다짐하며 출범했으나, 야당으로서의 선명성과 투쟁성을 포기하고 집권 세력의 정당성을 부여해 주는 의사적 정당정치 구조에 충실히 적응해 명목상의 정당으로 전락했다.

7_신한민주당 | 1985년 1월 18일 구(舊)신민당 중진들과 민주화추진협의회 소속 인사들이 창당. 주류 세력은 상도동계와 동교동계로 불리는 양 김씨를 지지하는 민주화추진협의회 세력. 창당 후 1985년의 2·12 총선에서 67석을 차지함으로써 일약 제1야당으로 부상했으나, 1987년 5월 1일 주류 세력들이 탈당하면서 약화·소멸되었다.

주요 연표 (1987~2001년)

- 1987년 1월 18일 박종철 고문치사사건
- 1987년 6월 9일 이한열 최루탄 피격
- 1987년 6월 29일 6·29선언
- 1987년 7~8월 노동자 대투쟁
- 1987년 12월 16일 제13대 대통령 선거 (노태우 후보 당선)
- 1989년 4~12월 공안 정국
- 1990년 1월 22일 전노협 출범, 3당 합당
- 1991년 5월 5월 분신 정국
- 1992년 12월 18일 제14대 대통령 선거 (김영삼 후보 당선)
- 1995년 11월 민주노총 출범
- 1997년 11월 21일 IMF 구제금융 신청
- 1997년 12월 18일 제15대 대통령 선거 (김대중 후보 당선)
- 2001년 6월 15일 6·15 남북정상회담

것이었음은 말할 필요도 없다. 유신 및 전두환 체제와 같은 삼엄한 권위주의하에서 제도권 야당이 그런 일을 하리라고 기대하기는 어려웠다. 이런 조건에서 캠퍼스는 진정한 의미에서 야당이었고, 학생운동은 모든 민주화 운동의 선봉에서 가장 큰 희생을 감수하면서 전선을 돌파한 운동의 보병 부대와 같은 것이었다.

사회운동을 연구하는 여러 학자들은, '정치적 기회 (구조)'가 운동을 발생시키는 가장 중요한 동인이라고 생각한다. 최초의 운동 집단에게 정치적 기회가 열릴 때, 그리고 그들의 대의가 산발적으로 흩어져 있는 다른 주요 행위자 집단에 공감을 불러일으키면서 운동의 연대가 형성되고 이들 운동이 지배적 엘리트들의 불안정을 창출하는 연속적인 계기들을 통해 운동의 사이클이 가속화된다는 것이다. 그러나 한국에서 학생운동은 정치적 기회 구조가 열리기를 기다리는 수동적인 행위 집단이 아니라, 이를 창출해 다른 주요 운동 집단들이 운동의 사이클 속으로 뛰어들도록 견인하는 능동적인 역할을 했다.

유신체제는 특히 그 초기에 어떤 형태의 정치적 기회도 제공하지 않았다. 그러나 현실에 있어서 유신 선포 1년 만에 나타난 대학생 시위 이후 야당 정치인·종교인·지식인·문인들이 개헌 서명운동을 전개하고 유신체제에 도전하면서 이른바 '재야운동권'이 본격적으로 출현했으며, 이는 일체의 헌법 개정 논의를 금지하는 '긴급조치 제1호'를 발동하는 계기가 되었다. 그러나 긴급조치에 의한 통치는 유신체제를 그 어떤 체제보다도 가장 허약한 정치체제로 만듦으로써 수년 후 그 붕괴의 원인을 제공했다. 뒤이어 나타난 언론 노조 운동 등의 노동운동은 이렇게 열린 정치적 기회 때문에 가능했던 것이다. 전두환 체제에서의 학생운동 역시 자유화[8]로 인해 기회 구조가 열림으로써 나타난 것이 아니라, 정치적 기회를 먼저 만듦으로써 여러 운동들이 확산될 수 있게 한 동인이었다고 할 수 있다.

민중운동의 성장

8_자유화(liberalization) | 민주화 이행의 초기 단계에서 권위주의 정권이 시민사회의 자율적인 조직화를 허용하는 것을 의미한다. 오도넬, 슈미터, 쉐보르스키 등 민주화 연구자들이 사용한 개념. 권위주의 정권은 통제된 정치공간의 개방을 통해 권위주의의 기반을 확대하고자 하는 의도를 갖고 자유화 조치를 실시하지만, 그러나 실제로는, 자유화 조치는 그것의 전개 과정에서 의도하지 않은 결과들을 낳게 되고, 이는 이후 민주화 과정에서 중요한 역할을 수행한다.

1970~80년대의 유신체제와 전두환 체제에서의 민주화 운동은 앞선 1950~60년대의 운동과 매우 상이한 질적인 변화를 보여 주는 것이었다. 누군가가 '왜 군부 권위주의 시기의 민주화 운동이 앞선 시기에 비해 더 강했나'라고 질문한다면, 더 강력한 권위주의 체제는 더 강력한 민주화 운동을 불러일으켰기 때문이라고 대답할 수 있다. 이는 분명 근대화의 효과일 수 있다. 교육의 확산과 더불어 민주주의의 가치와 이념에 대한 이해는 더 넓고 깊어졌으며, 이런 이념을 담지하는 도시의 교육받은 중산층이 비교할 수 없이 커졌

기 때문에 정치와 사회를 바라보는 가치 정향이 현실의 권위주의와 상응하지 못하는 일종의 인식론적 불일치가 증대되었던 것이다.

그러나 근대화의 효과를 민주화의 동인이라고 생각한다면, 그것은 다만 부분적인 해답에 불과하다. 이를 위해서는 보다 중요한 요인이 지적되어야 한다. 즉, 권위주의적 산업화에 의한 고도성장은 한국 사회의 구조를 근본적으로 근대화의 방향으로 이동시키면서, 노동자, 농민, 도시 주변부 계층과 같은 근대화의 효과에서 소외되었거나, 불비례적으로 그 혜택을 받은 광범위한 민중 부문을 탄생시켰다. 이 말은 이들 민중 부문의 처지가 과거에 비해 더 열악하게 되었다거나, 계급 구조가 악화되었다고 말하는 것이 아니다. 그것은 이들의 경제적·물질적 지위가 상승했다 하더라도 상층 및 중산층에 비해 그들의 상승률이 낮은 것이 분명하며, 이는 상대적 박탈감을 불러일으키게 되는 사회계층 구조화의 진전을 의미하는 것이다.

노동에 대한 물질적 보상의 요구, 잘살고자 하는 욕구, 권리 의식의 증대 등은 분명 민주화 운동과 민중운동을 결합하는 중요한 고리가 아닐 수 없다. 그렇기 때문에 노동운동과 민중운동의 발전은 경제적 열악화의 결과가 아니라 경제적 성장의 결과라고 할 수 있다. 그러므로 산업화 이후 시기의 민주화 운동은 강력한 민중운동의 성장이라는 점에서, 또한 학생 중심의 민주화 운동에 이들이 가세함으로써 발생하는 폭발적 상승작용이라는 점에서 산업화 이전 시기와 커다란 질적 차이가 있다.

1970년대 후반 이래 노동운동은 산업 현장을 중심으로 확산되기 시작했는데, 1975년의 긴급조치 제9호[9]는 이렇게 확산되는 노동운동을 일차적인 대상으로 한 것이었다. 바

9_긴급조치 제9호 | 1975년 5월 13일에 발표된 이후 유신체제가 끝날 때까지 5년간 존속했다. 1974년 1월 8일에 긴급조치 제1호가 선포된 이래 그간의 모든 조치의 내용을 9호에 포함시켰다.

꾸어 말하면 강력하게 성장하는 노동운동을 통제하기 위해서는 그에 상응하는 국가의 권위주의적 공권력(나는 이를 '강권력'이라고 표현하기도 한다)을 강화하지 않으면 안 되었고, 그것은 전반적으로 체제의 성격을 더욱 권위주의적이게 만들었다.

앞서 나는 관료적 권위주의론에 대응하는 과대 성장 국가 개념을 통해 유신체제의 성립을 설명한 바 있다. 한국의 대통령은 막강한 국가권력을 관장할 수 있는 위치에 있었고, 그 자신의 임기 연장을 통한 권력 유지가 유신체제 등장의 가장 중요한 동인이었다는 것이다. 내 비판의 요지는, 관료적 권위주의론의 정합성을 주장하는 정치학자들이 한국 국가권력의 막강함을 중요한 변수로 고려하지 않았으며, 한국 경제의 발전 단계와 노동운동을 포함한 민중 부문의 힘의 배열이 라틴아메리카와 매우 상이했다는 것이었다. 요컨대, 관료적 권위주의론이 지나치게 경제 중심적 해석에 빠져 있다는 것이다.

그러나 유신체제가 노동운동을 중심으로 한 민중 부문에 대해 취했던 정책의 내용은 라틴아메리카의 관료적 권위주의 정권들과 매우 유사한 점이 많았다는 것을 지적할 필요가 있다. 유신체제에서 권위주의적 탄압의 일차적인 대상이 되었던 집단은 이들 민중 부문이었다. 그리고 권위주의 체제가 반反민중적 권력이라는 것은 전두환 체제에서 더 첨예하게 드러났다. 산업화가 가속화되고 심화되면서 노동운동은 이제 권위주의 정권이 대면하게 된 최대의 반체제 세력이 된 것이다. 사실상 강력한 것처럼 보였던 유신체제의 붕괴는 200명밖에 되지 않았던 'YH무역' 여공의 파업과 당시 야당이었던 신민당사에서의 농성 이후 가속화되었다.

1980년 '서울의 봄'은 학생운동과 노동운동이 동시에 나타남으로써 집권 세력에게는 극히 위협적인 것이었다. 1980년 5·17 계엄은 사북사태,[10] 동국제강 노동자 파업[11]을 비롯한 노사분규가 급속히 확산되는 가운데 발동된 것이다. 그리고 전두환 체제는 집권 초기부터 1987년 민주화 운동이 정점에 이를 때까지 내내 강력한 노동운동과 싸우지 않으면 안 되었다. 따라서 새로운 산업 정책의 필요 때문에 활성화된 노동운동을 억압해야 했고, 그 때문에 강력한 권위주의 국가가 등장했다는 논리 구조를 갖는 관료적 권위주의론을 한국에 적용한다면, 유신체제가 성립될 때보다 오히려 1980년의 전두환 체제가 성립되는 시기가 더 설명력이 높을지도 모른다.

한국 민주화 운동의 패턴

운동이 이끌었던 최초의 민주화는 유신체제를 위협했던 1979년 '부마항쟁'과 전두환 체제를 종식시킨 1987년의 '6월 민주항쟁'이 아니라 이승만 정권을 붕괴시켰던 1960년 '4·19 혁명'이었다. 운동에 의한 민주화가 갖고 있는 어떤 본질적 측면을 발견하기 위해 그 최초의 운동이었던 4·19 혁명을 살펴보는 것이 필요하다. 그리고 그것으로부터 다음과 같은 패턴을 발견하게 된다.

첫째, 운동의 중심 세력은 학생이었고, 교육받은 도시 중산층, 특히 그 가운데서도 지식인 집단, 즉 교수, 언론인, 문인 등이 학생들의 배후 지지 세력을 형성하고 있었다. 그러므로 최초의 민주화 세력은 서구에서와 같이 신흥 부르주아지도 아니고, 노동자·민중 세력도 아니다.

둘째, 운동의 이슈는 개인의 자유나 권리 중심의 자유

10_사북사태 | 1980년 4월 21일부터 24일까지 4일에 걸쳐 국내 최대의 민영 탄광인 강원도 정선군 동원탄좌 사북영업소에서 어용노조와 소폭의 임금 인상에 항의하는 광부와 그 가족 6천여 명이 경찰과 충돌하면서 유혈 사태로 발전한 대규모 노사분규.

11_동국제강 노동자 파업 | 1980년 4월 28~30일에 발생한 파업 시위. 당시 동종 업계의 일반적인 저임금 및 열악한 노동조건에 비해서도 더 낮은 수준의 대우를 받던 동국제강의 노동자들이 임금 인상과 노동조건 개선을 요구하며 농성파업을 했다.

주의적 요구도 아니고, 노동문제와 같은 계급 문제도 아니다. 그것은 어디까지나 독재 타도, 즉 민주주의의 원리와 가치를 부정했던 권위주의 정권에 대한 투쟁으로서 민주주의의 실천을 요구했던 정치적 문제다.

셋째, 대규모의 비폭력적인 학생 시위에 의해 정권이 붕괴되었다. 강한 국가였지만, 권위주의 정권의 지지 기반은 매우 허약했다. 지지 기반의 안정성은 하나의 정권이 민주주의의 규범과 가치를 얼마나 잘 실천하고 존중하느냐 하지 않느냐 하는 문제에 직결되어 있었다. 그것은 절차적 민주주의의 규범이 한국 사회에서 그만큼 중요한 가치가 되었다는 사실을 의미한다.

넷째, 운동의 진행에 있어서 이슈는 3단계로 전개되었다. 처음 학생에 의해서 민주화 이슈가 제기되었다. 뒤이어 운동이 확산·고조되고 정치적 기회가 넓게 열리면서 교원 노조가 선도하는 노동문제가 뒤따랐다. 그리고 마지막 단계에서 분단과 통일 이슈를 제기하면서 민족문제를 해결하고자 하는 시도가 나타났다.

다섯째, 운동의 중심 세력이 학생과 조직노동자였기 때문에 이들은 정치적 소요와 혼란이 가라앉고 제도 정치가 복원된 이후에는 중심 행위자의 역할을 하지 못했다. 운동과 제도권 정치는 분리되었을 뿐만 아니라 제도권으로의 진입 문턱이 매우 높아, 운동 세력의 제도권 진입은 어려웠다. 서구의 경우와 같이 운동의 주체가 정당을 매개로 제도권 정치에 광범하게 참여하는 것과는 대조를 이룬다.

여섯째, 운동 과정에서 제기된 개혁 이슈는 위로부터 포섭되지 않는 한 정책으로 전환되지 못했다. 4·19 혁명의 결과로 이루어진 1960년 6월의 제3차 헌법 개정은 기존의 제도권 여야 의원들로 구성된 기초 의원들에 의해 이루어졌다. 개정 헌법은 의회중심제로의 권력 구조의 변화와 헌법재판소의 신설과 같은 사법권의 강화 및 지방자치 선거를 도입하는 제도적 개혁과 함께, 자유권에 대한 유보 조항을 삭제하고 언론·출판·집회·결사의 자유를 보장하는 내용을 포함했다. 그러나 이들 개혁은 어디까지나 위로부터 기성 정치 엘리트가 운동을 통해 제기된 이슈들을 제도화한 것이다. 나는 이를 '보수적 근대화' 내지는 '수동 혁명'적 성격의 개혁이라고 생각한다. 개혁은 이루어지지만 이슈를 제기한 세력이 정치의 제도적 과정에 들어와 결정자로서 역할을 한 것이 아니라, 제도권 내의 보수적 정치인들에 의해 개혁 이슈들이 위로부터 선별적으로 채택되고 결정되었기 때문이다.

일곱째, 정치적 민주화가 운동의 중심 이슈인 한, 운동은 사회로부터 폭넓은 지지를 받는다. 그러나 이슈가 점차 노동문제와 같은 사회경제적인 것으로 그리고 남북 관계와 통일 문제로 심화될 때, 즉 이슈가 급진화될 때 사회로부터의 지지는 이탈하고 군의 동요와 정치 개입을 불러온다. 정치체제의 변화를 불러오는 운동 과정에서 미국의 정책 내지는 태도 역시 사회 내의 일반 여론의 추이와 유사하다. 미국은 절차적 민주화의 목표에는 수용적 자세를 취하지만, 사회경제적 개혁 이슈가 냉전 반공 체제의 안정적 기반을 훼손할 가능성이 있을 때, 더 나아가 냉전 체제를 위협하는 민족문제가 제기될 때 사태에 대한 관심은 비상하게 증대하고 개입 가능성은 급증하게 된다.

분열되는 두 개의 운동

1960년 4·19 혁명과 1987년 6월 민주항쟁에서 운동은 민주적 정권 교체를 가져왔다. 제2공화국이 1961년 5·16 쿠데타에 의해 붕괴됨으로써 민주주의의 공고화는 1987년 6월 민주항쟁 이후에나 가능했지만, 우리는 1960년과 1987년 민주화 운동 사이의 커다란 시간차에도 불구하고 유사성이 많다는 점에 흥미를 갖는다. 무엇보다도 1987년의 민주화 역시 운동에 의한 민주화를 최대의 특징으로 한다. 1987년의 민주화는 그간의 사회 변화를 반영하고 있기 때문에 1960년에 비해 참여자의 수적 증대를 비롯해 운동의 규모가 커지고 이를 지지한 사회계층의 범위도 비교할 수 없이 컸지만 패턴은 대체로 유사했다. ① 운동의 중심 세력이 학생이라는 것, ② 도시의 교육받은 중산층이 민주주의의 강고한 지지 기반이었다는 점, ③ 학생을 통해 일차적으로 제기된 이슈가 "군부독재 타도·민주헌법 쟁취"라는 구호 속에 집약되듯이, 정치적 민주화였고 이런 절차적 민주주의에 대한 요구가 광범위한 시민적 지지를 불러일으켰다는 점, ④ 이슈의 전개 역시 정치적 민주주의로부터 사회경제적 개혁으로 심화되었다는 점, ⑤ 운동과 선거 경쟁을 중심으로 한 제도권 정치가 분리되면서 운동의 중심 세력이 민주주의의 제도화 과정에 참여하지 못했다는 점 등은 모두 동일하다.

1960년 4·19 혁명 과정에서 '이승만 독재 타도'를 요구했던 학생운동이 당시 교원 노조가 주도했던 노동운동을 만났을 때 그리고 학생운동의 급진적 분파가 분단 문제를 제기하면서 남북 간 학생 회담을 요구하고 나섰을 때, 한편으로는 이슈의 심화와 참여 계층의 확대로 발전했지만, 다른 한편 운동에 대한 광범위한 지지는 약화되는 양상을 보였다. 정부 안팎의 보수적인 기득권 세력은 이런 운동의 급진화를 실질적인 위협으로 받아들였다. 그러나 당시 학생운동의 급진화는 민족통일연맹[12]과 같은 학생운동의 소수 급진 분파가

12_민족통일전국학생연맹 준비위원회 | 1960년 11월 18일 서울대 민족통일연맹의 결성을 계기로 태동한 전국적 대학생 통일 운동 단체.

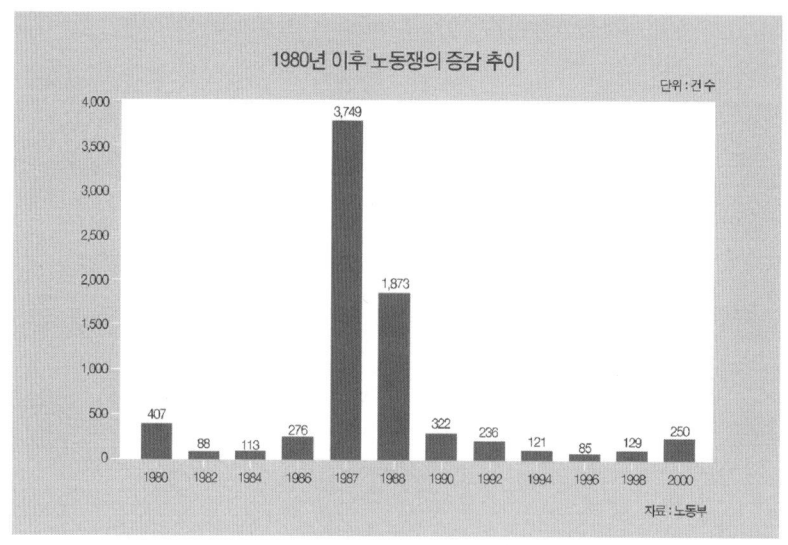

주도했고, 또 노동운동도 생산직 노동자가 아닌 교원 노조가 주도했다는 사실을 감안할 때, 운동의 급진화는 체제에 대한 실제적인 위협이라기보다는 사실을 과장한 이데올로기적 해석이었다고 할 수 있다.

1987년의 민주화 운동은 이와는 사뭇 다른 것이었다. 6·29 선언을 가져온 6월 민주항쟁은 학생이 주도하고 이른바 '넥타이 부대'로 불리는 도시의 신중산층이 대대적으로 가세한 대규모의 민주화 투쟁이었다. 이후 정치적 기회가 전면적으로 개방되면서 곧 '7~8월 노동자 대투쟁'이 뒤따랐다. 수백만의 노동자가 전국의 대도시와 산업도시에서 두 달 동안 전개한 파업과 시위는 그동안 억눌렸던 노동자의 권익을 요구하는 대폭발이었고 일종의 총파업과 같은 것이었다. 그것은 이데올로기적인 것이기에 앞서 기존의 보수적 지배 구조에 실질적인 위협이 될 수 있는 것이었다. 거대한 민주화 운동과 거대한 노동운동이 동시에 발생하지 않았다는 것은 흥미 있는 일이다. 만약 그렇게 되었다면 한국의 민주화 운동은 상당히 다른 방향으로 전개되었을 것이다.

그렇다면 왜 두 개의 운동은 서로 분리되어 나타났는가? 이 양자를 분리시켰던 힘은 무엇인가? 이 문제는 민주화 운동의 방향과 이후 민주주의 하에서의 시민운동과 민중운동의 분리를 예시하는 어떤 것을 담고 있다고 할 수 있다. 미국의 정치학자 쉐보르스키와 같은 민주주의 이행 이론가들은, 지배 블럭 내에서의 강경파와 온건파를 구분하고, 운동 진영 역시 온건파와 최대 강령파(또는 원칙론자들, 도덕주의자들)로 구분한 다음 이들 두 진영 간의 전략적 선택에 있어서 각각 온건파가 주도하는 게임이 이행에 바람직하다는 주장을 편다. 적어도 이런 관점에서 문제를 본다면 위의 두 운동이 분리되어 전개된 것이 안정적인 민주화 이행을 위해 더 바람직했을지도 모른다. 그러나 사태는 그렇게 단순하지 않다.

2. '협약'에 의한 민주화와 지역 정당 체제의 형성

한국 정당의 기원과 성격

한국의 민주주의 이행을 운동에 의한 민주화라고만 규정한다면 잘못된 것이다. 그것은 운동에 의한 민주화와 협약[13]에 의한 민주화, 두 과정이 결합한 것이기 때문이다. 구체제를 붕괴시킨 것은 전적으로 운동에 의한 민주화였다. 그

13_협약(pact) | 슈미터, 오도넬 등의 민주화 이행론에서 중요하게 다뤄지는 개념으로, 새로운 민주 체제에 참가하는 세력들의 '핵심적 이해·이익'을 보장하는 방식으로 권력 행사의 규칙들을 규정하는 명시적 혹은 묵시적 합의를 의미한다. 그런 협약의 내용은 권력 구조를 제도화한 헌법의 내용을 포함하여 국가 기관, 정당, 이익집단의 표준적 행위 양식에 대한 규정에서부터 경제 관계 전반에 대한 규정까지 국가별로 다양하게 나타난다.

러나 민주주의를 제도화한 것은 정치 엘리트 간 협약에 의한 것이었다. 그리고 이 두 개의 과정은 확연히 분리되었다. 그러므로 한국 민주화의 가장 큰 특징 중 하나는 구체제를 해체한 힘과 민주주의의 제도화를 가져온 힘의 괴리라고 할 수 있다. 이 문제를 보기 위해 잠시 제도권 야당의 문제를 살펴볼 필요가 있다.

앞에서 우리는 한국 정당 체제의 기원이랄까, 어떻게 1950년대를 통해 여당과 야당이 형성되었는지에 대해 살펴본 바 있다. 그것은 냉전 반공 체제의 산물이고 그렇기 때문에 정당 간 경쟁이 극히 협애한 이념적 스펙트럼 내에서 이루어지게 되었으며, 여야당을 포함한 한국 정치의 대표 체계가 사회의 이익과 요구를 광범위하게 대변하지 못하고 사회의 가장 기득적인 보수층을 대변하는 것이라고 말한 바 있다. 이런 체제가 가져온 한 가지 흥미로운 현상은 권위주의 집권당이 야당보다 더 개혁적인 성격을 갖게 되는 경우가 많았다는 사실이다. 해방 이후 이승만 정부 시기 여당과 야당은 다 같이 대중정당과는 거리가 먼, 일종의 명사 정당과 같은 엘리트 정당적 성격이 크다는 공통점을 갖는다. 그럼에도 불구하고 여당은 집권 정부로서 많든 적든 국민의 지지와 정치적 안정이 필요하기 때문에, 국민적 요구에 일정하게 부응해야 할 인센티브를 갖는다. 이것은 집권 엘리트들에 의한 '위로부터의 개혁'의 동인이다.

다른 한편 야당은 그들의 이데올로기적 제약과 조직 구조의 전근대성으로 인해 사회경제적 요구를 수용하면서 새로운 지지를 동원하고자 하는 의지도 능력도 인센티브도 갖지 않았다. 이미 분단국가의 건설자들은 스스로 정치적 경쟁의 틀을 협애한 이념적 공간 내에 가두었고, 갈등과 균열을 표현할 수 있는 정치 언어와 담론의 범위를 최소한으로 축소했다. 좌우의 극한적 이데올로기 갈등이 가라앉았을 때, 당시 일상적으로 사용되었던 '인민'이라든가, '계급'이나 '노동자'라는 말은 공산주의자들의 언어인 것처럼 인식됨으로써 사라져 버리고 말았다. 그 결과 정당이 사회 갈등을 표출하고 대변하는 것 자체가 어려워졌다. 결국, 야당은 오로지 권력 독점을 비판하는 민주주의의 원칙과 가치를 강조하면서 민주주의 세력임을 자임하는 것으로 임무와 역할을 다했던 것이다.

1950년 4월 이승만 정부 시기에 수행된 토지개혁만큼 이런 현상이 분명히 드러난 예는 없을 것이다. 지주의 이익을 일차적으로 대변했던 한민당·민국당은 최초로 토지개혁을 시도했던 미군정 시기부터 그에 강력하게 저항했다. 그러나 이들은 미군정 시기에는 개혁 저지에 성공했으나 이승만 정부에서는 실패했다. 권위주의하에서 여야당의 역할에 대해 보통 사람들은 여당이 보수적이고 민주주의를 주창하는 야당이 진보적이라고 생각하기 쉽다. 그러나 현실에 있어서는 그 반대였다.

이런 1950년대의 양상은 박정희 정부에서도 되풀이되었다. 여당인 민주공화당이 중앙 집중적인 관료적 정당 구조를 갖고 그 조직 구조에 있어 근대적이었으며 근대화 개혁을 추진하고 있었던 동안, 야당인 신민당은 당내 계파를 중심으로 한 보수적 명사 정당의 틀을 그대로 유지하고 있었다. 말하자면 가장 보수적인 정치 엘리트 그룹이 제도권 내에서 민주주의의 대변자 역할을 했다고 해도 과언이 아니다. 그리고 운동에 의한 민주화의 계기마다 제도권 밖의 강력한 개혁 그룹과 제도권 내의 강력한 보수 그룹이 동맹하는 역설적 블록이 형성되곤 했다.

정당의 사회적 기반 변화

1950~60년대의 정당은 사회적 기반을 갖는 대중정당일 수 없었다. 그러나 이런 사태에 커다란 변화를 초래한 것이 1970년대 유신체제에서 발생했고 1980년 광주민주항쟁으로 폭발한 지역 문제였다. 나는 일찍이 한국의 지역 문제는 지역 대 지역, 예컨대 전라도 대 경상도 하는 식의 지역 간의 감정적 대립을 본질로 하는 것이 아닌, '호남 문제'라고 정의한 바 있다. 즉, 지역 문제를 지역 간 감정의 대립으로 인식하는 것은 허위의식, 곧 이데올로기라고 강조해 왔다. 지역 문제의 본질인 호남 문제는 그 원인을 이루는 세 가지 구성 요소를 갖는다.

하나는 유신체제에서 국가와 민간 부문의 엘리트 충원에 있어서의 호남 배제, 둘째는 지역 소외를 해소해 줄 지도자로서의 김대중 씨와 호남민 사이의 강한 정서적 유대의 형성, 셋째는 광주민주항쟁으로 인한 억압의 집단적 경험이 그것이다. 선거에서 지역 간 경쟁의 구도는, 1987년 민주화와 더불어 선거 공간이 개방되었을 때 야당과 민주화 운동이 단일 전선으로 통합되는 것을 제어하고 분열시키기 위한 권위주의 세력의 사회적 동원의 결과로 만들어진 것이다.

민주적 개방 이후의 지배적 정당 체제로서 지역 정당 체제는 냉전 반공 체제가 주형한 대표 체제의 한 결과라고 할 수 있다. 왜냐하면 사회의 다른 직능적·계층적 갈등과 이익, 열정이 표출되고 동원될 수 있는 정치적 경쟁이 어려운 상태에서, 지역의 지지 시장은 정치 엘리트와 정당이 목전에 당도한 선거 경쟁에서 승리하기 위해 동원할 수 있었던 가장 손쉬운 정치적 자원이었기 때문이다. 샤츠슈나이더는 정치적 갈등 축이 여러 가지의 대안을 중심으로 선택적으로 형성될 수 있으며, 기존의 정당 체제는 여러 대안들 가운데서 다른 것들이 억제되고 특정의 갈등 축이 선택된 결과라는 사실을 강조했다. 그러므로 특정의 정당 체제는 두드러진 갈등 축이 되도록 선택된 것과 억제된 것이 짝을 이루고 있는 하나의 세트라고 할 수 있다.

이런 의미에서 볼 때 한국의 지역 정당 체제는 민주적 개방과 더불어 대중 동원이 필요했을 때, 다른 나라에서 일반적으로 발견되는 것처럼 정치 갈등의 영역을 전국적으로 최대화하는 계층적·직능적·기능적 이익과 균열을 따라 대중을 동원한 것이 아니라, 기존 구정당 체제의 틀 속에서 지역을 수직적으로 분획함으로써 국지화된 갈등 축을 따라 대중을 동원한 결과인 것이다. 이것이 한국의 정당 체제가 지역 정당 체제라는 특성을 갖게 된 까닭이다. 이런 정당 체제는 샤츠슈나이더가 말한 대로 일반 대중의 이익보다는 엘리트의 이해관계에 크게 유리한 '편향성의 동원'[14]을 제도화한 것이라 할 수 있다.

그럼에도 불구하고 1987년 민주화 이후에 나타난 정당의 형태는 그 이전과는 달리 대중적 성격을 갖는 것으로 변화되었다는 사실이 강조되어야 한다. 즉, 그 이전의 엘리트 중심의 명사 정당이 민주화와 더불어 처음으로 대규모적으로 사회의 대중들과 만났기 때문에 분명 대중적 요소를 갖게 되었다는 것이다. 그러나 그것은 매우 향리적, 연줄 관계적, 위계적, 지역 분획적 방법으로 이루어졌기 때문에 서구와 같은 일반적 형태의 정치 균열로 발전하지 않았다. 지역적, 연줄 관계적 구조란 기본적으로 지배 집단과 엘리트에 유리한 구조다.

그들은 특정 지역을 배경으로 하더라도 '동심원적 엘리트 구조' 내의 엘리트일 뿐이다. 이들이 설령 선거 경쟁에서

14_편향성의 동원(mobilization of bias) | 샤츠슈나이더는 모든 형태의 정치조직들이 특정 종류의 갈등에 대해서는 선호하는 반면, 그 외의 갈등에 대해서는 그것을 억압하려는 성향, 즉 일종의 편향성을 갖게 된다고 말하면서, 이를 '편향성의 동원'이라고 표현했다. 예를 들어, 미국 정치사에서 계급 갈등을 상쇄하기 위해 인종 갈등을 이용하거나 급진적 농민운동의 영향력을 억제하기 위해 지역 갈등을 이용하는 것 등이 대표적인 예라고 할 수 있다.

승자가 된다 하더라도 중앙권력을 지방으로 분산시키는 데 기여하는 것도 아니고, 권력을 배분하는 것도 아니며, 그들이 전국적으로 특정의 대중적 이익을 대표하고 증진하거나 민주적 참여의 폭을 확대하는 것은 더더욱 아니기 때문이다. 다만 그들은 엘리트 연줄망을 확대하고 그들의 지위와 기득 이익을 강화할 뿐이다. 그러므로 민주화 이후 선거 공간이 완전히 개방되고 새로운 정당 체제가 나타났을 때, 우리가 발견하게 되는 것은 '1958년 체제', 즉 정초 선거로서 제4대 총선에서 나타난 독점적 정당 체제의 지속이었다. 바꾸어 말해, 지역 정당 체제는 냉전 반공주의를 기반으로 형성된 정당 체제와의 단절이 아닌, 그것의 지속을 보장하는 정치적 메커니즘으로 이해할 수 있다.

지역 정당 체제의 두 측면

민주화 이후 새롭게 출현한 지역 정당 체제는 두 측면을 갖는다. 하나는 정당 체제적 특성으로서 선거 경쟁에 들어온 그 어떤 정당도 보수적 이념 이외의 것을 대변하지 않았다는 것이다. 즉, 지역적 기반만 상이할 뿐 그들의 이념적 정향은 한결같이 보수적이다. 다른 하나는 이 정당 체제를 구성하는 정당 내부의 구조적 특성이다. 변화는 이 두 번째 수준에서 발견된다. 다시 말해 민주화로 인해 정당이 대중적 성격을 갖지 않을 수 없게 되면서, 정당의 충원 구조와 그로 인한 이념적 정향에 변화가 나타나게 되었다. 예컨대 1988년 13대 총선에서 새롭게 의회에 들어온 초선 의원의 비율은 50.4%에 달했다.

그럼에도 불구하고 기본적으로 보수적 정당 체제를 유지한다는 사실은 곧 새 술을 헌 부대에 넣는 격, 다시 말해 변화를 낡은 정당 체제의 틀에 담는 것이 아닐 수 없다. 여기에서 우리는 구성 요소들 간의 이질성의 결합 내지는 혼합을 강조하는 '혼합 정당 구조'라는 말을 사용할 수 있을지 모른다. 여기에는 세 가지 구성 요소가 있다.

첫째는 이념적 차원에서 나타나는 보수적 요소다. 이는 1950년대 이후 현재까지 존재한 모든 주요 정당들의 공통적인 성격이다. 둘째는 각 정당의 중심적 지지 기반으로서의 지역적 요소다. 이는 1987년 민주화로 경쟁적 선거가 복원되면서 각 정당이 갖게 된 대중적 요소라고도 할 수 있다. 셋째는 운동적 요소다. 이는 일정하게 사회적 요소와 상응하는 말이기도 하다. 특히 김대중의 평화민주당이나 김영삼의 통일민주당의 경우, 민주화 운동과 일정하게 결합되어 있었기 때문에 운동적 요소가 상대적으로 강했다고 할 수 있다. 반면에, 민정당-민자당-신한국당-한나라당으로 이어진 구체제의 보수정당은 기자, 법조인 등 전문직을 중심으로 신진 인사를 수혈해 정당의 성격을 변화시키려 시도해 왔기 때문에 사회적 요소라는 말이 더 어울릴 수 있다.

보통 많은 사람들은 평민당·민주당·국민회의·새천년민주당·열린우리당·민주당을 개혁적인 정당으로, 민정당·민자당·신한국당·한나라당을 보수적인 정당으로, 통일민주당-김영삼의 민주계를 그 중간쯤 되는 것으로 생각한다. 그러나 이를 이념적 스펙트럼 위에서 보수·개혁으로 가름할 수 있는 기준은 없다. 협애한 이념적 대표 체계에서 한결같이 보수적이기 때문에 정당 간 이념적 차이는 의미가 없다. 그것은 막연한 당 엘리트의 과거 경력과 지지 기반의 성격 그리고 운동권의 누가, 어느 정도로 참여하고 있느냐 하는 정도 이외에는 다른 것이 없고, 따라서 그것은 다만 추론이나 추정 이상이 아니기 때문이다.

이런 가운데 당의 세 구성 요소는 당을 끊임없는 정체성 문제와 불안정 속에 놓는다. 이 세 요소는 서로 긴밀하게 그러나 자주 갈등적으로 얽혀 있다. 호남 문제에 초점을 맞추어 볼 때, 가장 개혁적인 것으로 상정되는 김대중의 정당이 갖는 보수적·엘리트적 요소는 자주 호남 문제가 갖는 개혁적·민중적 성격과 충돌한다. 그리고 호남이라는 지역성이 갖는 향리적 특수주의는 운동적 요소가 갖는 전국적 보편주의와 충돌하며, 운동적 요소는 당내 구정치 엘리트의 보수주의와 충돌한다.

 정당 체제 수준에서는 보수주의라는 공통성과 보수적 헤게모니의 영향 속에서 정치 엘리트들의 경쟁이 정치 도덕성의 타락과 맞물리면서 '변형주의'[15]에 의한 이합집산을 일상화한다. 이런 정치 환경은 한편으로는 전후 극한적 이데올로기 대립 시기에서나 봄직한 사생결단의 정치투쟁과, 다른 한편으로 정당 간의 경계가 언제 있었냐는 듯 이합집산이 동시에 나타나는 정치적 카오스의 결과를 가져왔다.

민주화 이행과 제도화

 민주화 이론가들은 성공적인 민주화를 위해 집권 세력 내의 개량파와 민주화 진영의 온건파 간의 협약의 중요성을 강조한다. 만약 민주화 운동 진영의 급진파가 주도권을 쥐고 사태를 혁명적으로 몰고 간다면, 강권력을 소유하는 집권 세력 내에서 군의 강경파가 득세해 급진화하는 민주화 과정에 개입할 가능성이 매우 높기 때문이다. 이런 민주화 경로는 한국의 정황에서도 어느 정도 적실성을 갖는다.

15_변형주의(trasformismo) | 19세기 후반 이래 이탈리아의 정치 엘리트들의 행태에서 기원한 개념으로, 정부의 집권 엘리트들이 의회 내에서 취약한 소수파의 지위를 벗어나 안정적인 다수파를 형성하기 위해 야당 의원들을 포섭하는 공작 정치와 그것이 빚어내는 비공식적인 후원-수혜 관계의 체계를 의미한다. 이는 뚜렷이 구분되는 이념과 프로그램을 통해 사회에 강력한 지지 기반을 갖는 잘 조직되고 발달된 정당들 간의 경쟁이 중심을 이루지 못하고, 인맥과 보스 중심으로 짜인 상황에서 발생하는 일종의 거래 관계의 체계이다.

이런 이행론transitology이 상정하는 상황과 완전히 일치하지는 않지만, 4·19 혁명과 5·16 쿠데타 사이에 전개되었던 사태를 예로 들 수 있다. 즉, 학생운동의 급진 분파가 통일 문제를 제기하면서 판문점에서 남북한 학생 회담을 주장하는 등 이슈가 급진화되면서 당시 냉전 체제가 허용할 수 있는 경계를 넘고, 사회의 기존 질서가 허용할 수 있는 범위를 넘어섰을 때 쿠데타를 위한 환경적 유인 요인pull factor이 증가했던 것은 사실이다. 또한 앞에서 지적했듯이 1987년 민주화 운동에서 급진적 학생운동과 급진적 노동운동이 결합했다면, 그리해 1986년 5·3 인천사태와 같은 상황이 장기화되고 대규모화되었다면 군이 정치에 개입할 수 있는 유인 요인은 크게 증가했을 것이다.

그러나 민주주의 이행론이 말하듯이, 집권 세력이 온건파와 강경파로 분화된다는 전제는 한국에서는 사실과 부합하지 않는다. 그뿐만 아니라, 민주화의 보수적 경로를 보장하는 타협이 아닌 다른 경로, 즉 이행 이후에 보다 많은 개혁이 가능할 수 있는 대안적 경로가 완전히 봉쇄되었다고 보기 어렵다는 점에서 이런 이론은 보다 면밀한 검증을 요한다.

주요 정치 행위자들은 타협에 의해 협약을 만들고, 헌법 개정을 통해 어떤 권력 구조와 정치 경쟁의 틀을 만들 것인가를 결정하며, 새로운 경쟁 규칙을 통해 정초 선거를 시행하는 것으로 민주주의로의 이행을 제도화한다. 그런데 여기에서 가장 중요한 것은 누가 협약에 참여하느냐, 어느 정도 운동의 목소리가 대변되느냐 하는 문제다. 더욱이 한국에서와 같이 운동이 민주화를 가능하게 한 동력이라고 할 때는 더욱 그러하다. 또한 운동 전체를 급진파라고 볼 수는 없고, 제도권의 야당 정치 엘리트가 온건파 전체를 대변한다고 볼 수도 없다.

그러나 한국 민주주의의 이행 과정에서는 냉전 보수주의의 정치 엘리트만이 이행을 위한 협상 과정에서 대표되고, 운동의 중심 세력들이 완벽하게 배제되는 급격한 단절이 만들어졌다. 이는 이후 민주주의의 공고화 과정에서 한국 민주주의가 보수적으로 귀결될 수밖에 없는 가장 중요한 원인으로 볼 수 있다. 쉐보르스키[16]와 같은 민주화 이론가들은 이행의 유형이 공고화의 유형을 결정하는 원인적 변수가 된다는 것을 부정한다. 이것은 이행이 어떤 경로와 유형을 따랐는지가 민주화 이후 민주주의의 발전에 영향을 미친다는 경로 의존성path-dependency을 강조한 오도넬·슈미터[17]와 대비되는 견해다. 쉐보르스키는 권위주의를 해체하는 것과 이행 이후의 민주주의를 분리된 과정으로 보고, 이행 이후의 민주주의는 경쟁의 제도적 효과가 발휘되어 스스로 공고화되고 변화한다고 본다. 그러나 한국의 경험은 이행의 유형이 이후 민주주의가 어떤 경로로 발전할 것인가를 거의 규정하는 것으로 나타났다. 그렇다면 실제로 이행이 어떻게 제도화되었는지 보도록 하자.

협약에 의한 민주화의 보수적 성격

1987년 6·29 선언으로부터 10월 헌법 개정안이 국회에서 가결될 때까지를 한국 민주화 과정에서 집권 세력과 민주주의 세력 간 '협약'의 기간이라고 말할 수 있을 것이다. 양자 간 협상은 당시 주요 정치 세력을 대표해 여야 대표가 참여한 정치 회담의 형태를 띠었다. 그러나 이 제도 협상을 위한 라운드테이블은 제도권 엘리트 간의 정치 게임이었지, 운동 세력이 참여한 협상 테이블은 아니었다. 여야 여

16_Adam Przeworski, *Democracy and the Market* (Cambridge: Cambridge University Press, 1991)[『민주주의와 시장』, 임혁백·윤성학 옮김, 한울, 1999].
17_Guillermo A. O'Donnell and Philippe C. Schmitter, *Transitions from Authoritarian Rule : Tentative Conclusions about Uncertain Democracies* (Baltimore: Johns Hopkins University Press, 1986).

덟 명으로 구성된 정치 회담[18]은 민주화 운동 세력을 대변했던 국민운동본부[19]를 배제하면서 참여의 범위를 최대한 제한했던 구체제 엘리트들의 '원탁회의'였다.

사회와 민주화 운동의 대표들이 폭넓게 대표되지 못하고 소수의 정당 대표들이 폐쇄적인 협상 테이블에서 타협한, 그것도 무언가에 쫓기는 듯 극히 짧은 시간 내에 빨리 성사시켜 버리는 방식은 1948년 7월 제헌의회에서 헌법을 만들 때나, 1960년 4·19 혁명 이후 개정 헌법이 만들어질 때나 모두 동일한 것이었다. 이 협상 테이블의 구성 자체는 한국 민주화 운동의 성격, 즉 제도권 정치 엘리트와 민주화 운동 세력 간의 괴리를 그대로 드러내는 것으로, 그 성격은 현재에 이르기까지 지속되고 있다. 이는 한국에서의 정치적 대표 체계가 사회와 접맥되지 못한, 초기 냉전이 주형했던 한국 정치의 본질적 측면을 그대로 유지하는 것이었다. 헌법 개정은 광범위한 시민 참여를 통한 의제의 설정과 대안적 제도들에 대한 광범위한 토의를 생략한 상태에서 이루어진 정치 엘리트 간 타협의 결과물 이상이 아니었다.

협상 테이블의 성격에 있어 참여의 범위는 곧 의제의 범위를 정하는 것이다. 여야 간 정치 회담에서는 대통령의 임기와 자격에 관한 것, 집권 가능성에 영향을 미치는 제도적 절차에 관한 것, 여야당의 누가 집권하든 국회의 권한을 강화하는 것 등과 같이 경쟁하는 정당들의 직접적인 권력을 둘러싼 이해관계가 중심적 의제가 되었다. 그러므로 협약의 중심적 의제가 어떻게 그들의 장기적 이익을 확보할 것인지, 경쟁에서 패배할 경우 어떻게 위험을 분산시킬 것인지 등에 집중되는 동안, 노동관계법 개정이나 광주민주

18_8인 정치 회담 | 1987년 6월 민주항쟁 이후 민정당과 민주당의 여덟 명이 '헌법개정특별위원회'를 구성해, 여타 세력들을 철저히 배제한 채 진행시킨 개헌을 위한 정치 협상.

19_민주헌법쟁취국민운동본부 | '국민운동본부' 혹은 '국본'이라고도 한다. 국민운동본부는 통일민주당과 사회운동 세력들, 종교계, 학생운동 조직 등이 연대한 건국 후 최대의 반독재 연합전선으로 1987년 5월 27일에 발족했으며, 6월 민주항쟁의 과정에서 민주화 세력을 결집시키는 정치적 구심체의 역할을 수행했다.

항쟁의 성격에 관한 규정 등 첨예한 문제는 협상 의제에서 배제되거나 모호하게 정리된 채 넘어갔던 것이다.

이런 협약에 대해 민주주의의 최소 정의를 따르는 이론가들이 말하듯이 "직선제 개헌이 불확실성의 제도화에 전기를 마련했다는 점"에서 그 의의를 찾을 수 있을지 모른다. 그러나 그것은 새로운 사회적 갈등의 수용과 이를 통한 갈등 축의 변화를 가능하게 한 보다 넓어진 선거 경쟁의 장에서 이루어진 '불확실성의 제도화'가 아니라, 언제나 익숙했던 게임의 반복일 뿐이다. 왜냐하면 협약을 통해 만들어진 새로운 경쟁의 제도화는 민주주의의 핵심적 내용이라 할 참여의 확대, 즉 경쟁 행위자의 수적·질적 확대, 엘리트 간 게임의 범위를 넘어 정당과 사회적 기반 사이의 접맥의 확대, 정당 간 경쟁의 이데올로기적 스펙트럼의 확대 등을 가져오지 않았기 때문이다.

그 결과는 민주화라는 거대한 변화에도 불구하고 근본적으로 달라진 것이 없는, 다시 말해 '1958년 체제'의 '결빙'을 깨트리는 변화를 만들지 못한 것이다. 결국 1987년 민주화 이후 현재에 이르기까지 모든 정권은 권위주의 체제에서와 조금도 다를 것 없이 노동문제와 같은 사회경제적 이슈를 정치로부터 배제하기 위해 내내 씨름하지 않을 수 없었다.

이런 보수적 경쟁의 제도화는 앞에서 말했듯이 민주화 이후에도 모든 정당의 이념과 내부 구조를 공통적으로 보수적이게 만든 한 요인이라 하겠다. 여러 민주주의 이행의 이론가들은 민주적 제도의 효과와 다수표를 획득하고자 하는 경쟁의 압력을 과대평가한 것처럼 보인다. 그들은 경쟁하는 정당이 각기 다수표를 획득하고자 하는 경쟁의 압력을 통해 노동자를 동원하고, 농민을 동원하고, 중산층을 동원하는 방식으로 사회적 기반을 확대하게 될 것이고, 그 결과 정당과 사회 간의 연계가 확대·심화된다고 상정하는 듯하다. 그러나 현 정당 체제를 구축한 하나의 갈등 축은 갈등의 범위를 확대하고 변화시킬 수 있는 다른 잠재적 갈등 축을 억압하는 효과를 갖는다. 왜냐하면, 여기에는 기존의 갈등 축에 이미 참여하고 있는 경쟁자들의 이해관계가 깊숙이 얽혀 있기 때문이다.

더욱이 협애한 대표 체계의 유지에는 보수적 거대 언론을 그 대변자로 하는 강력한 기득 세력들의 이익이 깊이 연관되어 있음을 지적해야 할 것이다. 언론은 정치 담론과 이슈를 지배하고 사회의 공론장에 압도적 영향력을 행사하면서 정치 밖에서의 논평자가 아니라 그 내부에서 냉전 반공주의를 수호하는 강력한 보수정치의 행위자 역할을 직접 담당하고 있다. 결국 민주화 이후 한국에서 발생한 사태는 모든 것이 열려 있는 불확실성의 제도화가 아니라 새로운 경쟁의 규칙을 갖되 과거와 동일한 정치적 지평 또는 파라미터를 유지하게 된 것이다.

요컨대 1987년 12월 13대 대선이 민주적 경쟁의 틀을 만든 '정초 선거'라고 하는 점에는 이론의 여지가 없다. 그리고 이 정초 선거에서 나타난 것은 지역당적 성격의 투표 행태와 정당 체제다. 그러나 이렇듯 뚜렷한 새로운 투표자 정렬에도 불구하고 1987년의 민주주의를 위한 정초 선거와 1958년 분단국가에서 선거 경쟁의 틀을 안정화시킨 정초 선거 사이에는 아무런 차이도 존재하지 않는다. 정당들이 각각 극도로 좁은 이념적 공간에서 경쟁하며, 사회적 기반과 접맥되지 못한 채 보수적 경쟁에 머물고 있다는 점에서 그러하다.

앞에서 나는 이런 정당 체제를 만들었던 정당의 내부 구조가 세 요소로 구성되었다고 언급했다. 즉, 보수적 요소, 지역적 요소, 운동적 요소가 그것인데, 이 세 요소가 서로 융합되고 그러면서 민주적 개혁을 위한 운동적 요소가 '중층 결정'적 효과를 통해 다른 두 요소를 압도했다면 지역당 체제의 출현이 억제되었을지도 모른다. 그러나 이것은 어디까지나 운동적 요소가 지배적일 정도로 강력하다는 것을 전제로 한다. 그것은 갈등의 전국화를 대변하고 전국적이고 보편적인 개혁 이슈를 대변하는 힘이라고 볼 수 있기 때문이다. 그러나 호남 문제가 권위주의에 대한 안티테제가 아니라 지역 문제로 국지화될 때, 그럼으로써 그것이 갈등의 국지화·분획화로 귀결될 때 그것은 보수주의와 결합하는 퇴영적 향리주의[20]로 나타났다. 그 결과 민주화 이후 현재에 이르기까지 지역당 구조가 유지되고 있으며, 세 요소는 서로 느슨하게 공존하고 있을 뿐이다.

이런 조건에서 냉전 반공주의 및 엘리트의 기득 이익을 핵심으로 하는 보수적 요소와 보편적 민주화 개혁을 추구하는 운동적 요소는 한 정당의 구조 내에서 본질상 공존하기 어렵기 때문에 일정한 시간이 지난 뒤에 그 연결 관계는 떨어져 분리될 수밖에 없었다. 예컨대 평민당·민주당·국민회의·새천년민주당의 경우, 이런 세 구성 요소는 김대중 정부의 중반까지 유지되었고 그 이후에 이르러 운동적 요소가 분리되면서 김대중 정부의 지지 기반은 약화되고 개혁성은 최소화되었다고 할 수 있다. 같은 패턴은 노무현 정부에서도 동일하게 나타났다.

3. 민주화가 보수적으로 종결된 이유

한국에서 민주화가 왜 보수적 경로로 진행되었는가 하는 점에 대해 나는 세 가지 이유를 말하고자 한다. 첫째는 냉전 반공주의와 성장 이데올로기를 구현하고 있는 국가의

20_향리주의(parochialism) | 알먼드(G. Almond), 버바(S. Verba)의 '정치 문화론'에 따르면 향리주의는 전근대적·전통적 사회에서 보여지는 정치 문화의 유형으로, 편협한 지역적 자족성 속에서 정치 체계 자체의 존재를 뚜렷이 의식하지 않으며, 정치적 대상에 대해서도 별다른 기대나 관심을 갖지 않는 태도를 일컫는다.

강력함, 둘째는 내가 '2단계 민주화'라고 부르는 이행의 방법, 셋째는 민주화의 동력이 되는 두 세력, 즉 제도권의 야당과 운동이 서로 분리되고 약했다는 사실이다.

국가의 강력함

국가의 성격 가운데서 헤게모니적 권위의 제도화는 매우 중요하다. 국가는 한 영토 내에서 공적 권력을 제도화한 구심체일 뿐만 아니라, 국제관계에 있어서 지배적 규범을 담지하고 실천하는 국제정치의 중심적 구성 단위다. 한 사회의 갈등과 균열이 정당을 통해 표출되고 조직되는 패턴, 즉 정당 체제의 지평은 사회의 영역에서 자유롭게 제약 없이 만들어지는 것이 아니라 국가의 성격에 의해 대체로 규정된다고 할 수 있다. 그리고 국가가 강하다는 사실은 사회보다도 국가가 이데올로기적 헤게모니를 실현할 수 있는 하부구조적 기반을 널리 갖고 있다는 사실을 말하는 것이기도 하다. 이 점에 있어서 정당과 정당 체제에 관한 기존의 이론들은 지나치게 사회 중심적 접근이라고 할 수 있다.

미국의 정당 이론가로 국가 중심적 접근을 강조하는 쉐프터[21]는 중요한 하나의 예외라 하겠다. 다알더[22]의 정당 체제 분석에서도 관료 체제와 정당 체제 간의 관계는 중요한 변수로 제시되지만, 국가가 중심 변수로 고려되지는 않았다. 쉐프터는 국가의 역할, 특히 국가 관료 체제의 발전과 역할을 독립변수로 미국과 유럽의 정당 구조와 그 발전을 비교하고 있다. 그러나 이들 선진 민주주의 국가들에 비해

21_Martin Shefter, *Political Parties and the State : The American Historical Experience* (Princeton: Princeton University Press, 1994).
22_Hans Daalder, "Parties, Elites, and Political Developments in Western Europe," Joseph Lapalombara and Myron Weiner eds., *Political Parties and Political Development* (Princeton: Princeton University Press, 1966).

국가가 좀 더 강력한 한국 사회에서 국가의 역할이 얼마나 정당 체제의 작동과 변화에 영향을 미치는가 하는 문제에 관한 경험적이고 구체적인 연구는 별로 없다. 특히 국가의 강력함과 약함이라고 하는 변수를 통해 이행과 공고화, 그리고 민주화 이후의 실제적 변화를 분석한 이론들은 많지 않다. 국가의 헤게모니적 역할과 정도는 개혁 의제의 성격을 규정하고 개혁성의 정도에 제한을 가하면서 행위자 간 타협의 지평을 결정하는 중요한 요소가 된다. 또한 국가의 헤게모니는 기존의 보수적 질서가 유지될 수 있게 하는 힘이라고 할 수 있다. 즉, 그것은 현상 유지의 힘인 것이다.

2단계 민주화

한국의 민주주의 이행을 2단계 민주화로 특징짓는다고 말할 때, 그것은 민주화가 1980년의 광주민주항쟁과 1987년 6월 민주항쟁으로 구성되었음을 의미한다. 이는 6월 민주항쟁이 민주화를 가져온 뚜렷한 기점이지만, 7년 전인 1980년에 광주민주항쟁이 없었더라면 민주화의 성격과 경로가 상당히 달라졌을 것이라는 가정을 함축한다. 다시 말해 이 가정은 만약 1980년 서울의 봄과 광주민주항쟁이 곧바로 민주화를 가져왔다면, 1987년 민주화 이후에 나타났던 것과 같은 지역감정에 입각한 지역 정당 체제가 출현했을 것인가 하는 문제를 제기한다. 만약 지역 정당 체제가 형성되지 않았더라면, 사회 균열과 갈등의 동원 양상은 달랐을 것이고, 갈등 축의 형성과 정당 체제 역시 그와는 사뭇 달랐을 가능성이 있기 때문이다. 그럴 경우 냉전 체제에서 구축된 보수 일변도의 정당 체제는 민주화와 더불어 상대적으로 쉽고 광범위하게 사회적 갈등을 반영하는 방향으로 이동할 수 있었을지도 모른다.

1980년 서울의 봄과 광주민주항쟁은 그 직접적인 결과만으로 볼 때, 전두환 군부독재의 성립을 저지하고 민주화를 가져오지 못한 실패한 민주화 투쟁이었다. 그러나 그것은 1980년대의 민주화 투쟁과 1987년 6월 민주항쟁으로 계승·발전되었고 급기야 민주화를 가져왔다. 광주민주항쟁은 보편적인 민주화를 지향하는 모든 사회 세력과 시민사회의 민주화 운동을 상징하고 대변함으로써 민주 대 반민주라는 대립 축을 설정케 했던 역사적 계기였다. 또한 그것은 권위주의 국가에 반하는 운동으로서 시민사회가 부활하는 결정적인 계기를 마련했다. 광주민주항쟁은 유신체제뿐만 아니라 제5공화국 그리고 모든 권위주의에 대한 진정한 안티테제인 것이다.

1980년의 광주민주항쟁이 민주화를 위한 첫 번째 계기였다면, 1987년 6월 민주항쟁은 그 두 번째 계기였다. 광주민주항쟁의 의미는 6월 민주항쟁에서 되살아났다. 권위주의 정권이 6월 민주항쟁을 무력으로 제압하고자 했다면 최소한 광주민주항쟁의 수십 배의 저항과 희생을 감수해야 했을 것이다. 그것은 6월 민주항쟁에 의한 무혈 민주화를 가져오는 데 결정적으로 기여했다. 그러나 광주민주항쟁은 그 직접적인 결과로 민주화를 가져오지 못하고, 반대로 실패한 운동으로서 제5공화국 정권의 성립으로 귀결되었기 때문에, 정권은 그들의 집권과 통치를 정당화하기 위해 여러 형태의 정치교육과 선전 홍보 수단을 동원해 광주민주항쟁의 의미를 축소·왜곡하고 민주화 운동이 아닌 급진 좌파적 민중 봉기로 채색, 반호남 지역감정을 부추겼다.

이런 이데올로기 교육은 그 어떤 것보다 '1987년 대선'에서 반호남 이데올로기를 확산시킨 보다 직접적인 원인이었다. 제5공화국 정권은 민주화와 더불어 새로운 정치적 경쟁과 갈등의 축이 형성될 시점에서 민주 대 반민주의 대립 구도를 호남 대 반호남이라는 퇴영적 지역 대결 구조로 변화시켰던 결정적 변수였다. 우리는 이 시기의 여러 자료를 통해 6·29 선언에는 이미 호남과 경상도의 분열, 곧 이른바 양김兩金의 분열을 위한 고전적인 '분리 통치'[23] 전략이 전제되어 있었음을 발견할 수 있다.

운동의 약함

그러나 민주화가 보수적 경로로 움직이게 된 데는 위에서 말한 두 가지 요인보다도 민주주의의 제도화 과정에서 운동의 약함과 야당의 약함이 맞물렸기 때문이다. 운동의 약함은 운동에 의한 민주화라는 민주주의 이행의 한국적 특성이 갖는 역설적인 결과다. 운동은 정권의 정치적 불안정을 극대화하고 정당성이 약한 정권의 약점을 최대한 노출시키면서 반대를 극대화하기 위해, 정권의 강권력과 정면으로 대결하는 거리에서의 투쟁을 중심적 수단으로 한다. 그러나 민주적 개방은 그동안 폐쇄되거나 제약되었던 선거 공간의 개방을 의미한다. 선거를 위한 전문 직업 집단이자 조직이 바로 정당이고 그 전문가 집단이 구체제로부터 일정한 명망을 갖는 직업적 정치 엘리트라는 것은 말할 것도 없다.

정치의 무게 중심이 일순간 거리에서 선거 공간으로 이동하면서 힘의 중심은 일거에 운동으로부터 기존의 정당으로 이동한다. 민주화를 가져온 일등 공신인 운동 집단들은, 민주화라는 한 가지의 대의와 투쟁 목표가 일차적으로 성취되면서부터, 이제 민주화냐 아니냐가 아니라 어떤 내용

[23] 분리 통치(*divide et impera* / divide and rule) | 고대 로마인들이 즐겨 사용한 고전적인 지배 전략. 분할해서 통치한다는 지배층의 통치 기술. 지배자가 피지배층 간의 민족 감정·종교·사회적 입장·경제적 이해 등을 이용해 내부에 대립을 일으킴으로써, 통일적인 반대 세력의 형성을 방해하고 지배를 용이하게 하는 정책이다.

의 민주화를 추구할 것인가를 둘러싸고 급속한 분열을 맞게 되는 것이다. 민주화 이후의 정초 선거가 될 1987년 12월 대선에서 누구를 대통령 후보로 지지할 것인가를 둘러싼 분열만큼 운동권이 제도권 야당에 종속되는 '관계의 역전'을 잘 보여 주는 것은 없을 것이다. '후보 단일화', '비판적 지지', '독자 후보'로 불리는 운동권의 분열은, 거리의 정치에서 중심 세력이었던 운동이 제도를 통한 정치의 영역에서는 얼마나 허약한가를 반영하는 것이 아닐 수 없다.

애당초 '독자 후보'가 당선 가능성이 높거나 운동권을 대표해 정치 세력화의 강력한 구심점 역할을 할 수 없었기 때문에 논외로 치더라도, '후보 단일화'와 '비판적 지지'는 두 가지 의미를 포함한다. 하나는 운동권 스스로가 정당을 통해 정치 세력화하고 대표할 수 없었기 때문에 누군가를 통해 자신의 입장을 투입할 수밖에 없었다는 것이다. 다른 하나는 운동권이 정치적 엘리트 수준에서의 호남 대 반호남이라는 지역 대결 구도를 저지할 만큼 강한 영향력을 갖지 못하고, 반대로 그 구도 속으로 빠져 들어갔다는 것이다. 그것은 곧 운동권이 선거 경쟁의 공간에서 독립적인 중심으로 서지 못하고 구정치 엘리트들의 종속변수가 되었다는 것을 의미한다.

그러나 운동의 약함이 한국 민주주의의 구조적 제약의 결과만은 아니라는 사실이 강조되어야 한다. 그것은 운동의 주체적 역량과 관련된 것으로, 무엇보다 민주화 과정에서 운동이 어떤 대안적 이념과 비전을 발전시키고 이를 공유하는 데 실패했다는 것이다. 민주화 운동 과정에서 운동권이 지녔던 이념은 대체로 사회주의나 혁명적 민족주의처럼 도식적이고, 낭만적이고, 교리적이고, 비경험적이고, 추상적인 것이었다. 강력한 군부 독재와의 투쟁 속에서 그들은 가장 급진적이고 강력한 이론에서 투쟁의 무기를 발견하려고 했다.

운동권의 이런 이념적 급진성은 선거 경쟁 자체에 대한 부정적 인식과 함께 선거불참여주의[24]적 경향 또는 선거에 소극적인 태도를 갖게 했다. 이런 이념적 급진성은 운동권 내에서의 분파주의를 강화하고, 사회로부터 스스로를 고립시키고 현실을 경험적으로 보지 못하게 하는 문제를 낳았으며, 무엇보다도 정치 세력화에 장애 요인이 되어 기존의 보수적 정당들과는 다른 대안적 이념과 비전을 발전시키지 못하게 했다. 다시 말해 운동권의 이념적 급진성은 운동권의 강함의 반영이 아니라 약함의 반영이었다. 그 결과 대통령 선거가 다가오게 되자 운동권은 독립적 위치를 상실하고 기존의 제도권 야당의 후보 중 누구를 지지할 것이냐를 둘러싸고 해체되고 말았다.

야당의 약함

그러나 운동의 약함은 야당의 약함보다 민주주의의 경로를 보수적으로 만드는 데 차라리 덜 직접적이다. 야당은 권위주의에 대한 대안적 정부일 수밖에 없기 때문에 민주화는 조만간 야당의 집권을 가져오게 한다. 그리고 야당이 정부를 구성하게 되었을 때, 이들 정당은 민주화 운동을 통해 제기되었던 폭발적인 요구의 증대를 정책을 통해 최대한 실현해야 할 임무를 진다. 민주화냐 아니냐의 이슈가 사라진 뒤 최대의 관심사는 민주 정부가 얼마나 개혁적인 정책을, 얼마나 효과적으로 수행하느냐 하는 업적 수행의 문제가 된다. 그것은 1960년 4·19 혁명 이후 제2공화국의 경우에서나 1987년 민주화 이행 이후에도 마찬가지다.

24_선거불참여주의(abstentionism) | 선거에 대한 급진주의자들의 부정적 태도를 일컫는 것으로, 선거를 부르주아 민주주의 제도 혹은 형식적인 지배의 도구로 해석하고 이를 거부하는 주장과 행동을 말한다.

격렬한 투쟁과 많은 희생이 만들어 낸 민주주의에 대한 기대가 큰 만큼, 새로운 민주 정부의 리더십과 수행 능력에 대한 기대 또한 컸다. 그러나 새로운 민주 정부가 기대에 부응하지 못할 때, 기대와 성취 간의 격차가 큰 만큼 실망 또한 클 수밖에 없다. 민주화 이론가들은 이를 '실망'[25]이라는 말로 개념화한다. 그것은 그만큼 민주화가 수반하는 일반적인 현상이기도 하다. 김영삼·김대중·노무현 정부의 경험을 토대로 볼 때, 이들은 모두 집권 초기에 압도적인 지지를 받았지만 집권 말기에 이르러서는 권위의 실추와 정부로서 기능할 수 없을 만큼의 무능력을 드러내면서 지지율의 급격한 추락을 경험했다.

이런 민주 정부에 대한 실망과 민주 정부의 추락은 권위주의에 대한 향수를 불러들이고 민주주의 자체에 대한 부정적 인식을 강화하는 방향으로 나갈 수 있는 위험을 낳는다. 폭발적 지지와 급격한 추락이라는 극단적 변화를 오르내리는 것은, 곧 하나의 정당이 선거 경쟁에서 승리할 수 있는 기술과, 국가를 운영할 뿐만 아니라 개혁적으로 변화시킬 수 있는 능력 사이의 괴리가 엄청나게 크다는 사실을 반영한다. 민주화 이후 김영삼·김대중·노무현 정부는 이런 모순을 극적으로 보여 준 사례라 할 수 있다. 하나가 아니라 세 정부가 모두 그러하다는 사실은 일정한 구조적 원인이 있음을 말하는 것이기도 하다. 나는 이를 '민주화의 비용'이라고 생각한다. 긴 권위주의 시기를 경과하는 과정에서 야당은 사회에 뿌리내리지 못하고 발전이 정지된 채 퇴화를 거듭해 왔고, 소수의 지도자와 그를 둘러싼 소수의 추종자 집단으로 유지되어 왔다. 요컨대 야당은 조직의 질적 수준의 관점에서 한국 사회에서 가장 낙후된 조직이 되기에 이른 것이다.

25_실망 | 민주화 이행론의 중심 개념 중 하나. 민주화에 대한 기대 수준에 미치지 못하는 민주화 이후의 현실에 대해 많은 사람들이 갖게 되는 일종의 불만감 혹은 과도한 기대에 대한 자각을 의미한다. 민주화 이후 불가피하게 경험하는 이 실망의 국면을 거친 이후, 민주적 제도들이 제대로 작동하게 되는 어느 정도의 문턱(threshold)을 넘어서야 민주주의는 한 사회에 뿌리내리게 된다.

군부 권위주의 후기에 이르러 민주화 기운이 싹트면서 이들은 특정 지역과의 연계를 넓히고 정당의 대중적 지지 기반으로서 지역 기반을 강화하게 된다. 그리해 이들은 운동적 요소와 접맥되기에 이르렀다. 그리고 민주화 이후 이들이 선거 경쟁을 통해 각각 집권하게 되었을 때, 대규모 공식 조직을 운영해 본 경험이 없었던 이들 그룹은 집권 세력의 권력 핵심을 이루면서 갑작스레 국가라고 하는 한국 사회에서 가장 큰 현대적 조직을 운영하는 임무를 맡게 되었다. 앞에서 나는 집권 세력의 정치 기반이 되는 정당의 성격과 구조에 대해 그것의 보수적 요소를 지적한 바 있지만, 집권 후 국가를 운영하면서 그 보수적 요소가 갖는 문제는 다시 드러난다.

야당이 정부가 된 경우 이들은 집권 전 기간에 걸쳐 다음과 같은 전형적인 변화를 경험하게 된다. 권력의 핵심으로서 지역적 요소는 운동적 요소와 일정하게 결합한다. 이 운동적 요소는 개혁적 요구를 대변하고 실현코자 하는 의지와 함께 정권의 개혁적 성격을 강하게 한다. 이 과정에서 정부 내의 운동적 요소는 집권 정당 내의 운동적 요소와도 결합하고, 이를 통해 정부와 집권 여당 밖의 시민사회에서 지지를 확대하는 데 크게 기여한다. 그러나 정부 내의 운동적 요소가 강화되는 것을 제약하는 것은 집권 엘리트와 정당의 보수적 요소다. 이는 두 가지 현상을 수반하게 되는데, 하나는 집권 엘리트 구조에 있어서 지역적 요소가 강화됨과 동시에 엘리트 구성의 폐쇄성을 강화하게 되는 것이고, 다른 하나는 이 폐쇄성이 그들만으로는 국가기구를 관리할 능력을 갖지 못하기 때문에 국가기구 내의 기술 관료들과의 결합이 필연적으로 확대되어 관료 의존성이 매우 높아진다는 것이다. 이런 양상은 제1공화국 시기 분단국가의 양대 지주였던 이승만 그룹과 한민당 간의 관계 악화에 비유될 수 있는 현상이다. 새로운 민주 정부의 폐쇄성은 지역적 요소가 강한 집권 엘리트들의 권력 및 인사의 독식과 운동적 요소에 대한 철저한 배제의 결과였다.

한국의 현대 정치사에 있어서 집권 세력은 언제나 사회에 대해 대표성을 확대하기보다 측근 정치에 의해 폐쇄성을 강화해 왔다. 이는 민주주의 이후에도 예외가 아니다. 정부 내에서 운동적 요소의 후퇴는 곧 개혁의 후퇴와 실종으로 이어지고, 그것은 다시 정부 밖의 개혁 지향적인 지지 세력의 이탈을 가져오기 때문에 정부의 보수성은 더욱 심화되는 악순환의 고리를 만드는 것으로 나타났다. 제5공화국과 노태우 정부를 통해 유지되었던 대구·경북TK과 같은 엘리트 카르텔 구조는 이후 김영삼 정부에서는 부산·경남PK, 김대중 정부에서는 호남 인맥으로, 노무현 정부에서는 '친노 386'으로 이름만 다를 뿐 폐쇄 회로식 권력 운영 방식은 변하지 않고 계속되고 있다. 김영삼·김대중 정부의 정책 결정 양식은 최고 권력자와 그를 둘러싸고 있는 극히 소수의 측근으로 축소된 폐쇄 회로식 결정 방식과 기술 관료적 결정의 결합으로 특징지을 수 있는 것으로 퇴행을 거듭해 왔다고 할 수 있다.

민주 정부의 실패는 보수적 이데올로기의 헤게모니, 기득 이익의 강력함, 여소 야대, 지역 기반의 소수자적 협애성 등과 같은 요인 때문이기도 하지만, 그에 앞서 민주적 리더십의 약함과 정부 운영 능력의 약함 때문이라고 할 수 있다. 따라서 민주 정부의 실패를 타개할 수 있는 방법은 기술 관료적 경영주의를 강화하는 것이 아니라 민주적 참여를 확대하고 이를 통한 민주적 국정 수행 능력을 확대하는 것이라 할 수 있다. 즉, 자신의 조직적 기반과 리더십을 끊임없이 민주화하는 것만이 집권 민주 정부가 유능한 성과를 낼 수 있는 방법인 것이다. 기든스[26]가 강조하듯이 중요한 것은 민주주의를 끊임없이 민주화하는 것이다.

26_Anthony Giddens, *Runaway World : How Globalization Is Reshaping Our Lives* (New York: Routledge, 2000)[『질주하는 세계』, 박찬욱 옮김, 생각의나무, 2000].

3부

민주화 이후의 민주주의

구조와 변화

5장 | 민주화 이후의 국가

1. 민주화 이후 강력한 국가, 무력한 정부의 문제

민주주의와 국가

민주주의가 국가를 어떻게 변화시켰는가? 이 문제는 한국 민주화의 내용을 살펴보는 데 있어 가장 중요한 주제가 아닐 수 없다. 민주화 이전까지 한국의 국가는 과대 성장 국가, 발전 국가, 강한 국가 등 여러 가지 용어로 개념화되었다. 모두 국가의 강력함을 표현하는 말들이다. 이런 국가의 강력함은 국가 형성과 산업화를 거치면서 권위주의 국가의 핵심적 특징으로 만들어졌다. 그것은 냉전 반공주의라는 분단국가 건설의 규범적 요소나 근대화를 추동한 견인차로서의 국가의 역할을 핵심적 내용으로 삼는 것이었다.

국가에 대해서, 베버는 정당한 강제력의 사용을 위해 배타적이고 독점적인 권리를 갖는 제도화된 권력이라고 말했고, 토크빌은 권력의 중앙 집중화를 구현하는 국가 관료 기구라고 보았으며, 네틀[1]은 권력의 제도화에 대해 국민들이 갖는 정당성이나 가치 의식과 같은 문화적 요소를 강조하면서 '국가

[1] J. P. Nettl, "The State as a Conceptual Variable," John A. Hall ed., *The State : Critical Concepts* Vol. I (London: Routledge, 1994).

성'stateness을 그 본질적 요소로 보았다. 이들 국가에 대한 주요 이론들은 한국의 권위주의적인 강력한 국가와 무리 없이 부합한다. 국가에 의한 지배는 베버식으로 말한다면 냉전 반공주의라든가 발전주의와 같은 정당화의 이념적 기제를 통해 뒷받침되었다. 이렇듯 해방 이후부터 최근에 이르기까지 한국에서 강력한 국가는 권위주의 체제와 병행하면서 또는 상보적인 관계를 유지하면서 발전되어 왔다. 이제 1987년 민주적 개방과 더불어 한국의 국가는 지금껏 우리가 경험해 보지 못했던 새로운 환경에 직면하게 되었다. 즉, 민주주의와 국가의 문제 또는 민주주의에서의 국가라는 문제가 등장한 것이다.

권위주의는 한국 사회에서 매우 동질적인 지배 엘리트를 형성·발전시켰다. 먼저 민간 정치집단이나 군부 엘리트와 같이 잘 조직화된 권력 집단들이 국가권력을 획득하고, 위로부터 국가기구를 관리하는 관료 엘리트들을 형성시키며, 이들의 통제하에서 행정 관료 집단이 성장한다. 나아가 이들은 위로부터 정당을 만들고 정당과 의회 영역의 정치 엘리트들을 조직·후원하며, 국가 주도의 산업화를 통해 사회에서 가장 강력한 재벌을 그 정점으로 하는 기업 엘리트를 창출한다. 나는 앞에서 이런 엘리트 구조를, 국가권력을 중심으로 한 중앙 집중화된 동심원적 구조로 특징 지은 바 있다. 국가권력을 획득한 정치 엘리트, 행정 관료 엘리트, 기업 엘리트 등으로 구성된 지배 엘리트는 이데올로기적으로나 가치 정향에 있어서 높은 동질성을 특징으로 한다. 더욱이 권위주의라고 하는 것은, 국가와 그 엘리트들이 자의적인 방법으로 특정 집단에게는 특혜와 이익을 배분하고 다른 집단이나 개인에게는 그 권익을 억압하는 정치체제를 말한다. 이제 민주화와 더불어 국가의 이런 성격과 구조는 변화의 압박에 직면하게 된다.

민주주의는 무엇보다도 선거를 통해 투표자의 다수가 선출한 정부를 그 핵심으로 한다. 따라서 권위주의에서의 선거와는 달리, 민주화 이후 유권자의 투표는 기존의 권위주의 국가의 성격과 이념에 변화를 가져올 민주 정부를 만들어 낼 수밖에 없다. 그 직접적인 결과는 그동안 권위주의하에서 서로 융합되어 있었던 정치 엘리트와 행정 관료 엘리트의 분리라고 할 수 있다. 민주화는 국가를 운영할 선출된 집권 정치 엘리트와 선출되지 않은 행정 관료 엘리트 간의 새로운 관계 설정을 요구하며, 이들이 중심이 된 두 수준의 국가를 부각시키게 된다.

민주화와 국가의 두 수준

민주화로 인한 국가의 변화를 이해하기 위해 우리는 먼저 국가를 두 수준으로 나누어 살펴볼 필요가 있다. 하나는 하부구조적 수준에서의 국가다. 우리가 보통 국가를 '항상적으로 제도화된 역할의 체계'라고 말할 때 그것은 권력의 중앙 집중화를 구현하는 방대한 관료 기구와 이를 운용하는 국가기구의 관리자로서의 인적 집단을 말한다. 베버가 말하듯이, 그것은 비인격적·비개인적 충원, 공적 목표, 역할, 업적 평가의 체계를 갖는 대규모 공조직으로서 관료행정적 형태로 제도화된 체제를 말한다. 우리가 일반적으로 한국의 국가를 강력한 국가라고 말할 때는 이를 두고 하는 말이다.

다른 하나는 위에서 말한 국가의 하부구조적 수준에서가 아니라 정부적 수준에서의 국가다. 정부는 초헌법적 힘의 사용을 통해서든 경쟁적인 선거를 통한 민주주의적 방식으로든 권력을 획득해, 특정 형태의 방법으로 권력을 행사하고 또한 정책을 만들고 시행하며 국가기구를 운영하는 일단의 정치 세력을 말한다. 다른 말로 표현하면, 권력의 획득과 행사 과정에서 사회적 지지를 조직하고 동원하고자 하는 특정의 이념적 정향 내지는 정책적 정향을 갖는 일단의 사람들에 의해 운영되는 국가의 수준이라고 할 수 있을 것이다.

지난날 권위주의하에서 이 두 수준은 서로 융합되어 있었기 때문에 분리되기 어려웠다. 그러나 민주화가 되면서 국가의 이 두 수준이 분리되기에 이르렀고 이는 곧 선출된 집권 정치 엘리트와 행정 관료 엘리트 사이에 과거와는 다른 새로운 관계 설정이 필요하게 되었음을 의미하는 것이다. 이때 이 양자 간 관계에서 누가 힘의 우위에 있고, 누가 종속적이냐 하는 문제가 제기된다. 권위주의에서는 당연히 집권 정치 엘리트가 행정 관료 엘리트에 대해 확실한 힘의 우위에 선다. 군부 엘리트는 근대적 행정 관료 엘리트 집단 자체를 창출했고 그들이 수행할 확실한 국가 목표를 제시하고 긍지와 함께 집단의식을 갖도록 했다. 그리고 군부 엘리트는 재벌조차 관료적 결정에 종속시킴으로써 재벌을 비롯한 사회의 제 압력으로부터 관료의 자율성을 의미하는 국가 자율성을 확립했다. 민주주의하에서 이런 관계는 더 이상 가능하지 않다. 노태우 정부의 경우 민주 선거를 통해 선출되었지만 집권 엘리트 구성에 있어 구체제와의 연속성 때문에, 민주화로 인한 국가의 변화는 잘 드러나지 않았다. 따라서 민간 엘리트가 주도한 김영삼·김대중·노무현 정부를 경험적 지표로 살펴보도록 한다.

우리는 이미 앞에서 야당이 집권한 결과에 대해 언급한 바 있다. 정치 엘리트와 행정 관료 간의 관계를 살펴보는 데 있어 이들 정부의 집권 초기와 후기를 비교해 보는 것은 매우 중요하다. 세 정부는 모두 민주화 운동에서 표출되었고 대선 캠페인 과정을 통해 의제로 나타난 개혁에 대한 열망을 배경으로 집권했으며, 그것은 그들의 집권 초기 매우 높은 수준의 인기도로 나타났다. 그러나 집권 후기로 들어가면서 대통령의 업무 수행에 대한 평가는 하락에 하락을 거듭해 집권 말기에 이르러서는 더 이상 통치가 어려울 정도로 대통령 리더십은 최하점에 도달했다. 이런 변화의 궤적과 함께 정치 엘리트와 행정 관료 간의 관계 역시 큰 변화를 보였다. 집권 초기 정치 엘리트는 행정 관료에 대해 압도적 우위를 가졌다. 민주화와 더불어 관료 엘리트에게 제공된 특권적 보호막들이 걷히면서 그들의 지위는 일순간 크게 낮아졌다. 권위주의와 일체화되었던 그들이 새로운 정치 엘리트들에 대해 도덕적 우위를 가질 수는 없었기 때문이다. 이제 그들은 민주적 개혁에 복무하도록 요구되었다. 그러나 집권 초기를 경과하면서 정치 엘리트들은 국정 운영에 있어 무능력과 미숙함을 드러내기 시작했다. 그에 비례해 한편으로 정치 엘리트들은 스스로의 도덕적 권위와 역량에 대한 신망을 상실하게 되었으며, 다른 한편으로 관료 엘리트의 도움 없이는 국정 운영 자체가 어렵게 됨에 따라 이들에 대한 의존이 급속히 커지게 되었다.

    집권 초 이들 민주 정부의 정치 엘리트들은 막대한 권력을 행사했는데, 이는 선거를 통해 그들이 부여받은 개혁의 위임[2] 때문이었다. 개혁의 과제가 많은 만큼, 그리고 개혁에 대한 열망이 큰 만큼, 그들에게 부과된 임무는 막대한 것이었으며, 그것이 바로 권력의 원천이라고 할 수 있었다. 그러나 곧 민주 정부의 정치 엘리트들은 그들이 향유하는 권력과, 개혁 의제를 정책으로 실천할 수 있는 능력 사이의 엄청난 격차에 직면하게 되었다. 그러자 행정 관료들이 이 격차의 공간 속으로 들어

2_위임(mandate) | 선거에서 승리한 후보 혹은 정당이, 선거 승리는 곧 선거 캠페인에서 자신들이 제시한 공약을 실현할 수 있는 권위를 유권자가 부여한 것이라고 주장하는 것을 말한다. 일반적으로 집권당이나 정부가 자신들이 추진하는 정책의 정당성을 주장할 때 주로 사용한다.

오게 되었다. 그 때문에 이들 행정 관료 엘리트의 권력은 권위주의 시기보다 더 커지게 되었다. 집권 후기에 이르면서 민주 정부는 역설적으로 권위주의 정부보다도 더 관료에 포획된 정부가 되었다. 그 결과 권위주의와 다를 바 없이 사회의 요구와 의견들이 광범위하게 연계될 수 없는 매우 협애한 이슈 영역 내에서 폐쇄 회로적이고 관료 기술적인 정책 결정 방식이 지배적이게 되었다.

보통 우리는 특별한 주의를 기울이지 않은 채, 국가의 집행부와 행정 관료 기구라는 말을 구분하지 않고 사용한다. 그 결과 직업적 행정 관료가 행정부 혹은 집행부를 관장한다는 권위주의적 관점을 그대로 유지하고 있다고 할 수 있다. 그러나 이는 매우 다른 말이다. 집행부는 국가기구의 삼권분립적 기능, 즉 입법·행정·사법이라고 할 때의 '행정'을 말하는 것이고, 관료 기구는 우리가 보통 전문적 '직업 관료제'에 대해 말하는 것처럼 특정 형태의 충원과 직무의 목표 및 규칙을 갖는 대규모 공적 조직의 유형을 말한다. 민주주의하에서도 관료가 광범위한 국가 자율성을 향유하면서 정책의 결정과 집행에 커다란 재량권을 갖는다면, 민주주의와 권위주의는 실질적인 차이를 갖지 못한다고 말할 수밖에 없을 것이다. 민주주의에 대한 슈미터와 칼[3]의 정의를 따르면, "민주주의는 통치자가, 시민들에 의해 선출된 대표들 간의 경쟁과 협력을 통해 간접적으로 행위하면서 공적 영역에서 그들의 행위에 대해 시민들에게 책임을 지는 (혹은 만족할 만한 이유를 제시하는) 지배의 체계"다. 즉, 민주주의는 선거를 통한 대표성과 아울러, '책임성'[4]을 그 핵심 요소로 한다. 풀어 말하면 책임성이 정책 수행의 결과와 그에 대한 제재 사이의 관계라고 할 때, 민주주의하

3_Philippe C. Schmitter and Terry L. Karl, "What Democracy Is … and Is not," Larry Diamond and Marc F. Plattner eds., *The Global Resurgence of Democracy* (Baltimore and London: Johns Hopkins University Press, 1993).

4_책임성(accountability) | 국민의 대표가 자신에게 위임된 권력을 행사하고 의무를 이행하는 모든 행위 결정의 원인과 근거에 대해, 주권자인 국민의 요구가 있을 때 답변해야 하는 것을 포함해 선거 패배나 무능력, 권한 남용 등의 결과에 대해서도 책임을 져야 한다는 것을 의미.

에서 관료행정 엘리트의 방대한 자유 재량권의 결과에 대한 책임은 누가 져야 하는가라는 문제가 제기되는 것이다.

무력한 정부와 헤게모니의 문제

한국의 경우 민주화 이후의 국가가 보여 주는 가장 큰 특징은 '무력한 정부'의 문제다. 1990년대 초 나는 동유럽과 라틴아메리카를 경험적 사례로 민주화 비교 연구를 발전시키고자 하는 국제 워크숍에 참여한 바 있다. 그 공동 연구의 결과물은 『지속 가능한 민주주의』[5]라는 제명으로 출판되었다. 이 연구의 결론은 사회적 성장을 창출할 수 있도록 지속 가능한 민주주의를 건설하기 위해서는 무엇보다도 국가의 중심성, 국가의 최우선적 역할이 강조되어야 한다는 것이었다. 이들 지역의 체제 이행 과정에서 나타나는 공통적인 특징은 무력한 국가의 출현이라는 것이다. 따라서 어떻게 무력한 국가를 활력 있고 능력 있는 국가로 만들 것인가가 민주화 이후 사회 발전에 있어 핵심적 문제가 된다는 것이다. 이때만 하더라도 한국은 노태우 정부 후기와 김영삼 정부의 집권 초기였다. 우리는 그때 여전히 지나치게 강력한 권위주의 국가를 걱정하고 있었지 급작스레 무기력하게 되고 무능하고 허약한 민주주의 국가를 걱정하지는 않았다. 그러나 민주화 이후 과거 야당이 집권하면서 우리는 민주주의하에서의 국가를 관장하는 정부의 무력함이라는 문제와 대면하게 된 것이다.

무력한 정부가 등장하게 된 데는 여러 가지 원인이 존재한다. 이 문제와 관련해 김영삼·김대중 정부를 비교하는

5_Adam Przeworski et al., *Sustainable Democracy* (Cambridge: Cambridge University Press, 1995) [『지속 가능한 민주주의』, 김태임·지은주 옮김, 한울, 2001].

데 있어 우리는 헤게모니 있는 정부와 헤게모니 없는 정부로 그 특징을 구분해 볼 수 있을지 모른다. 여기에서 말하는 헤게모니란, 하나의 정부가 냉전 반공주의라는 우리 사회의 지배적 이념을 정권의 핵심적 가치 정향으로 삼고, 이를 바탕으로 구축된 보수적 기득 이익의 지지를 받는 것을 의미한다. 이 말은 동시에 한 정부가 어떤 지역적·계급적·이념적 정향을 갖고 있든, 그 정부는 우리 사회의 보수 기득 이익의 가치 정향을 수용한다는 사실을 의미한다. 그런 의미에서 김영삼 정부는 헤게모니를 갖는 정부이며, 김대중 정부는 갖지 못한 정부라고 할 수 있을 것이다. 김영삼 정부는 민주 정부라 하더라도 3당 합당[6]을 통해 구체제의 보수적 기득 이익의 지지를 획득하고 권위주의의 지역적·계층적 기반을 이어받음으로써 집권한 정부인 반면, 김대중 정부는 구체제하의 보수 세력들의 지지를 전혀 받지 못했으며, 새로운 남북 화해와 평화공존 노선을 통해 냉전 반공주의에 기초한 기존의 대북 정책을 그대로 답습하지도 않았기 때문이다. 그러나 두 정부 모두 각각 다른 이유이기는 하지만, 무력한 정부의 상황에서 벗어날 수 없기는 마찬가지였다. 김영삼 정부는 그 자체의 권력 기반의 중심 부분을 보수적 기득 이익으로부터 찾았다. 따라서 권력의 지지 기반과 성격이 개혁 정책의 실천에 요구되는 세력의 힘과 의지를 제약했다.

다른 한편 김대중 정부는 헤게모니의 부재 그 자체가 개혁의 제약 조건으로 작용했다고 할 수 있다. 남북한 화해 협력과 평화공존의 대안 제시는 비판을 불러일으켰고, 호남이라는 취약한 지역 기반은 정권의 사회적 세력 기반을 제약했으며, 의회에서 집권당의 소수 지위는 개혁 그 자체에 대한 직접적인 제약으로 작용했기 때문이다. 김대중 정

6_3당 합당 | 1988년 4월 제13대 국회의원 선거로 여소 야대 정국이 형성되자 여당인 민주정의당은 여소 야대 구도를 근본적으로 변화시키고, 보수 연합 구도를 구축하려는 목적에서 국민의 의사와 배치되는 위로부터의 정계 개편을 추진했다. 그 결과 1990년 1월 22일 민정당의 노태우 대통령, 통일민주당의 김영삼 총재, 신민주공화당의 김종필 총재가 3당 합당을 선언함으로써 거대 보수 여당인 민주자유당이 탄생했다.

부는 집권 후기로 오면서 사회의 가장 보수적인 기득 이익들의 '총반격'이라고 할 만한 강한 저항에 직면했다. 거대 언론을 구심점으로 한 보수적 기득 이익의 저항은 사회적 힘의 관계를 바꿀 수 있는 재벌 개혁, 언론 개혁, 햇볕정책과 같은 주요 개혁들을 좌절시키거나 약화시킴과 아울러 정부의 기반을 허약하게 한 중요한 요인이었다.

그러나 주로 정치사회 밖에서의 힘 관계에 초점을 둔 헤게모니의 약함과 같은 요소가 민주적 개혁을 흐지부지하게 하고 정부를 무력하게 하는 데 결정적인 요인이었다고 말하는 것은 사태의 일면만을 강조하는 것일 수 있다. 김대중 정부의 성립 자체는 군부 권위주의 정권과 가장 치열하게 투쟁했던 세력들에 대한 사회의 지지와 아울러 민주개혁을 전면적으로 위임함을 의미하는 것이었다. 더욱이 IMF 금융 위기로 인해 개혁의 당위성은 거의 절대적이었고, 동시에 한국 사회에서 가장 강력한 재벌이 그 어느 때보다도 약해진 상황에서 새로운 정부에 대한 지지와 그에 따른 국가의 권력은 엄청나게 큰 것이었다. 우리는 김대중 정부의 집권 엘리트들이 자주 '기득 세력에 포위되어' 개혁이 흐지부지되고 정권이 허약하게 되었다고 말하는 소리를 듣는다. 그러나 그것은 개혁 부진과 그에 따른 정권의 약화에 대한 하나의 알리바이에 지나지 않는다. 재벌과 언론의 영향력이 커진 것이 김대중 정부의 개혁을 좌절시키고 정치 기반을 형편없이 약화시킨 것이 아니다. 인과관계는 그 반대라고 할 수 있다. 개혁의 실패 원인을 기득 세력의 헤게모니에 돌리는 것은, 김대중 정부의 집권 초기가 한국 사회를 민주적으로 크게 변화시킬 수 있었던 역사적인 기회였다는 사실을 간과한 것이다. 이는 노무현 정부에 대해서도 동일하게 말할 수 있다. 개혁 실패의 결과, 재벌이 다시 시장에서 독점적 지위를 강화하고 사회에 헤게모니를 확대하고 정치적 영향력을 더욱 증대하고 극소수의 거대 언론이 여론 시장의 독점 강화는 물론 정치권력으로서의 역할까지 떠맡게 된다면, 이는 민주주의에 대한 구조적 위협이 될 수 있는 것이다.

아마도 집권 엘리트 구성의 내부적 문제, 그리고 많은 경우에 보다 미시적 차원에서 그 원인을 찾을 수 있을지도 모른다. 예컨대 정부 조직의 하위 책임자들에 대한 권한의 위임이 없었다던가, 국가행정 기구와 같은 거대 조직의 운영에 필수적인 다양하고 좋은 의견을 수렴하는 회의 운영의 미숙함 등 여러 가지 요인들이 지적될 수 있을 것이다. 그러나 그보다 중요한 것은 국가의 거대한 행정 관료 기구와 같은 공식 기구를 운영하는 원리로서 절차적 보편성과 개방성이 없었다는 점이다. 공식 조직 대 비공식 조직, 보이는 힘 대 보이지 않는 힘 등은 민주주의에 필수적인 절차적 보편성을 드러내는 중요한 구분들이다. 이와 관련해 한국의 현실에서 비선秘線 조직만큼 중요한 기능을 갖는 것은 없다. 이는 공사公私 구분이 뚜렷하지 않은 한국의 정치 문화에서 대체로 나타나는 현상이기도 하지만, 민주주의의 제도화 수준이 낮은 현실에서 발견되는 중요한 정치적 개념이다. 그것은 거대한 국가 공조직, 그것도 고도로 중앙 집중화된 권력 구조의 정점에서 행해지는 사적 통치 방식을 말한다.

이는 결국 집권 엘리트들이 그들을 지지한 투표자들에 대해 가져야 할 책임성의 인식이 약했던 결과이며, 이를 강제할 수 있는 법적·제도적 장치가 약한 결과라고 할 수 있을 것이다. 이것은 이승만 대통령으로부터 면면히 이어져 내려오는 공통적인 통치 방식이기도 하다. 그러나 이런 문제점은 김영삼·김대중·노무현 정부와 같은 민주주의하에서 더욱 심화되고 뚜렷이 부각된다. 비선 조직의 문제점은 국가기구의 인적 충원과 주요 정책 결정 과정에서 사적 권력이 결정적인 영향력을 행사한다는 사실인데, 이는 인사 충원 과정에서 지역 집중성으로 인한 극도의 배타성을 가

저오고, 폐쇄 회로적 정책 결정이 중심에 놓이게 되는 등 민주주의 원리와 충돌하는 심각한 부작용을 창출한다. 또한 이 사적 권력은 방대한 국가권력이 수반하는 특혜의 연줄망의 정점을 이루고, '지대 추구'[7] 행위의 최고 구심점 역할을 함으로써 부패의 원천이자 온상으로 기능하게 되었다.

사회적 기반 없는 야당의 문제

우리의 경험은 '왜 무력한 정부가 나타나게 되었는가' 하는 문제가 곧 '어떤 방법으로 야당이 집권하게 되었는가'라는 문제와 직결되어 있음을 보여 준다. 이와 관련해 두 가지 문제를 제기할 수 있다. 하나는 민주화 투쟁 과정에서 야당은 어떤 대안을 가지고 집권하려 했는가 하는 문제다. 다른 하나는 무언가 대안이 있었다고 할 때, 어떻게 그들은 기존의 헤게모니와 타협했고 그 결과 실제로 어떤 대안적 내용을 갖고 집권하게 되었는가 하는 문제가 그것이다.

첫 번째 문제와 관련해 그들은 국가를 어떻게 개혁하고, 재벌은 어떻게, 노동문제는 어떻게, 시장은 어떻게 개혁하려 했는가에 대한 체계적인 대안을 제시하지 않았다. 따라서 이들이 기존의 국가 중심의 발전주의적 모델을 대체할 수 있는 대안적 비전과 프로그램, 그리고 이를 어떤 대안적 정책 의제로 제시할 수 있는 새로운 민주주의적 발전 모델을 갖고 있었다고 말하기 어렵다. 야당의 선거강령과 정책에 그리고 집권 당시 천명한 정책 노선에 민주적이고 개혁적인 어떤 것이 있었던 것만은 분명하다. 그러나 그것은 대체로 막연한 어떤 지향, 어떤 정조情調 이상이라고 보기는 어렵다.

7_지대 추구(rent-seeking) | 사적 영역의 집단들이 생산적 활동을 통해 수익을 얻기보다 국가 부문의 자원과 영향력에 접근해 수익을 얻고자 하는 비생산적인 행위를 의미한다.

두 번째 문제와 관련해 그들이 캠페인 과정에서 냉전 기득 세력의 이념 공세를 피하고자 이른바 '뉴 DJ 플랜'과 같이 여러 형태로 그들의 대안을 보수화하려 시도했다는 점이 주목된다. 그 결과는 보수정당과 야당 사이의 차별성이 극히 작아졌다는 사실이다. 다운스의 공간 모델[8]을 빌어 말한다면, 그것은 다수 득표를 획득하고자 하는 정당 간 경쟁에서 '중위수 투표자'[9]를 냉전 반공주의와 발전주의를 지지하는 보수 성향의 유권자로 전제하는 것이다. 이는 비단 김대중·노무현 후보의 경우에만 해당하는 것은 아니다. 모든 중요 선거에서 이른바 개혁적 후보들은 거의 예외 없이 보수 성향의 유권자들에게 어필하려고 했다. 따라서 누군가가 이런 방법으로 대선에서 승리했다는 것은 보수적 기득 세력이 수용할 수 있을 만큼 충분히 보수화된 다음에 승리했음을 의미한다.

앞에서 야당의 약체성을 이야기하면서 민주화 이후 급작스레 집권하게 되었을 때 그것이 가져오는 결과에 대해 논의한 바 있다. 이는 또한 두 가지 문제와 관련되는데 하나는 정당, 특히 야당은 누구를 대표하는가 하는 문제이고, 다른 하나는 대안적 이념과 정책적 비전을 만들어 내고 이를 정책 의제로 구체화할 지적 자원은 충분한가 하는 문제다. 냉전 반공주의의 효과를 과도하게 의식한 과거의 야당과 그 후보는 선거 경쟁에서 이념적 정체성과 정책적 비전을 선명하게 제시하기보다는 의식적으로 이른바 '전략적 모호함'의 태도를 취해 왔다. 따라서 선거 경쟁은 유권자가 정당에게 이념적·정책적 지향을 위임하고 구속하는 절차로서 의미를 갖지 못하게 되었다. 그 결과 투표자의 지지와 선출된 자의 책임성 사이의 관계는 구체적이고 직접적이기보다 매우 느

8_다운스의 공간 모델(spatial model) | 지지표 획득을 위해 경쟁하는 복수의 정당 혹은 후보자가 이데올로기적 스펙트럼상에서 나타나는 쟁점 위치 혹은 이념 정향의 공간에서 보여 주는 거리를 핵심적인 설명 변수로 유권자의 투표 행태 및 정당의 전략적 선택을 설명하는 이론.

9_중위수 투표자(median voter) | 단차원의 이념적·정책적 스펙트럼상에서 경쟁하는 두 정당이 선거에서 다수 득표를 위해 서로 획득하고자 하는 중간 위치의 투표자.

10_위임 민주주의(delegative democracy) | 대통령직은 국가의 이익을 정의하고 수호하는 자리로 간주되고, 대중 투표를 통해 당선된 대통령은

슨하고 모호하다. 앞 장에서 말한 바와 같이, 정당 구조 안에 보수적·지역적·운동적 요소라는 세 개의 이질적인 요소가 병존할 수 있는 것도, 그리고 집권 후기 이들이 각각 분리됨으로써 지지 기반이 해체된 것도 투표자와 집권 정당 사이의 이런 느슨한 관계로 인해 가능했다. 이 대표성의 느슨함은 집권 정당의 정체성 상실로 이어지게 된 것이다.

오도넬은 라틴아메리카를 경험적 사례로, 선출된 지도자와 투표자 간의 연계 관계가 존재하지 않는 상황을 '위임 민주의'[10]로 개념화했다. 그것은 선출된 대통령을 최고 행정 수반으로 하는 정부가 자신을 지지한 세력을 대표하고, 그럼으로써 자신의 사회적 기반에 의해 제약되는 것이 아니라, 일정 기간 권력을 위임받고 임의적으로 권력을 행사함으로써 사회 위에 붕 떠있는 집행부가 된 것을 설명하고자 한 개념이다. 이는 선출된 대표와 선출자 간에 쌍방적 관계가 아닌, 일방적 관계로 인해 책임성이 성립하기 어려운 라틴아메리카의 극단적 상황을 개념화한 것이지만, 한국의 정황과 결코 무관하다고 할 수 없다. 책임을 동반한 위임과 대표의 기능이 발휘되게 하는 핵심은 정당의 정체성이고 이 정체성을 만드는 데 있어 중심적인 것은 대안을 만들 수 있는 지적 역량이라고 할 때, 문제는 이 역량이 야당에게 있는가에 모아진다.

물론 이 지적 역량은 정당만의 문제라기보다는 민주화 운동 세력 전체의 문제라고 말하는 것이 더 옳을 것이다. 대안적 컨센서스를 형성하는 과업이, 정당이나 정치 지도

주어진 임기 동안 자신이 적합하다고 판단하는 대로 통치할 권한을 부여받았다는 전제하에 이루어지는 통치 형태를 가리킨다. 민주화 이후 라틴아메리카에서 나타나는 민주주의의 유형적 특징을 가리키는 개념으로, 오도넬에 의해 대의 민주주의와 대비되는 개념으로 유형화되었다. 위임 민주주의와 대의 민주주의의 가장 중요한 차이는 책임성의 원리에서 나타난다. 대의 민주주의의 경우 집권 정부는 의회, 사법부와 같은 또 다른 기구나 제도에 의해 항상적으로 견제되는 수평적 책임성의 제약하에 놓이지만 위임 민주주의의 경우, 대통령은 그 어떤 정당이나 조직화된 이해의 상위에 위치하고, 의회나 정당, 법원은 대통령의 정책 의지를 방해하는 제도로 인식되거나 자주 이를 우회하여 정책 결정과 변경이 이루어진다. 따라서 대통령의 주도하에 정책의 수립과 변경이 쉽게 이루어지며, 집권 초 대통령의 정책은 사회의 조화로운 이익을 실현하는 것으로 환호되지만, 곧 정책 집행 과정에서 예상치 못한 비용의 문제가 발생하고 이를 둘러싼 반발과 저항에 직면하게 된다. 제도화의 수준이 낮음에 따라 정책의 실패는 대통령 개인에게 그 책임이 돌아가고 결과적으로 대통령은 집권 초 높은 대중적 인기를 향유하다가 집권 말에 이르러서는 저주에 가까운 비난의 대상이 되는 경우가 많다. Guillermo A. O'Donnell, "Delegative Democracy," *Journal of Democracy* Vol. 5, No. 1(1994).

자 주변의 소수 지식인 자문 그룹이나 싱크탱크에 한정된다고 할 수는 없다. 보수 헤게모니의 컨센서스에 대항해 대안적 컨센서스를 형성하기 위해서는 보다 장기적으로 형성된 광범위한 지적 하부 기반이 필요하고, 이를 토대로 다양한 경쟁적 대안들이 논쟁하는 정책 포럼으로서의 공론의 장이 필요하다. 누가 이 공간을 개척할 수 있을까? 한국 민주주의의 미래는 바로 이 역할을 감당할 정당과 정치인 나아가 이를 뒷받침할 지식인들에게 달려 있다고 해도 과언이 아니다.

2. 무력한 정부와 관료제의 문제

관료행정 기구에 포획된 정부

민주화 이후 국가의 문제는 새로운 집권 엘리트들이 헤게모니의 중심 가운데 하나인 기존의 관료행정 기구 내지는 관료 엘리트를 대면하면서부터 발생한다. 구권위주의 엘리트의 연장선에 있었던 노태우 정부를 제외하고 김영삼·김대중·노무현 정부를 놓고 볼 때, 이들이 권력을 획득하면서 민주주의하에서 국가는 어떠해야 하는가라는 문제에 대해 어떤 구체적인 관념을 가졌다고 보기는 어렵다. 이들 민주 정부의 집권 세력 역시 기술 관료적 경영주의의 지배적 이념과 가치에 압도되어 국가 운영에 임했다. 즉, 국가의 운영 원리라는 점에서 민간 정부와 앞선 권위주의 정부 사이에 커다란 차이가 있었다고 보기는 어렵다. 김대중 정부의 수립과 더불어 일정한 차이가 나타났을 때, 그것은 새로운 집권 엘리트들의 국가 운영 원리가 달라서가 아니라 IMF 금융 위기라고 하는 외적 충격 때문이었다. 신자유주의[11]적 이념과 가치의 영향으로 김대중 정부는 작고 효율적인 정부에 보다 강조점을 두었다. 그러나 부처 간 통폐합과 인원 감축을 중심으로 행정 관료 기구를 다소 축소 조정한 것 이외에 그것은 국가의 규모를 줄이고, 중앙 집중화를 완화하며, 권력의 분권화와 공간적 분산을 진지하게 추구했던 것은 아니다.

민주적 국가 운영의 새로운 패러다임을 만들 필요가 있다고 말할 때, 그것은 앞에서 우리가 대안적 발전 모델이라고 말했던, 민주주의의 규범에 걸맞은 국가 발전의 이념 및 목표를 설정하고 이를 추진할 수 있도록 과거 권위주의적 발전 모델을 통해 성장한 행정 관료 기구를 개혁하는 것을 핵심으로 한다. 그러나 불행하게도 새로운 집권 엘리트들은 그 어느 것도 진지하게 시도하지 않았다. 예컨대 김대중 대통령이 집권 초 천명했던 '민주주의와 시장경제의 병행 발전'이라는 말은 새로운 발전 모델에 대한 비전을 담는 것으로 기대되었다.

그러나 '민주주의와 시장경제의 병행 발전'은 천명만 되었을 뿐 개혁 정책의 일반 노선으로 구체화되지 못했다. 결국 모든 것이 애매해졌다. 민주주의 정부가 시장에 개입할 수 있는 범위와 원칙은 정의되지 못했다. 그럼으로써 IMF 금융 위기를 극복하는 방법은 IMF 개혁 패키지를 수동적으로 이행하는 것 이외에는 다른 것이 없었다. 세계화라는 새로운 환경에서 시장은 어떻게 조직되어야 하는가를 중심으로, 재벌의 구조조정, 민영화, 노동문제, 고용 문제, 사회복지 등의 문제가 하나의 틀 속에서 다루어질 수 있는 모델이

11_신자유주의 | 신자유주의는 1970년대 말, 1980년대 초 미국의 로널드 레이건 공화당 대통령과 영국의 마가렛 대처 보수당 수상의 집권과 더불어, 이들 정부가 추진한 경제정책 내지 정책의 일반 노선을 지칭하는 말로서 널리 사용되기 시작했다. 이는 19세기 자유방임적 자유주의(laissez-faire liberalism)의 기본 아이디어를 부활시키는 것을 핵심 내용으로 하는데, 인플레이션의 통제, 국가 규모와 비용의 축소, 노동과 기업 활동에 대한 인센티브, 자유 시장의 작동을 제약하는 규제의 제거 등을 주요 경제 정책의 목표로 설정하고 있다.

제시되지 못했다. 그러는 동안 권위주의적 발전주의에 이어 시장효율성, 시장 근본주의가 새로운 헤게모니로 힘을 갖기 시작했다. 새로운 교리를 통해 국가의 영역을 삭감하고 시장 영역은 확대하면 할수록 좋다는 속류적인 국가 대 시장의 이분법 논리가 지배적이 되기에 이르렀다. 그렇다면 신자유주의 세계화를 통해 국가는 '최대 국가'에서 '최소 국가'로 변했는가?

하부구조로서의 국가가 그대로 유지되고 중앙 집중화는 그대로 온존·강화되고 있기 때문에 민주주의하에서도 강한 국가는 변했다고 보기 어렵다. 그럼에도 불구하고 국가는 무력한 정부를 특징으로 하게 된 것이다. 최대 국가적 관성과 최소 국가적 지향성 사이를 무원칙하게 방황하면서 혼란을 거듭하고 있는 것이 그간의 상황이라 하겠다. 박정희 모델은 민주화와 더불어 해체되었으나 민주주의하에서도 그 정신은 국가 부문에서 그대로 계승되고 있다. 이는 새로운 집권 엘리트들이 민주적 발전 모델을 제시하는 데 실패했다는 것을 뜻한다. 양자 간 대면에서 정부로서의 국가가 관료행정 기구를 중심으로 하는 국가의 하부 기반에 대해 우위를 점하는 데 실패함으로써 이제 기득 이익으로 자리 잡은 후자의 전자에 대한 반격을 허용한 것이다. 집권 초기 양자 관계는 상호 협력과 병립으로 특징지을 수 있다. 그러나 새로운 발전 모델을 제시하지 못한 정치 엘리트들은 점차 관료에 의존하게 되고, 곧 관료에 포획되는 관계로 바뀌게 되었다고 할 수 있다. 요컨대 정부의 선출된 정치 엘리트들이 민주국가의 발전 모델을 제시하지 못하고 국가를 공직 배분의 장으로 여길 때, 정책의제를 설정하고 결정을 내리는 기본적 과업이 모두 관료의 수중에 놓이게 되었다는 것이다. 그러는 동안 대통령의 권력에 의해 보호된 기술 관료들은 언제나 듣던 성장·효율성·질서·안정이라는 익숙한 소리만을 외치게 되는데, 국민을 대표한다는 '신화'는 이렇게 대표와 투표자가 격리됨으로써 완성되는 것이다.

민주화와 무능한 관료 체제의 문제

한국의 국가를 강력하다고 말할 때 그것은 잘 발달된 관료행정 체제를 핵심 구성 요소로 한다. 이는 하부구조로서의 국가의 핵심 내용이다. 한국의 국가는 권위주의 시기, 특히 박정희 정부하에서 강력할 뿐만 아니라 유능한 국가, 높은 수행 능력을 갖는 국가라는 명성을 획득하게 되었다. '민주화와 더불어 한국의 행정 관료 (체제)는 어떻게 변했는가?' 그리고 '그것은 민주주의 시기에서도 여전히 발전 국가적인 높은 수행 능력을 보여 주고 있는가' 하는 문제는 매우 궁금한 것이 아닐 수 없다. 그러나 민주화 이후 김영삼·김대중·노무현 정부를 거치는 동안 행정 관료 체제가 안정되어 있고 유능하고 책임성을 발휘했다고 누군가가 말한다면 그것은 현실과 먼 이야기다. 민주주의하에서 한국의 관료는 복지부동, 무책임, 전문성의 결여, 무능, 부패, 무사안일, 줄 대기, 위계 체계의 혼란 등 수행 능력을 평가하는 기준에서 볼 때 거의 모든 요소들이 부정적이다. 민주화 이후 한국의 행정 관료 체제가 유능한 관료에서 무능한 관료로 변한 것은 극적인 변화가 아닐 수 없다. 그렇다면 그 요인은 무엇인가? 다음과 같은 요인을 생각해 볼 수 있다.

첫째, 박정희 정부 시기처럼 성장 목표의 달성과 같은 위로부터 주어진 국가 목표가 존재하지 않는다. 민주주의와 시장 중심 경제체제에서 그런 목표 설정은 더 이상 가능하지 않다. 둘째, 과거의 중앙정보부·안기부와 같은 강권 기구의 역할이 지속될 수 없다. 권위주의하에서 정보 기구는 국가의 방대한 관료 기구를 통제하고 조율하며, 평가하고 징벌하는 기능을 함으로써 정부가 설정한 목표 달성을 위해 최고 행정 수반이 관료 기구를 동원할 수 있도록 했다. 그러나 민주주의하에서 정보 기구의 이런 역할이 지속될 수는 없다. 따라서 오도넬이 말하는 일종의 '수평적 책임성'[12]의 기능이 발전되어야 한다. 그러나 민주화 이후 행정 개혁을 통해 이런 수평적 책임성의 제도와 관행을 관료 체제 내에 만들어 내지 못했다. 셋째, 민주화 이후 단임 대통령의 임기를 기점으로 이루어지는 단기적 정권 교체는 미래에 대한 관료 개개인의 장기적 전망을 약화시켰다. 만약 민주적 정권 교체 때문에 관료 조직이 제 기능을 못한다면, 그것은 관료 체제가 공식 조직으로서 가져야 할 보편성과 자율성을 얼마나 결여하고 있었는지를 보여 주는 것이다. 넷째, 정권 교체에 따라 과거 관직의 유지와 안정화를 가능케 한 연줄 관계가 변화됨으로써, 관료적 위계 구조의 혼란이 나타나고 그 결과 줄 대기, 복지부동, 전문성의 결여, 무능, 무책임이라는 부정적 측면이 심화되었다. 결국 이상의 원인들은 민주 정부가 관료 체제를 민주적으로 운용할 수 있는 패러다임을 개발하지 못한 결과라고 하겠다.

민주주의하에서 관료의 부패가 권위주의 시기보다 더 심해졌다는 비판이 많다. 내 생각으로는 그것은 거대 언론이 만들어 낸 하나의 이미지가 아닌가 한다. 민주화 이후 거대 언론은 일종의 대리 법원과 같은 역할을 떠맡고 나섰다. 정당 간의 경쟁이 실제적인 정책 이슈를 떠나 정치인 개개인의 부정, 비리 문제, 당의 정치자금 동원과 관련된

12_수평적 책임성(horizontal accountability) | 선거라는 기제를 통해 이루어지는 수직적 책임성(vertical accountability)과 대비되는 개념으로, 국가기구 간의 상호 감시와 견제를 통해 확보되는 시민에 대한 공직 담당자의 책임성을 의미한다. 이를 위해서는 지속적으로 공직 담당자의 권력 잠식 행위나 부정행위, 태만적 행위를 제재할 수 있는 독립적인 기구의 권위적 역할이 제도화되어야 한다. 대표적인 기구나 제도로는 감사원, 독립적인 통계 기관, 특별검사제, 반부패 위원회, 옴부즈맨 제도 등을 들 수 있다. 이는 오도넬에 의해 개념화되었는데, 그 이론적 근거로 공화주의(republicanism)를 들고 있다. 사익에 우선하는 공익의 정신과 가치를 시민적 덕의 핵심으로 하는 공화주의는 공직자의 시민에 대한 책임성을 그 중심 요소로 한다.
Guillermo A. O'Donnell, "Horizontal Accountability," Andreas Schedler, Larry Diamond and Marc F. Plattner eds., *The Self-Restraining State : Power and Accountability in New Democracies* (Boulder, Colo.: Lynne Rienner, 1999).

문제, 나아가 부패문제 등을 중심 이슈로 전개되면서, 거대 언론은 이런 비리를 파헤치고 판정하는 사실상의 준사법적 기능을 하게 된 것이다. 물론 민주주의하에서 공직자가 부패했다는 사실을 부정하는 것은 아니다. 다만 부패의 유형과 규모의 차이를 말하는 것이다. 구체제하에서 부패는 구조적이고 대규모적이었다. 그러나 민주주의하에서는 투명성과 민주적 통제가 중대함에 따라 대규모 부패가 어려워진다. 국가의 지대 추구적 행위가 부패의 온상이 되는 것은 예나 지금이나 동일하다. 요컨대 민주주의하에서 무능·무책임이 증대했지만 이들의 부패가 더 악화되었다고 말할 수는 없다. 부패는 어떻게 정의되느냐에 따라 그 범위와 내용이 크게 달라진다. 국가 부문에서의 부패, 국가 예산의 낭비, 대규모 국책 사업에서의 낭비, 사적 전용, 공적 자금 운용의 낭비 등은 민주주의하에서도 권위주의 시기처럼 심각한 문제가 아닐 수 없다. 그러나 여기에서 강조해야 할 것은 사적 권력기관화된 거대 조직과, 사기업을 중심으로 하는 시장과 민간 부문의 부패, 그리고 한국 사회의 상층 엘리트의 부패가 더욱 심각한 문제라는 점이다. 언론사 세무조사를 통해 또는 총리 지명을 위한 국회 청문회를 통해 우리는 한국 사회 상류 엘리트층의 탈법·부패의 일단을 목도하게 되었다.

권위주의 시기 관료가 과연 지배 연합 내에서 얼마나 자율적이었나 하는 문제도 중요하다. 설령 박정희 시대까지 국가 관료제가 가장 근대화되고 유능한 조직이었다고 인정한다 해도, 적어도 1980년대 이후 관료제는 민간 기업 조직의 빠른 성장에 뒤처졌다고 할 수 있다. 제5공화국의 재벌 기업 통제 능력도 사실상 집권 초를 지나자마자 사라졌다고 할 수 있다. 민주화 이후 민간 정부가 취약해짐에 따라 거대 관료제의 문제 또한 심화되어 왔다고 하겠다.

3. 민주화와 대통령제의 문제

무력한 정부와 강력한 대통령

지금부터 말하려고 하는 것은 민주화 이후 국가의 특징인 무력한 정부의 문제와 제도적으로 강력한 국가를 의미하는 대통령제가 병존하는 현상에 대한 것이다. 민주화 이후 정부로서의 국가가 무력해졌다는 앞서의 진술과 대통령제가 제도적으로 강력한 국가를 구현하는 계기라는 진술은 모순되는 것처럼 보인다. 우선 그동안 한국의 국가를 강력한 것이라고 말할 수 있게 했던 대통령은 무엇인가, 민주화 이후에는 어떻게 변했는가 하는 문제를 살펴보도록 하자.

우리나라는 건국 이후 1987년 민주화에 이르기까지 채 40년도 안 된 기간 동안 무려 아홉 차례나 헌법을 개정했다. 한국 헌정사의 험난한 도정을 이보다 잘 드러내 주는 징표는 없다. 그것은 정치체제의 불안정성과 낮은 수준의 민주주의 제도화를 말해 주는 것이기도 하다. 4·19 혁명 이후의 제4차 개정을 제외한다면 개헌은 모두 정부의 권력 구조, 최고 행정 수반의 선출 방법, 임기, 권한에 관한 것이다. 말하자면 한국 헌정사의 불안정은 거의 대통령과 관련된 것이다.

그러나 매우 흥미 있는 것은 정부 형태나 대통령의 임기와 권한을 둘러싼 이슈가 중요함에도 불구하고 사회의 광범위한 토론과 논쟁 그리고 이를 토대로 한 사려 깊은 디자인이 깊이 있게 이루어지지 않았다는 사실이다. 건국 헌법이 제정된 시기는 당시의 혼란을 고려할 때 그렇다 치더라도, 4·19 혁명 이후에도 왜 대통령중심제로부터 의회중심제(내각책임제

보다 의회중심제가 정확한 개념이다)로 정부 형태가 바뀌어야 했는지에 대해 당연히 있어야 할 심도 있는 토론과 광범위한 논의가 없었다. 대통령제는 마치 독재를 의미하는 것처럼 생각되었고, 따라서 이승만 정부가 붕괴되자 새로운 정부는 거의 자동적으로 의회중심제를 택했다.

1987년 6월 민주항쟁 이후의 상황도 마찬가지였다. '최소 정의적 민주주의'의 인식이 일반화되었던 당시의 상황에서 군부 권위주의로부터 민주주의로의 이행은 무엇보다도 권위주의하의 대통령 간선제의 안티테제가 되는 대통령 직선제로의 전환을 의미하는 것이었다. 따라서 의회중심제든 대통령중심제든 그 제도가 우리 사회에서 갖는 장단점을 포함해 제도의 효과에 대한 광범위한 토론은 생략되었다. 결과적으로 제도(선택)에 대한 파당적 이해관계를 넘어 특정의 제도, 특정의 경쟁 규칙이 사회와 시민의 이익과 요구를 얼마나 잘 대표하고, 민주주의 발전에 얼마나 기여할 수 있을 것인가 하는 보편적인 기준에 대한 고려나 관심은 우리의 전통 속에 자리 잡지 못했다.

대통령제는 권위주의와 친화적인가?

민주화 이후 한국의 정치체제는 국민이 선거를 통해 국가의 최고 행정 수반을 직접 선출하기 때문에 체제 유형은 권위주의와 다르지만 대통령중심제를 정부 형태로 택하고 있다는 점에서 구체제와의 차이는 없다. 민주주의하에서 대통령은 정당을 매개로, 선거 경쟁을 통해, 국민의 대표로서, 국민들 사이에서 민주적 리더십을 구현하는 것이라 할 수 있다. 무엇보다 민주적 리더십은 법으로 규정된 권한과 의무에 따라, 그러나 그것보다 더 넓고 유연한 공직 수행을 통해 국민의 요구에 응답해야 할 의무를 진다. 동시에 국민은 선출된 대표가 제대로 공직을 수행하는지 감시·감독하고 그에 제재를 가할 수 있는 다양한 실천적·제도적 방법들을 가져야 한다. 이런 쌍방 관계는 민주주의의 핵심적 내용으로서, 이를 통해 공적 '책임성'의 관계가 설정되는 것이다. 일찍이 루소는, 18세기 말 민주주의 제도로서 영국의 하원 의원 선출에 대해 말하면서 "영국인들은 투표할 때에만 자유롭고 이후에는 노예가 된다"라고 비판했다.[13] 그로부터 200년이 지난 현대의 대의 민주주의에서도 선출하는 투표자와 선출된 대표 사이의 관계를 높은 책임성의 끈으로 묶는 일은 쉽게 실현할 수 있는 일이 아닌 것처럼 보인다.

민주주의에서 대통령제가 권위주의로 흐를 수 있는 위험성은, 정치 문화나 정치 전통이 권위주의적이거나 가부장적인 요소가 강할 때, 그리고 이런 정치 문화가 강력하게 중앙 집중화된 국가권력을 갖거나 사회적으로 다원주의의 저발전이라는 구조적 특성과 결합할 때 매우 커질 수 있다. 우리나라가 역사적으로나 혹은 동시대에 강한 권위주의적 유산을 갖는다고 할 때 그 가능성은 더욱 커지게 된다. 그러나 무엇이 대통령을 권위주의적이게 하는가를 설명하기 위해서 추상적인 이유를 살펴보기 이전에, 먼저 우리의 경우 대통령의 일상생활과 업무 수행의 물리적 환경에서 그 원인의 실마리를 찾는 것은 흥미롭다.

한국의 경우 대통령은 대통령이 되는 순간부터 급변하는 지위와 그가 놓이게 되는 물리적 환경의 변화에 압도된다. 선거에서 승리한 민주 정부의 대통령은 대통령으로서의 업무가 시작됨과 동시에, 아니 당선된 그 순간부터 경호의 목적에서 시민과 공중으로부터 신체적으로 분리된다는, 정치학자 출신으로 정부에

13_Jean Jacques Rousseau, *The Social Contract*(Harmondsworth: Penguin, 1968) p. 114[『사회계약론』, 이태일·최현 옮김, 범우사, 2002].

참여한 경험을 가진 이홍구 전 총리의 지적은 훨씬 현실적이다. 아마 누구보다도 먼저 국가의 안보·정보 기구의 장들은 여러 기밀 사항에 대해 당선자에게 체계적으로 보고할 것이다. 그리고 다른 주요 고위 공직자들이 그 뒤를 이을 것이다. 이 과정은 이후 대통령이 곧 겪게 될, 이른바 대통령이라는 지위에 맞게 생각의 구조를 바꾸는 것의 시작에 불과할 것이다. 청와대의 대통령 공관과 집무실 건물은 일반인의 생활과 활동 공간으로부터 고립되어 있고, 이들 건물의 내부는 궁정을 연상시키는 분위기를 자아낸다. 권위주의 시절부터 내려오는 경호실의 규모는 우리나라의 크기를 감안할 때 세계 최고의 수준이라 할 만하다. 대통령 비서실의 구조는 내각 위의 내각이라고 할 수 있고 그 자체의 관료 체제를 형성하고 있다. 이런 환경은 권위주의에는 어울릴 수 있을지 모르나 민주주의와는 병립하기 어렵다. 설령 민주적으로 선출되었다 하더라도, 그가 플라톤이 말하는 철학자왕philosopher-king이 아닌 다음에야 이런 환경에서 민주적인 대통령이 되기란 거의 불가능할 것이다. 한국의 대통령을 둘러싸고 있는 물리적 환경이 보여 주는 것은 그것이 권위주의와 매우 친화적이라는 것이다. 이런 환경이 획기적으로 개혁되어 민주적으로 재편되지 않는 한 다른 것들이 모두 민주화된다 하더라도 대통령직의 민주화, 즉 국가의 민주화는 어려울 것이다. 이런 조건에서 중요 정치적 이슈로 떠오르게 된 것이 '제왕적 대통령'을 둘러싼 논의다.

제왕적 대통령론의 문제

제왕적 대통령론[14]을 제기하는 담론에는 허와 실이 존재한다. 한편으로

이 논의는 민주주의하에서도 '선출된 군주'로 특징지을 수 있는 권위주의적 대통령이 더 강하게 유지될 수 있다는 진실을 담고 있다. 승자독식, 대통령으로의 과도한 권력 집중과 대통령에게 부여된 강력한 권력, 대통령의 권력을 견제할 수 있는 장치의 부족함, 자의적 권력 사용을 가능하게 하는 법·제도적 경계의 모호함, 막강한 권력의 사적 전용과 그로 인한 부패 등, 이 담론은 사회에 공감대를 넓힐 수 있는 정당한 근거를 갖는다. 그러나 제왕적 대통령론을 제기하는 담론은 동시에 그 비판 속에 내장된 지나친 보수적 파당성으로 인해 진실을 왜곡하고 있는 면도 크다.

대통령의 권력이 지나치게 크다는 비판자들은 한국의 대통령을 '제왕적'이라고 규정한다. 대통령을 제왕적이라고 주장하는 논거로 다음과 같은 요소들을 지적한다. 대통령은 권위주의적인 정도가 아니라 조선 시대의 군왕과 같은 존재로 견제 없는 절대 권력을 향유한다는 것, 국가권력을 사유화하고 그렇기 때문에 부패한다는 것, '위임 민주주의'처럼 선출한 유권자에 대한 책임성으로부터 벗어나 의회를 통한 적법적 절차보다도 비상조치를 남발하면서 국민 위에 군림한다는 것, 위로부터 대중을 동원하는 포퓰리즘적 선동 정치를 통해 카리스마적으로 중우정치를 주도한다는 것, 공익을 대표해야 할 국가의 수반이 정당의 총재직을 유지함으로써 정당의 리더로서 공익을 파당적 이익에 종속시킨다는 것 등이다. 따라서 이런 '최악의 지배 형태'로부터 벗어나기 위해서는 대통령의 권력을 단순히 분할하고 제한하는 것으로는 안 되고, 이른바 'CEO 대통령'이라는 새로운 패러다임으로 전환해야 한다는 것이다. 이런 주장과 관련해 두 가지 문제가 제기된다. 하나는 민주화 이후 한국의 대통령은

14_제왕적 대통령론 | 1970년대 초, 리처드 닉슨 미국 대통령이 의회의 승인 없이 캄보디아에서 전쟁을 벌이고, 대통령에게 부여된 비상대권을 국내의 정치적 반대자에게 행사하고, 정적의 사무실에 도청장치를 설치하는 등 과도하게 권한을 남용한 것을 비판한 역사학자 아서 슐레진저 2세의 저서 제목에서 유래한 개념. 세자리즘적 대통령(Caesarian President)이라는 개념과 함께 미국에서 대통령 권력을 비판하기 위해 파당적으로 사용되어 왔다.
Arthur Schlesinger, Jr., *The Imperial Presidency* (Boston: Houghton Mifflin, 1973).

과연 제왕적 대통령이라고 말할 수 있는가 하는 문제이고, 다른 하나는 이른바 'CEO 대통령'이 대안이 될 수 있는가 하는 문제다. 보다 간단한 후자의 문제부터 이야기해 보자.

제왕적 대통령의 대안으로 제시하는 이른바 'CEO 대통령'의 논리에는 근본적인 문제점이 있다. 그것은 민주주의의 근본 원리와 상충하기 때문이다. 민주주의는 한 사회를 구성하는 여러 영역 가운데서 경제로부터 정치의 분리를 전제하지 않고서는 가능하지 않다. 기본적으로 사익을 추구하는 시장의 작동 원리 및 기업의 운영 원리와 1인 1표라는 보통선거권의 평등성에 기초한 민주주의의 작동 원리는 근본적으로 상이하다. 뿐만 아니라 기업은 이윤을 추구하는 사적 조직으로서 효율성을 가치로 하고, 이를 가장 잘 실현할 수 있는 위계 구조를 조직의 특성으로 한다. 조직의 본질에 있어 기업 구조는 기본적으로 권위주의적이다. 국가도 하나의 거대 조직이기 때문에 사기업이 구현하려는 효율성의 원리를 운영 원리로 받아들일 수는 있지만, 그러나 국가는 한 사회를 통합하고 시장 질서를 유지하고 시민권의 원리와 배분적 정의를 통해 공공복리를 실현하고자 하는, 사회 전체를 위하고 대표하는 공공의 조직이다. 시장에서의 경쟁과 이윤 추구를 존재 이유로 하는 사기업의 운영 원리와 그 조직을 관장하는 CEO의 리더십은, 주권을 갖는 국민의 대표 기관인 국가의 수반으로서 대통령의 정치 리더십과는 근본적으로 상이하다.

CEO 대통령 논의는 오늘날 세계를 풍미하는 신자유주의 내지는 신보수주의 이데올로기의 한 산물임에 분명하다. 그것은 경제와 정치 사이에 가로놓여 있는 큰 차이를 제거하려 한다. 또한 그것은 경제를 보다 지배적인 것으로 만듦으로써 정치를 경제적 힘에 종속되어야 할 존재로 인식하게 한다. 개념적으로는 여전히 분리되어 있지만 규범적으로 정치가 경제에 종속되어야 한다는 것이다. 이 이데올로기의 가장 큰 특징은 시장 지향적이고, 국제 자본 지향적일 뿐만 아니라 정치에 대해 부정적이고 반정치적인 태도를 갖는다는 것이다. 이것은 '정치는 부패했다', '정치란 비합리적이다', '정부란 해결책이 아니라 문제 덩어리다'라는 식의 신자유주의 논리와 맞닿아 있다. 나아가 이런 논리는 적극적인 노동시장 정책을 펴고 사회복지를 확장하거나 사회정책을 강화하는 한편, 시장의 불평등 효과와 자본의 영향력을 통제하려는 국가 또는 정부의 모든 노력에 대해 반대한다. 이런 반대를 정당화하기 위해 그들은 정치의 존립 근거를 없애려 하고 있는데, 이것이야말로 민주주의 자체에 매우 위험한 것이 아닐 수 없다.

다음으로 민주화 이후 한국의 대통령을 제왕적 대통령이라고 할 수 있는가의 문제에 답하기 전에 먼저 '제왕적 대통령'이라는 말이 처음 사용된 미국의 상황을 살펴보는 것은 흥미로운 일이다. 대통령의 권위주의적 행태를 비판하기 위해 사용된 이 말의 어원은 건국 초기까지 거슬러 올라간다. 이 말의 사용을 최근으로 국한해 보더라도, 1970년대 초 케네디 대통령의 특별보좌관을 지낸 역사학자 슐레진저 2세Arthur Schlesinger, Jr.부터 공화당 부시 정부의 대외 정책에 대한 예일대학 애커만Bruce Ackerman 교수의 비판에 이르기까지 거기에는 분명한 특징이 발견된다. 즉, 그것은 의회의 승인 없이 전쟁과 평화에 대해 초법적 정책 결정을 내리는 대통령의 권력과 권한을 비판하는 것이다. 대통령 직속 관료제의 발전, 대통령을 고립시키고 책임성을 상실하게 만든 냉전의 압력과 안보를 구실로 한 비밀주의, 전쟁과 평화에 대한 대통령의 독단적 정책 결정, 전통적인 정당 구조의 약화와 대통령이 정치적 결정의 초점이 되는 현상 등이 대통령을 제왕적이게 한다는 것이다. 그렇기 때문에 이들의 비판은 주로 닉슨 정부나 부시 정부에서와 같이 보수적 공화당에 대해 민주당이나 자유주의파의 입장에서 행해졌다. 바꾸어 말하면 제왕적 대통령의 논의는 국내 정치 이슈보다는 미국이 세계에 대해 갖는 막강한 힘 때문에 대통령이 엄청난 권한을 행사할 수 있게 되는 대외 정책 이슈와 관련된 것이고, 그것이 학문적 개념으로서가 아니라 대체로 보수적이고 팽창적인 대통령에 대한 자유주의파의 파당적 비판을 표현하는 말로 사용되고 있다는 것이다.

우리나라에서는 누가, 왜, 언제, 어떤 정황에서 이런 담론을 사용했고, 어떻게 확산되었는가 하는 문제를 살펴볼 필요가 있다. 처음 이 말이 나타났던 것은 1996년 김영삼 정부 시기에 전두환·노태우 전직 대통령이 전격적으로 구속되었을 때였고, 그것은 주로 과거 권위주의 세력들이 김영삼 정부의 '역사 바로 세우기'에 대한 비판의 일환으로 제기한 것이었다. 이 담론이 거대 언론을 통해 본격적으로 나타난 것은 2001년 말 이래 김대중 정부에서였다. 대통령의 당 총재직 사퇴에 대한 압력, 언론사 세무조사 등 주요 개혁 이슈에 대한 후퇴, 대통령에 대한 지지율의 지속적인 하락, 대통령 리더십의 현저한 약화 등이 맞물려 있었고, 그에 따라 대통령과 정부에 대한 야당과 언론의 비판 공세가 고조되기 시작한 시기였다.

제왕적 대통령 담론은 모두 김영삼 정부 시기와 김대중 정부 시기의 민주화 개혁 이슈 내지는 개혁 정책의 추진과 직접적인 관련을 갖는다. 또한 대통령의 리더십 약화 문제, 그리고 의회에 대한 대통령과 정부의 취약한 지지 기반의 문제와 직결된 것이기도 하다. 특히 김대중 정부 시기에 제왕적 대통령 담론의 비판적 위력이 훨씬 강할 수 있었던 것은 이 두 요소가 모두 관련되어 있기 때문이다. 다시 말해 대통령과 의회의 권력관계가 여소 야대적 상황에 직면했고, 그러면서도 이데올로기적 지지 기반의 소수자적 지위로 인해 발생하는 허약함을 가졌다는 것이다. 이는 내가 헤게모니 없는 정권이라고 불렀던 상황을 구성하는 요소들이다. 이런 조건에서 제왕적 대통령 논의를 둘러싼 일종의 '담론 동맹'을 볼 수 있는데, 이는 무엇보다 거대 언론과 보수적인 야당의 동맹을 말하는 것이다. 미국의 사례와 달리 이 비판적 담론은 대통령이 실제로 제왕적일 때가 아니라, 대통령이 너무나 허약할 때 이를 더 허약하게 만드는 담론으로 사용되었고, 자유주의파들이 보수파를 공격하는 것이 아니라 그 반대의 무기로 사용되었던 것이다.

내가 말하고자 하는 것은 우리나라의 의회 권력을 어떤 제도적 장치로써 견제해야 한다는 것을 주장하는 것이 아니라 그것의 전횡이 문제가 되고 있다는 것이다. 내가 '제왕적 대통령'을 비판적으로 논의하는 것은 강력한 권력을 갖는 대통령의 권력과 권한이 제한되고 견제되지 않아야 한다는 것을 말하려는 것이 아니다. 그보다는 제왕적 대통령론의 담론적 형태를 비판하는 것이다. 그것은 민주주의가 발전하지 않아서 만들어진 문제의 원인을 특정 대통령, 특정 정부의 책임으로 돌리면서 현직 대통령을 공격하는 데 초점을 맞춤으로써 근본적인 문제가 아닌 표면적인 문제만을 보고 있기 때문이다. 대통령이 자신의 권한을 대폭적으로 분산·위임하면서 새로운 민주적 리더십을 발휘하는 것은 중요하다. 그러나 어디까지나 그것은 대통령 제도를 좀 더 잘, 민주적으로 작동하게 하는 차원의 문제로 접근해야지, 파당적 이해관계의 좁은 관점으로 대통령직의 수행 자체를 불가능하게 만들어서는 안 된다.

대통령의 민주적 리더십

민주화는 얼마나 한국의 국가를 민주적으로 바꾸었는가? 그리고 그 정점에 위치하는 대통령을 얼마나 민주적으로 바꾸었는가? 대통령직을 둘러싼 제도 변화의 논의는 이런 문제의식을 가져야 한다. 동시에 이런 문제의식은 국가·시민사회, 국가·시장 간의 민주적인 관계의 틀을 발전시킨다는 넓은 퍼스펙티브에 기반을 두어야 하고, 보다 구체적으로는 이를 구현하기 위해 대통령제에서는 어떤 정당 체제를 발전시키는 것이 바람직한가 하는 문제의식을 포함해야 한다. 그렇지 않고서는 효과를 갖기도, 민주주의 발전에 기여하기도 어렵다. '제왕적 대통령' 담론이 민주화 이후 대통령직의 문제를 지적하고 있음에도 불구하고, 그것이 문제의 핵심을 건드리지 못하고 있는 것은 문제가 만들어지는 원인과 효과에 대한 인과관계를 잘못 보고 있기 때문이다. 즉, 대통령의 권위주의가 모든 문제의 근원이 아니라, 그것은 한국 정치가 안고 있는 여러 문제들의 결과물이라는 것이다. 미시적 수준에서 비쳐진 문제점들, 예컨대 대통령의 권위주의적이고 가부장적 행태나, 비선 혹은 측근에 지나치게 의존하는 데서 오는 국정의 난맥상이라든가 '아들 부패' 같은 현상, 권력의 사유화 현상으로 드러나는 사인주의personalism적 요소 등의 문제점들은 차라리 부차적인 것처럼 보인다. 그런 문제들이 해결된다고 해서 대통령이 민주적이 될 수 있을 것인가?

무엇보다도 대통령을 권위주의적이게 만드는 것은, 그의 말과 직무 그리고 정책 공약에 대해 그를 지지해 준 투표자들에게 책임을 지지 않고 구속되지 않는 상황의 결과물인 것이다. 대통령은 국가와 시민사회, 정부와 투표자를 매개하고 그들을 대표하는, 그리고 그들에게 책임을 지는 정당의 리더인 동시에 국가의 최고 행정 수반인 것이다. 대통령이 권위주의적이 되는 것은 기본적으로 정당의 허약함 때문이다. 대통령이 정당의 수장으로서 정당을 사유물처럼 좌지우지할 수 있다면 그것은 대통령이 권위주의적이기 때문이 아니라 정당이 약하기 때문이다. 정당이 사회에 뿌리내리지 못하고 권력의 연원이 그 기반으로부터 나오지 않기 때문인 것이다. 내 생각으로는 대통령을 둘러싼 문제의 중심에 정당이 위치하고 있으며 그렇기 때문에 얽힌 인과의 고리들을 풀어나가는 데 있어 정당과 정당 체제를 민주적으로 발전시키는 것이 문제의 핵심이 된다. 그렇다면 오늘의 한국 정당 체제에 있어 가장 큰 문제점은 무엇인가? 한마디로 그것은 정당과 사회의 거리를 줄여야 한다는 것, 즉 정당을 사회의 갈등에 뿌리내리도록 해야 한다는 것이다.

내가 이 책에서 시종일관 말하고자 하는 것은 냉전 반공주의가 한국의 정당 체제를 이념적으로 극히 협애한 틀에 가두어 놓았다는 것이다. 바꾸어 말하면 그것은 갈등이 대표될 수 있는 여지를 극히 좁혀 놓았다는 것이다. 뿐만 아니라 1950년대 이래 냉전 반공주의의 헤게모니는 갈등 그 자체의 언표화를 어렵게 만들고 무조건 통합하자는 식의 갈등 부재의 담론을 지배적인 것으로 만들었다. 통합과 컨센서스의 가치가 중요하지 않다는 것이 아니다. 그것은 정치과정으로서 갈등이 표출되고 조직되고 타협된 결과이지 그 과정의 시작이요 끝이 아니다. 정치는 갈등의 존재와 그 때문에 분열되어 있는 사회를 전제로 경쟁과 타협을 통해, 갈등을 민주적으로 표출하고 정당을 매개로 이를 민주적으로 해소하는 과정이며, 그 효과가 사회의 통합을 가져오는 것이다. 따라서 갈등이 정치의 담론에 존재하지 않는다고 해서 통합이 성취되는 것은 아니다. 그러할 때 통합이라는 말은 기득 이익에 봉사하고 현상 유지를 위해 억압의 강도가 높아진다는 것을 나타내는 것 이외에는 다른 말이 아니다. 반대로 해소되지 않는 갈등은 사회를 저변에서부터 병들게 하고 해체하며, 그 표출을 억제하기 위한 억압의 구조를 사회 각 부문, 사회 각 수준에서 강화하는 방향으로 나아가게 할 것이다.

이런 상황은 그렇게 축적된 갈등이 최종적으로 폭발할 때까지 기다리기도 전에 이미 사회로 하여금 엄청난 부작용과 함께 충분한 대가를 지불토록 할 것이다. 갈등이 정치적으로 표출되고 해결될 수 없는 상황은, 대통령은 대통령대로, 행정 관료는 행정 관료대로, 의회는 의회대로, 여당은 여당대로, 야당은 야당대로, 정치 엘리트들이 사회로부터 분리되고 투표자에 대한 책임에서 벗어나 임의적 권력을 증대하려는 욕구를 방치함으로써 타락한 정치의 악순환을 거듭하게 만든다. 근대화론을 통해 현대 민주주의의 기초를 놓은 립셋은 갈등과 컨센서스라는 두 기본 요소를 통해 사회를 파악하고, 이 두 요소가 모두 민주주의를 위해서는 필수적인 것이라고 강조한다. 오늘날 정치사회학의 고전으로 평가되는 『정치적 인간』[15]의 서두에서 그는 다음과 같이 말한다.

> 놀라운 것처럼 들릴지 모르지만, 안정적인 민주주의는 갈등 또는 균열의 표출을 요구한다. 그래서 거기에는 지배적 지위를 획득하고자 하는 투쟁이 있을 것이고, 집권 정당에 대한 도전과 집권하는 정당들의 변화가 있을 것이다. 그러나 컨센서스 — 권력의 평화적 경쟁, 권력 안에 있는 사람들이 내린 결정에 대한 권력 밖에 있는 사람들의 존중, 권력 밖에 있는 사람을 권력 안에 있는 사람들이 인정할 수 있는 정치체제 — 없이 민주주의란 존재할 수 없다. 그러므로 민주주의를 촉진하는 조건을 연구하기 위해서는 균열과 컨센서스의 원천에 초점을 두어야 한다.

15_Seymour M. Lipset, *Political Man : The Social Bases of Politics* (Garden City, N.Y.: Doubleday, 1960).

그리고 이어서 그는 "균열은 …… 그것이 정당성을 갖는 곳에서 …… 사회들과 조직들의 통합에 기여한다"라고 말하고 있다. 립셋의 갈등·통합의 변증법적 논리에서, 그리고 선거를 "민주적으로 제도화된 계급투쟁"이라고 보는 그의 관점에서 볼 때, 갈등의 부재는 곧 사회의 특정 집단이 공공의 집합적 결정 과정에서 배제되고 있음을 보여 주는 증거가 된다. 만약 우리가 갈등 없는 사회에서 살고 있다고 한다면, 그것은 곧 사회의 어떤 집단이 경쟁에서 배제되고 있음을 의미하는 것이다. 내가 민주주의 발전을 위해 정당을 강조하는 까닭은, 정당이 시민사회의 영역에 위치하고 있으면서 시민사회를 국가에 매개하는 역할을 갖기 때문이다. 신생 민주주의 국가에서 정당이 약한 것, 즉 민주주의가 약한 것은 서구 민주주의 정당의 제도화와는 달리 정당이 사회에 깊숙이 뿌리내리지 못했기 때문이다. 사회의 균열에 뿌리를 두지 않기 때문에 선거 경쟁에서 정당 간의 차이는 별다른 의미를 갖지 못한다. 그리고 정당과 사회 균열 사이의 연계가 약하기 때문에 선출된 공직자는 투표자에 대해 책임성을 갖지 않는다. 책임성의 원리가 작동하지 않기 때문에, 정치인의 말은 유권자와의 약속을 뜻하는 것이 아니다. 정치인들은 수사修辭와 공약을 수 없이 토해 내지만 그 말에 책임을 지도록 사회와 투표자에 의해 구속되지 않기 때문이다. 정당이 엘리트 이익과 사인적 보스주의에 기반하고 있는 이런 상황은 곧 기득 이익의 헤게모니를 보장해 주는 상황으로 귀결될 수밖에 없게 된다. 따라서 냉전 반공주의와 접맥되어 embedded 있는 낡은 정당 체제를 해체하는 것, 다시 말해 정당의 기반과 구조 자체를 급속하고도 광범위한 사회 변화가 만들어 낸 새로운 갈등 구조에 뿌리내리도록 변화시키는 것이 무엇보다 중요하다.

4. 민주화와 중앙집권화의 문제

초집중화 = 지리적 집중 + 엘리트의 동심원적 중첩

나는 이미 이 책의 서두에서 중앙 집중화의 원인과 문제점을 지적한 바 있다. 내 주장은 민주주의를 약화시키는 가장 중요한 동인의 하나가 바로 중앙 집중화라는 것이다. 이 주장을 위해서는 먼저 한국에서 중앙 집중화란 무엇을 의미하는가를 정의할 필요가 있다. 여기에서 그것은 지리적 중앙 집중화와 엘리트의 동심원적 중첩성을 합친 의미를 갖는다. 중앙 집중화가 단순히 서울로의 공간적 집중화만을 의미하는 것이 아니라 사회 주요 부문에 있어 엘리트의 중첩성이 그 위에 합쳐진 것이라고 한다면, 그것은 한국 사회의 지리적 협소함이나 전통 사회의 중앙 집중화된 유교적 관료 문화의 영향도 있겠지만 역시 냉전 반공주의의 강력함이 만들어 낸 가치 구조의 획일화와 깊은 관계를 갖는다. 이 단원적 가치 구조가 사회의 다원주의적 성격을 강화하는 데 기여하기 어렵다는 것은 강조할 필요도 없다. 다원주의가 약한 사회에서 민주주의가 발전할 수 있는가? 아닐 것이다. 아니라면 그 의미는 무엇인가?

중앙 집중화를 가져온 가장 가까운 역사적 계기는 권위주의적 산업화다. 1960년대 이후 산업화 시기의 권위주의는 정치권력과 경제적 부의 중앙 집중을 두 축으로 한 것이었다. 그렇다면 이 구조를 그대로 둔 상태에서 진정한 민주화가 가능할까라는 질문이 제기될 수 있다. 중앙 집중은 기득 이익의 헤게모니와 그 구조를 말하는 것이기 때문이다. 그 해답에는 두 가지 방향이 있을 것이다. 하나는 그 구조를 거꾸로 돌리는 정치권력의 분산, 지역적 분권화, 재벌의 분산, 교육의 분산과 가치의 다원화 등을 중심으로 다원주의적 사회구조를 만드는 것이다. 다른 하나는 중앙 집중화의 분산과 사회의 다원주의화는 너무나 엄청나고도 혁명적인 과업이기 때문에 이 구조를 완화시키려고 노력하되, 그보다는 중앙 집중화로 혜택을 보는 기득 이익을 새로운 엘리트로 대체하는 것이다. 첫 번째 방향은 너무나 비현실적인 것이기 때문에 그런 혁명적 방법이 전 국민적 컨센서스로 모아지기 전에는 실현하기 어려울 것이다. 두 번째 방법은 할 수 있는 방법이지만 설령 한다 하더라도 엘리트들의 부분적 교체만 있을 뿐 집중화의 구조에 대한 커다란 변화를 기대하기란 어려울 것이다.

중앙 집중화는 기본적으로 엘리트 구조이며 기득권 구조를 말한다. 사회의 구조가 동심원적 구조로 중첩되면서 상층으로 집중되어 있기 때문에, 이는 기본적으로 소외 계층이나 민중이 광범하게 참여하고 제한된 자원에 넓게 접근할 수 있는 구조가 아니다. 집중화의 구조는 대규모의 정치와 대규모의 경제를 지향하는 것으로, 정치에 있어 국가 중심적, 경제와 시장에 있어 재벌 중심적 구조를 강화하는 성격을 갖는다. 대규모의 정치는 정치 어젠더를 설정함에 있어 국가에 유리한 입지를 제공하고, 사회의 다양한 균열과 이익이 경쟁하는 데 불리한 조건을 만든다. 예컨대 엄청난 공적 자본을 투입해 서울의 위성도시를 만드는 계획을 수립하고 집행한다고 할 때, 그와 직접적으로 관련된 개발 이익은 우리 사회 저변의 요구를 압도할 만큼 강력한 것으로 나타난다.

국가의 성장 지표가 소수 재벌의 업적에 의존한다고 할 때 사회복지나 분배의 형평, 노동문제는 친재벌적 경제정책에 대해 부차적인 것이 될 수밖에 없다. 중앙 집중화가 정치 경쟁을 생사 투쟁의 차원으로 가열화할 것임은 불을 보듯 명확하다. 승자독식은 대통령제가 수반하는 문제점이라기보다 대통령이 중앙 집중화된 자원을 배분할 수 있는 지위를 갖기 때문일 것이다. 지역감정에 기반을 둔 정당정치는 결국 엘리트 수준에 국한된 정치가 중앙 집중화의 구조와 결합되었을 때 나타나는 직접적이고도 필연적인 결과물이다. 왜냐하면 특정 지역에 기반을 갖고 중앙에서 활동하는 지역 엘리트들이 중앙의 정치 경쟁에서 승리해 중앙의 정치 자원을 독점하는 동안, 패자가 된 엘리트들은 그 반대의 상황에 처하게 되기 때문이다. 즉, 한국의 지역당 구조는 지역에 자립적인 기반을 갖는 다원적 정치 세력 간의 경쟁이 아니라, 중앙 집중화의 구조에서 엘리트 간 경쟁의 산물이며 그 결과가 전부 아니면 전무가 되는 게임의 결과물이다. 이런 구조에서 대중은 선거 경쟁에서 위로부터 동원될 뿐 그 승리의 결과를 배분 받지 못한다. 이것은 권력을 획득하고자 하는 정치 경쟁, 선거 경쟁의 수준에서 말하고 있는 것이며, 다른 영역에서도 그와 유사한 구조가 반복되고 있다.

    예컨대 교육의 경쟁이 생사 투쟁처럼 가열화되는 이유도 이와 다르지 않다. 모든 문화적·교육적·경제적 자원이 서울로, 중앙으로 집중되어 있는 환경에서, 그리고 대학의 서열화가 동심원적 형태를 띠는 중앙 집중화의 구조와 중첩되어 있는 상황에서 대학 입시 경쟁의 치열함과 집중성은 완화되기 어렵다. 이런 조건에서 모든 학교교육은 오로지 대학 입시 경쟁이라는 하나의 초점에 집중될 수밖에 없는 것이다. 그리고 이런 조건에서 경쟁의 제도를 바꾸는 것, 즉 입시 제도의 변화는 젊은 대학지망생들로 하여금 새로운 제도를 습득해야 하는 부담만 갖게 함으로써 그들을 이중으로 괴롭힐 뿐이다. 교육개혁은 중앙 집중화의 구조를 종합적으로 완화시키는 개혁과 연계될 때만 효과를 갖기 시작할 것이다. 바꾸어 말하면 교육개혁은 학교교육의 공급적 측면, 즉 사회로 내보내는 측면의 개혁이 아니라 교육에 대한 사회의 수요적 측면, 즉 사회가 끌어당기는 힘의 구조를 바꾸지 않는 한 공염불에 불과하다.

초집중화를 허용한 한국 민주주의

이런 관점에서 민주화 이후 정치 엘리트들은 집중화를 완화시키고 다원주의적 구조를 만들기 위해 얼마나 노력했는가, 민주화 이후 정부들은 중앙 집중화를 완화시키는 데 얼마나 기여했는가 하는 문제를 제기할 수 있을 것이다. 업적 수행의 기록을 살펴보면, 이 문제에 있어 민주화 이후 정부들은 집중화를 완화하는 데 기여하지 못했을 뿐만 아니라 오히려 이를 더 심화시켰음을 알 수 있다. 서울로의 인구 집중을 비롯해 취업과 지역 생산 수치를 나타내는 산업의 집중도, 대학 교육, 의료 기관, 금융·서비스업 부문 등 산업의 주요 분야에 있어 집중도는 모두 20%선에서 50%선 사이에 위치한다. 전 국토에서 서울이 차지하는 면적이 0.6%라는 점을 감안할 때 집중화가 어느 정도로 심한 것인가를 쉽게 알 수 있다. 전 국토의 11.8%에 해당하는 면적을 갖고 있는 수도권을 기준으로 보면 문제의 심각성은 더욱 크게 나타난다. 2005년을 기준으로 볼 때 전국에서 수도권이 차지하는 대학 수와 학생 수는 각각 39.3%와 38.1%를 점한다. 의료 기관의 수는 2004년을 기준으로 51.1%이며, 금융의 집중도 역시 예금, 대출이 각각 2005년을 기준으로 67.8%와 66.7%에 이른다. 중앙행정기관, 정부투자기관, 정부출연기관, 정부출자기관, 개별 공공법인 등을 포함하는 공공 청사가 차지하는 비중은 더욱 심해서 2003년 기준으로 보면 평균 85.4%에 이른다. 이 지표들은 모두 양적인 것만을 가리키는 것으로

질적인 내용을 본다면 서울과 지방, 수도권과 비수도권의 차이는 그보다 훨씬 심할 것임이 분명하다.

이런 집중화가 민주화 이후 더욱 심화되어 왔다는 점도 분명하다. 1980년, 1990년, 1999년, 2004년을 비교할 때 인구의 집중은 35%, 43%, 46%, 48%로, 지역총생산은 35.7%, 43.9%, 44.6%, 47.7%로 증가했다. 전체 취업자 수에 있어서도 수도권이 차지하는 비중은 2005년 기준 49.1%에 달하게 되었는데, 김대중 정부 시기에 급성장한 신산업 분야의 집중화 정도는 더욱 심각해서, 소프트웨어와 벤처기업, 정보통신사업체, 각종 연구소 등의 경우 60%에서 80%가 수도권에 집중되어 있다.

초집중화의 완화를 위한 새로운 접근

그렇다면 이런 집중화를 완화하는 방법은 무엇인가? 만약 우리가 집중화를 서울이나 수도권으로의 지리적 중앙 집중화로만 이해한다면 그 대안은 지리적 집중을 완화하는 것이고, 따라서 지방으로의 자원의 공간적 분산이 될 것이다. 지금까지 중앙 집중화에 대한 대책을 말할 때면 대체로 수도권 개발 억제, 지방 분산이 그 대안으로 이해되었다. 따라서 정책 대안들도 권력이나 여러 다른 경제적·문화적·교육적 자원의 지방 배분이라는 개념을 중심으로 이루어졌다. 지방자치의 개념도 그 일환이고, 지방대학 육성 등과 같은 대학 교육 정책 대안들도 그런 발상의 결과라고 할 수 있을 것이다.

사회 각 분야의 엘리트 집중도가 여전히 강하고 그 충원 구조가 여전히 동심원적 구조를 갖고 있는 상황에서, 이런 지방 분권·분산 개념이 초

집중화의 문제를 얼마나 완화할 수 있을지는 극히 의문이다. 동심원적 엘리트 구조가 유지되는 상황에서 이런 분권·분산 정책이 실효성을 갖기도 어렵거니와, 설령 양적인 지표상으로 분산과 분권이 점차 이루어진다 해도 그것은 종래 지방의 중앙 의존과 중심·주변 관계를 변화시키지 못한 채 중앙의 엘리트 구조와 지방의 엘리트 구조라는 또 다른 이중구조를 만들어 낼 뿐일 것이다.

이런 접근이 아닌 중앙 집중 완화의 방법은 중앙 집중화의 정의와 직접적인 관계를 갖는다. 앞에서 말했듯이 내가 한국의 집중화를 초집중화라고 표현하는 이유는 두 가지 다른 측면, 즉 지리적 중앙 집중과 엘리트 구조의 중첩성이 결합되어 집중화의 정도를 서로가 상승시키고 있다고 생각하기 때문이다. 따라서 집중을 완화하는 방법은 일차적으로 두 개의 결합을 분리하는 것에서부터 시작해야 한다. 지리적 분산은 계속 시도해야겠지만, 그보다 엘리트의 동심원적 구조를 해체하는 것이 더욱 중요하다. 정치·경제·문화·교육 엘리트들이 서로 중첩되어 있는 구조를 해체한다는 것은 무엇보다 각 영역의 독자성이 강화된다는 것을 뜻한다. 대학 개혁은 이 점에서 매우 중요하다. 한 대학의 출신자가 정치·경제·사회·문화·교육 등 사회의 모든 주요 분야에서 절반에 가까운 비율로 상층 엘리트적 지위를 차지하고 있는 나라는 한국 이외에는 없을 것이다. 그리고 그 밖의 몇 개 대학이 추가된다면, 한국 사회에서 거의 모든 분야의 상층 엘리트는 몇 개 대학 출신으로 채워질 것이다. 여기에 가치의 획일주의가 지배하고 이념적 다원성까지 없다고 한다면 한국 사회는 얼마나 획일적이고 동질적인 엘리트 구조와 사회구조를 가질 것인가?

사회 주요 영역의 독자성을 강화한다는 것은 곧 사회의 다원주의를 발전시키는 것을 의미한다. 그것은 왜 정치 영역에 있어 이데올로기적 스펙트럼의 확대가 중요한가, 왜 정당들이 넓은 이념적 공간에서 경쟁하는 것이 중앙 집중화를 완화하는 데 있어서도 중요한가를 말해 준다. 정당 간 경쟁이 확대된다는 사실은, 정당이 안정적이고도 강력하게 사회적 기반을 갖는 것을 의미하고, 지금까지 정치적으로 대표되지 못했던 사회집단들, 특히 노동자계급과 같은 소외 계층들이 정치의 중요 행위자로 참여하게 되는 것을 의미한다. 즉, 정치가 엘리트의 전유물이 되지 않는 것이다. 그러므로 현재의 엘리트 중심적 정당 체제, 정당 간 차이가 별다른 의미를 갖지 않는 보수정당 구조는 사회의 새로운 참여자들을 받아들임으로써 다원화되는 것이 필요하다. 정치의 권력 자원을 폭넓게 분점할 수 있는 구조는 곧 분권화를 의미한다. 지금까지 정치의 중앙 집중화는 소수의 정치 엘리트들이 정치 자원과 권력을 독점하면서 카르텔화한 결과이기도 하다. 정치의 다원주의는 교육개혁과 재벌 개혁 등 다른 영역으로 다원주의를 확산하는 중요한 시발이 될 것이다.

6장 | 민주화 이후의 시장

1. 민주화와 시장의 개혁

권위주의 산업화는 어떤 시장을 만들었나

이 장에서 나는 시장과 민주주의에 대해 말하려 한다. 여기서 말하는 시장은 일반적인 재화의 흐름이나 기업 혹은 소비자의 미시적 행위 메커니즘과 같은 경제학의 주제로서의 시장이 아니다. 여기서 논의하고자 하는 것은 권위주의 국가에 의해 제도화되고 한국 민주주의 발전에 일정한 제약을 부과하고 있는 특정한 정치경제적 체제로서의 한국의 시장구조에 관한 것이다.

한국의 시장이 서구의 시장과 근본적으로 상이한 경로를 거쳐 형성되었다는 것은 주지의 사실이다. 시장이 먼저 민간 부문에서 생성·발전한 것이 아니라, 주요 정치적 계기들을 통해 국가에 의해 만들어졌다는 것이다. 다시 말해 한국의 시장은 그 이전에 존재하던 시장적 요소가 발전하고 변화되면서 형성된 것이 아니라, 사실상 국가에 의한 권위주의 산업화 과정에서 창출되었다고 말할 수 있다. 물론 그 이전에 시장이 존재하지 않았던 것은 아니다. 그러나 그때의 시장은 상품을 구매할 수 있는 곳이라는 의미만을 가질 뿐, 이른바 재화 및 용역의 순환과 개인의 경제행위를 특정한 양식으로 규율하는 제도로서의 시장이 만들어지고 기능하게 된 것은 권위주의 국가에 의해서였다. 따라서 한국의 시장이 갖는 구조와 성격은 권위주의적 산업화의 특징들을 닮게 되었다.

권위주의 산업화 과정에서 형성된 시장은 크게 세 가지 특성을 갖는다. 첫째는 국가가 경제의 성장 목표를 설정하고 여기에 민간 기업을 동원해 자원의 할당과 분배에 직접 영향력을 행사하는 강한 국가 주도성이다. 둘째는 이 과정에서 국가에 의해 육성된 소수의 거대 기업이 국가의 거시경제정책의 성장 목표를 대리 추진하면서 국민경제를 지배하는 재벌 경제체제다. 셋째는 노동의 배제다. 이는 생산적 자원의 할당과 분배에 영향을 미치는 정부의 정책 결정 과정에서나 보수 편향의 정치적 대표 체제에서 사회의 대표적인 생산자 집단인 노동의 참여와 대표가 허용되지 않았다는 것을 가리킨다. 권위주의 정권은 성장 및 수출 목표와 그에 따른 투자 계획을 포함하는 경제개발계획을 입안·집행하면서 자원배분을 거시경제정책에 맞게 유도하는 시장 창출적 개발 국가였고, 그 기본 무기는 금융의 관리 통제였다. 요컨대 정치 시장에서만 권위주의적 독점 구조가 존재한 것이 아니라, 경제 시장에서도 독점과 배제가 지배적 원리가 됨으로써 투명성과 공정 경쟁이라는 시장경제 본래의 특징이 발휘될 수 없었던 것이다.

시장에 대한 강한 개입주의 국가의 역할은 한국 사회에 관료적 권위주의를 뿌리내리게 했다. 국가가 국민적 열정을 근대화 추진이라는 목표로 결집하는 데 성공하고 또 일정한 거시적 성과를 창출할 수 있었을 때, 국가 목표의 설정과 가용 자원의 효율적 분배 및 할당의 기능을 담당하는 거대한 관료 기구의 역할은 부정될 수 없었다. 권위주의 산업화가 만든 시장구조에서 재벌의 성장은 놀라운 것이었다. 국가의 경제적 기반과 정부의 업적이 소수 재벌 기업에 의존할 수밖에 없게 되고, 바로 이들이 국가의 경제를 좌지우지했다는 점에는 별도의 부연 설명이 필요 없다.

　권위주의 시기에 이미 재벌은 국가권력이 침투하기 어려운 독자적인 거대 조직으로 성장했고 그 소유와 결정의 구조는 민주적 통제 밖에 존재하며, 사회 영역에서 다양한 영향력을 행사하게 됨으로써 시민사회에서 그들의 헤게모니는 압도적인 것이 되었다. 또한 재벌은 권위주의적 가치체계를 구성하는 효율 지상주의 혹은 기술 관료적 경영주의와 군사주의적 이데올로기의 보루였다. 권위주의적 노동 배제가 재벌 편향적 성장 제일주의의 다른 한 축이었다는 사실을 이해하기는 어렵지 않다. 노사관계의 수준에서나 정치적 수준에서 노동 참여의 배제가 민주주의 발전에 미치는 부정적 효과는 크다. 정책 결정 과정에 노동자의 참여가 배제된 조건에서 정치는 항구적으로 사회 상층 엘리트 간의 게임이 될 수밖에 없다. 이런 조건에서는 아래로부터의 저항과 개혁의 요구를 수용하게 된다 해도 대중을 정치로부터 소외시키는 '위로부터의 개혁'을 되풀이할 수밖에 없게 된다.

민주화의 경제적 의미

한국 사회에서 민주화는 어떤 사회·경제적 내용을 갖는가? 그것은 한마디로 기존의 권위주의 시장구조를 개혁하는 것이라고 말할 수 있겠다. 무엇보다도 재벌 중심의 시장경제구조는 민주주의라는 정치적 틀과 정치의 민주주의 틀과 상충하는 것이다. 권위주의 정권과 재벌 간의 연합은 지난날 고도성장을 가능하게 했으며, 그것은 동시에 권위주의 국가의 핵심적 기반이었다. 그러므로 이 체제가 유지된다는 사실은 사회의 한 집단에게는 기득 이익과 특권을, 다른 집단에게는 소외와 배제를 되풀이함으로써 권위주의하에서의 사회 분열과 균열을 그대로 유지시킨다는 것을 의미한다.

이뿐만이 아니다. 재벌 중심 체제의 다른 모습인 정경유착은 부패·부정·비리·탈법·비정상·비효율의 발원지가 되었다. 그리고 그것은 재벌기업에게 시장에서의 특권적·독점적 지위를 보장했고 여타 경제 주체들의 발전과 창발성을 위축시키는 결과를 가져왔다. 따라서 민주화 이후에도 재벌 중심의 경제구조를 그대로 둔다는 것은 거대한 부패 구조를 지속시킨다는 것과 같은 의미다.

국가·재벌 연합이 주도하는 시장구조는 재벌·중소기업 간, 지역 간, 부문 간, 계층 간 불균등 성장과 동전의 양면을 이루는 것이다. 이 모델에 의거한 발전 전략은 정치의 권위주의화와 불균등한 경제구조의 강화라는 현상과 병행되면서 추진되었다. 요컨대 커다란 불균등을 수반하는 성장 제일주의 정책은 정치의 권위주의화, 사회 기득권층의 강화, 노동의 소외 등 사회 균열을 낳는 심각한 소외와 사회적 분열이라는 대가를 치르면서 수행되었다고 할 수 있다. 민주주의 체제에서 노동의 배제는 갈등을 만들어 내고, 이를 통제하기 위한 권위주의적 국가 기제를 필요로 하는 악순환을 만들었다. 또한 그것은 노동에 대한 열의와 헌신을 저하시키고 공익정신의 함양을 어렵게 함으로써 결과적으로 사회 통합을 가로막는 부정적 효과를 낳는다. 따라서 이런 구조를 해체하고 정치와 경제 간의 관계를 투명하게 만드는 개혁 없이는 어떤 민주개혁도 공염불에 불과하며 사회정의와 법의 지배를 실현하기 어렵다.

개혁의 두 계기 : 민주화와 세계화

그렇다면 실제로 민주화는 기존의 시장구조에 어떤 변화를 가져왔을까? 과거의 시장이 권위주의와 짝을 이루는 구조로 형성되었다면 민주화 이후 한국 사회는 민주주의에 상응하는 새로운 시장구조를 발전시켜 왔는가? 한국에서 권위주의 산업화 과정에서 만들어진 시장구조가 개혁의 의제로 제기된 계기는 두 가지였다. 하나는 민주화이고 다른 하나는 세계화였다.

우리 사회에서 민주화가 기존의 시장구조에 변화를 요구하는 힘으로 작용하게 된 것은 1987년 6월의 대규모 민주항쟁을 그 기점으로 한다. 한국 민주주의의 역사에서 1987년 6월 민주항쟁은 우리 사회의 구조적 문제를 해결하기 위해 정치의 민주화에 힘을 집중해야 한다는 사회운동적 합의를 만들어 냈다는 점에서 하나의 전환점을 이룬다. 그 결과 현실 정치 세력이 얼마나 민주적이냐의 평가 기준으로 재벌 문제와 노동문제에 대한 태도가 가장 중요하게 고려되었다.

이후 한국 사회에서 민주화는 정치적 차원뿐만 아니라 사회경제적 차원의 과제를 포함하지 않을 수 없게 되었다. 예컨대 제5공화국의 권위주의 정권과 그 연장선에 있는 노태우 정부도 재벌 개혁과 노동의 통합을 정책 목표로 제시했으며, 실제로 재벌의 비업무용토지를 규제하고 업종전문화 정책[1]을 추진했다. 3당 합당을 통해 기득 이익집단을 기반으로 집권한 김영삼 정부 역시 정경유착의 고리를 끊는 데 기여할 금융실명제[2]를 실시했다. 그러나 민주화로 인해 정부가 재벌 개혁과 노동 통합을 정책적 목표로 삼게 되었

1_업종전문화 | 재벌 그룹의 문어발식 경영을 지양하고 경쟁력 있는 전문 업종에 기업의 힘을 집중하도록 유도하는 정책. 예컨대 1993년 도입된 제도에서는 재벌 그룹별로 두세 개의 주력 업종과 주력 기업을 선정, 이들에 대해 공정거래법의 출자 규제와 여신 관리 규정상의 은행 대출 규제에 예외를 허용했다.

2_금융실명제 | 금융기관과 거래를 함에 있어 가명이나 차명이 아닌 본인의 실명으로 거래해야 하는 제도. 한국의 금융실명제는 '금융실명거래 및 비밀보장에 관한 긴급재정경제명령'에 의거 1993년 8월 12일 이후 모든 금융거래에 도입되었다.

다는 사실과 실제로 민주화가 과거의 시장구조를 재편하는 데 얼마나 기여했는가는 별개의 문제다.

다음으로 세계화의 계기를 살펴보자. 시간적으로는 세계화가 민주화보다 먼저 정부 정책으로 수용되었다. 세계화가 우리 사회에 수용되기 시작한 것은 1980년대 초반부터이며, 가장 급진적으로 우리 사회에 불어닥친 것은 1997년 IMF 관리 체제 시기라고 할 수 있다. 세계화는 담론의 측면에서는 세계의 보편적 기준에 따른 개방화를 뜻했지만, 한국 사회에서 세계화의 실제 내용은 엄밀한 의미에서 '신자유주의' 혹은 '워싱턴컨센서스'[3]라고 불리는 특정의 정책 내용을 수용하는 것이라고 할 수 있다. 대표적으로 세계화의 정책적 내용은 시장 자유화, 민영화, 탈규제, 긴축재정 등으로 나타났다. 따라서 강조해야 할 것은 세계화와 그에 따른 정책 기조의 변화 요구는 국내의 정치경제적 조건으로부터 제기된 것이 아니라, 미국이 주도하는 세계적 수준에서의 경제정책 사이클의 변화를 수용하는 과정이었다는 것이다.

비록 세계화가 신자유주의적 내용을 갖는 것이었다고 해도 그것의 정치경제적 효과나 의미가 언제나 동일한 것은 아니었다는 사실을 이해하는 것이 중요하다. 예컨대 1997년 IMF 금융 위기 이전까지 한국 정치에서 세계화는 대체적으로 친재벌적·반노동적 정책 함의를 갖는 것이었다. 세계화는 세계시장에서 국내 기업의 경쟁력을 강화하기 위한 정책적 지원을 의미했으며, 따라서 노동자의 요구는 기업의 경쟁력을 침식하는 요인으로 정의되고 억압되었기 때문이다. 1980년대 초 전두환 정권의 경제 테크노크라트가 주도했던 신자유주의정책은 재벌 기업 간 중복 투자의 조정 및 부실기업의 강압적 정리와 전보다 훨

3_워싱턴컨센서스(Washington Consensus) | 미국식 시장경제체제의 대외 확산 전략 혹은 신자유주의적 원칙에 따른 정책적 처방을 뜻하는 말. 윌리엄슨(John Williamson)이 1989년 토론회 발표문에서, 남미 등 개도국에 대한 워싱턴 소재 국제경제기구 경제학자들의 개혁 처방을 "워싱턴컨센서스"로 명명한 데서 유래했다.

센 억압적인 노동 통제 제도의 수립을 골자로 했다. 결과적으로 재벌 중심의 경제체제가 더욱 강화되었으며, 특히 상위 5대 재벌 중심의 위계적 경제구조가 발전함으로써 국가의 거시경제 운영은 이들 소수 재벌의 협조 없이 이루어지기 어렵게 되었다. 이후 노태우 정부에서의 국제화, 김영삼 정부에서의 세계화 역시 같은 내용과 결과를 가져왔다.

반면에, IMF 금융 위기 이후 세계화는 반노동적인 동시에 반재벌적인 효과를 갖게 되었다. IMF 금융 위기 이후 신자유주의적 세계화가 반노동적 내용을 가졌음을 이해하는 것은 어렵지 않다. 무엇보다도 그 핵심 내용 중의 하나가 고용 안정과 같은 노동시장 보호 정책을 폐지하는 것이기 때문이다. IMF 금융 위기 이후 대규모의 기업 구조조정이 실업을 동반함으로써 이런 의미는 보다 분명히 나타났다.

세계화가 반재벌적 내용을 갖게 된 것은 IMF가 부과한 이행 조건이 그동안 재벌 기업이 누렸던 혜택을 상당히 위협했기 때문이다. 예컨대 재벌 기업 재무구조의 투명한 공개를 제도화하는 것 하나만으로도 재벌 기업의 소유주에게 가하는 부담은 큰 것이었다. 그것은 한편으로 기업의 자산가치에 대한 금융시장의 평가를 낮게 만들 뿐만 아니라, 분식회계를 통해 그간 재벌 기업 소유주가 누릴 수 있었던 자유로운 자금 운용을 어렵게 하며, 결과적으로 재벌의 사회적 영향력을 약화시키기 때문이다. 재벌 그룹 안에 내부 금융시장을 가능하게 했던 상호 출자를 제한하고, 소액주주의 권한을 강화하거나 사외이사제도를 강제하는 것 역시 대주주인 재벌 그룹 소유주의 영향력을 약화시킨다.

따라서 세계화가 권위주의 시기에 형성된 시장구조에 대한 개혁의 계기가 된 것은 1997년 IMF를 기점으로 한다고 말해야 할 것이다. 그렇다면 민주화와 세계화라는 국내외적 요구와 계기를 통해 한국의 시장구조는 개혁되었는가? 민주화와 세계화의 계기가 개혁에 유리한 조건을 제공했던 김대중 정부 시기를 거치면서 재벌 중심 경제체제는 변화되었는가?

2. 민주화는 권위주의 시장구조를 변화시켰는가?

재벌 개혁에 취약한 민주화

무엇보다 우리가 주목해야 하는 것은 민주화 이후 재벌의 경제력 집중이 이전 권위주의 시기보다 강화되었다는 사실이다. 민주화 이후 새 정부들은 집권과 동시에 재벌 개혁을 약속했다. 하지만 이런 약속은 집권 초기를 지나면서 구두선에 그쳤다. 김영삼 정부의 경우를 보면 초기의 개혁의지가 퇴색된 이후 경제정책은 대체적으로 친재벌적인 내용이 지배적이 되었다. 여신 관리 규제, 비업무용부동산 취득 규제, 업종전문화 등 그 이전 권위주의 정권의 재벌규제 정책은 오히려 완화되었다. 그뿐만 아니라 공기업 민영화, 사회간접자본의 민간 자본 유치, 이동통신 등 대규모 국가사업은 재벌 기업들에게 특혜를 나눠 주는 것에 지나지 않았다. 전두환 정부에서부터 진행된 재벌 기업의 업종전문화 정책을 파기하고 삼성으로 하여금 승용차 시장에 진입하게 한 것도 김영삼 정부 때였다.

    김대중 정부와 관련해 혹자는 대우와 기아 등 유력 재벌 기업을 예로 들면서, 재벌도 망할 수 있다는 변화된 현실을 크게 평가한다. 그러나 엄밀한 의미에서 이런 예는 IMF라는 외적 충격의 수동적 결과라고 볼 수는

대기업의 일반 집중도 추이 변화

단위 : %

	1988	1990	1992	1994	1996	1997	1999	2001	2002	2003	2004	2005	2006
50대 기업	30.3	30.0	32.0	32.2	34.4	37.1	38.0	36.8	35.7	36.6	38.5	38.9	39.2
100대 기업	38.1	37.7	39.2	39.2	41.2	44.2	45.1	43.7	42.5	43.2	45.0	45.5	45.7

주 : 제품 출하액 기준
자료 : 공정거래위원회, "우리나라 시장구조 분석 결과"(2006)

있어도 재벌 경제체제를 개혁하고자 한 국가의 적극적 정책 실천의 결과라고 보기는 어렵다. 더욱이 재벌 중심의 경제구조를 개혁하는 문제와 개별 재벌 기업의 흥망을 동일시해서도 안 된다. 노무현 정부에서는 삼성과 같은 특정 재벌과의 유착이 더 심화되기도 했다. 앞에서 제시된 단순한 자료 몇 가지만으로도 재벌 중심 경제체제가 얼마나 강고하게 존재하는가가 극명하게 드러난다.

재벌 체제는 민주화로 인해 약화되었는가 아니면 민주화에도 불구하고 강화되었는가? 강화되었다고 말할 수 있다. 특히 상위 재벌 중심의 경제력 집중은 더욱 심화되었다. 오늘날 한국 사회에서 재벌의 이익과 관점은 지배적인 담론이자 이데올로기로서 헤게모니적인 지위를 차지하고 있다. 과거 권위주의 국가에 의해 통제되던 언론과 대학은 이제 재벌의 영향력에 의해 압도되고 있다 해도 틀린 말이 아니다.

노동 없는 민주주의

1987년 6월 민주화 이전 권위주의 시기에 노동운동은 직접적인 억압하에 있었다. 그러나 노동운동은 1987년 6월 민주항쟁에 이은 7~8월 노동자 대투쟁을 통해 한국의 민주화에 핵심적으로 기여했다.

노태우 정부는 1988년 4·26 총선이 가져온 '여소 야대'의 조건과 노동운동의 성장으로 인해 노동이 배제된 권위주의적 시장구조를 개혁해야 할 압력에 직면했다. 그러나 노태우 정부의 노동정책은 여전히 억압적이고 배제적인 것이었다. 1989년 이른바 공안 정국은 과거 권위주의에서와 같은 노동 통제를 복원시켰다. 유신체제의 등장이 당시 노동운동의 고조와 상관성을 가졌던 것과 마찬가지로, 1990년 1월 전국노동조합협의회(약칭 전노협)의 출범과 이른바 '3당 합당'이 시기적으로 맞물린 것은 우연이 아니다. 이는 민주화 이후 노동 개혁과 민주개혁의 압력에 대한 보수 기득 체제의 반격을 의미하는 것이었다. 물리적 억압을 통한 노동 배제 정책의 지속과 민주화 이후 급성장한 노동운동 사이의 갈등은 고조되었다. 국가의 권위주의적 통제에도 불구하고 노사관계에 있어 경영진과 노조 간의 힘의 관계는 과거와는 크게 달라졌다. 노조의 입지는 강해졌다. 이 시기 노동운동은 고성장, 소득분배 구조의 개선, 저실업률, 노동력 부족과 구인난 등으로 한국 현대사에서 노동에 가장 유리한 노동시장적 조건을 맞고 있었기 때문이다.

김영삼 정부 시기에 노동정책에 대한 민주적인 개선의 시도들이 있었다. 무엇보다 민주 정부에서는 억압에 대한 비용이 높아질 수밖에 없다. 따라서 김영삼 정부 초기는 '신경제정책'[4]과 '고통 분담론'을 통해 노동정책에 대한 개혁을

4_신경제정책 | 김영삼 정부 초기에 제시된 경제정책. 국가의 실패와 시장의 효율성을 강조하는 '신자유주의'적 이념에 따라, 국가의 경제 개입 축소와 시장 기능 강화를 지향하는 탈규제 조치를 중심 내용으로 했다.

부분적으로 시도했다. 동시에 이 시기 노동운동은 여전히 강했다. 전국노동조합대표자회의(약칭 전노대) 등 기업별 단위를 넘어서는 연대도 확대되었다. 노동 억압과 배제 정책을 뒷받침하던 법·제도적 기제들은 노동운동의 성장으로 인해 상당 부분 무력화되거나 사문화되었다. 그러나 노사관계에 있어 국가의 중립적 태도와 노조활동의 자율성 보장은 1993년 여름 현대그룹노동조합총연합(약칭 현총련) 연대 파업을 계기로 과거로 후퇴했으며, 이후 개혁적 노동정책은 반전되었다. 정부의 경제 활성화 담론하에서 노동자의 과도한 요구가 기업의 투자를 위축시킨다는 명분으로 정부는 현대자동차 노조와 그 하청 업체인 아폴로 산업의 노동자 파업에 강경 대응으로 나섰다. 이후 지하철 및 철도 파업을 비롯한 분규 사업장에 대한 강경 개입이 이어졌고, 1995년 한국통신 파업의 경우 정부는 이를 '국가 전복 기도'로 몰아붙였다. 동시에 주류 언론과 경제계의 반격도 강화되었다. 이들은 '무노동무임금', '경영권 수호'를 내세우며 공세를 강화했다. 김영삼 정부의 노동정책이 갖는 성격은 1996년 12월 노동법 개정과 이에 저항하는 노동운동의 총파업 사태[5]서 잘 나타났다. 노동운동의 총파업과 이를 지원하는 비판적 사회 분위기는 김영삼 정부를 심각한 통치 위기 상황으로 몰아넣음과 동시에, 김영삼 정부의 노동정책이 기업의 경영합리화를 지원하는 정책이자 노동 배제적 정책의 지속을 내용으로 했다는 점을 분명하게 드러내는 계기가 되었다.

세계화는 IMF 금융 위기와 더불어 급진적으로 한국 사회에 몰아닥쳤다. IMF 개혁 패키지의 핵심 가운데 하나는 노동시장 유연화였다. 결과는 고용 불안정이 일반화되는 것이었다. IMF 개혁 패키지의 주요 내용은 흔히 재벌 기업의 구조조정, 금융 개혁, 공기업 개혁, 노동 개혁으로 요약

[5] 1996년 총파업 | 1996년 12월 26일~97년 3월 13일, 집권 신한국당은 야당과 무소속 의원들을 따돌린 채 국회 본회의장에 모여 안기부법과 노동관계법 등 11개 법률안을 날치기 통과시켰다. 이에 대해 날치기 법안들이 무효임을 주장하며 항의하는 총파업이 벌어졌다. 이 총파업은 이후 3개월 동안 지속되었으며, 총 3백만 명에 달하는 노동자들이 참여했다.

되지만 4대 경제개혁은 모두 노동문제와 연결되는 것이라는 점을 강조해야 한다. 이 모든 정책들은 재벌·중산층·노동 모두에 충격을 주었지만 노동에 가장 강하게 그리고 중산층에게도 상당한 충격을 주었다. 전통적 상층의 금융 소득은 급증한 반면, 중하층 이하의 삶은 훨씬 불안정해졌다. 소득 불평등은 심화되었고 봉급생활자의 고용 불안은 극히 악화되었다. 이처럼 심각한 경제 위기 조건에서 노동정책은 복지정책과 연계되는 사회정책적 대상이 될 수밖에 없었다. 그 결과 노동문제와 관련해 김대중 정부 시기에 새로운 갈등 유형이 나타나게 되었다. 그것은 노사관계 차원보다도 노사관계의 틀에 영향을 미치는 노동정책을 둘러싼 갈등이었다. 이는 작업장에서의 노사 간 단체협상을 둘러싼 갈등이 중심이었던 전통적인 노사관계가 변하고 있음을 보여 주는 것이다.

그렇다면 김대중 정부의 노동정책과 그 결과는 이전 정부와 다른 것이었나? 과거와는 다른 노사관계와 이를 뒷받침할 정책이 있었는가? 이 문제에 대해 긍정적으로 말하기는 어렵다. 기대와는 달리 현실에서 정부 정책은 시장경제 우선의 방향으로 일방적으로 기울었다. 복지·노동을 포함하는 사회정책은 경제정책의 하위 정책으로 간주되었다. 노동정책이든 복지정책이든 그것은 경제구조조정의 결과를 보완하는 의미를 가졌다. 경제정책 결정 과정에서 노동이 참여하거나 대표된 것도 아니다. 많은 사람들은 김대중 정부에서 노사정위원회[6]를 정책 결정 과정에 노동이 참여

6_노사정위원회 | 1997년 IMF 금융 위기 극복의 일환으로 노·사·정의 대표들이 참여해 만들어진 대통령 직속 자문 기구. 정리해고제, 근로자파견 등의 문제와 관련해 주요 노동 세력이 탈퇴하고, 여타의 합의사항 역시 제대로 이행되지 않음으로써 1999년 이후에는 사실상 기능 정지 상태가 되었다.

7_코포라티즘(corporatism) | 다원주의와 대비되는 이익대표의 체계. 다원주의적 이익대표 체계는 이익집단들이 기능적 이익 범주에 따라 복수로, 자발적으로, 경쟁적으로 조직되고, 국가의 허가, 인정, 자금 지원이 없으며 또한 대표자의 선출이나 이익의 표출이 통제되지 않는 유형을 의미한다. 이에 반해 코포라티즘은 강제적·비경쟁적·위계적이며, 기능적으로 분화된 범주에 따라 조직된 이익집단이 어떤 특정의 기능적·직업적 범주 내에서 이익의 대표를 독점하는 대가로 국가의 감독과 통제를 받게 되는 이익대표 체계의 유형을 말한다. 필립 슈미터는 처음으로 이 코포라티즘의 이론을 이익매개의 체계로 정의하고 이를 체계적으로 발전시켰다. 코포라티즘의 이론은 모든 이익집단에 적용될 수 있지만, 특히 사용자 단체나 노동조합과 같이 생산자 집단에 적용될 때 커다란 유용성을 갖는다. 다원주의를 자유 시장 경쟁 모델에 비유한다면, 코포라티즘은 일종의 과점적 시장 경쟁에 비유할 수 있을 것이다. Philippe C. Schmitter, "Still the Century of Corporatism," *Review of Politics* 36 (1974).

한 것으로 이해하거나 서구의 복지국가에서 기능했던 코포라티즘[7]으로 정의하는 경향이 있다. 그러나 한국의 노사정위원회는 정책 결정과 정책 집행 과정에 노동의 참여가 제도화되어 있는 것을 가리키는 서구의 코포라티즘과 거리가 멀다. 코포라티즘 개념을 활용한다면 그것은 노동시장 유연화 실현을 목적으로 노동·기업·정부 간의 협의체로 만들어졌다는 의미에서 '공급 측면 코포라티즘'[8]의 실험이었다고 할 수는 있겠다. 그러나 이마저도 조직노동의 핵심이라 할 민주노총이 노사정위원회 출범 1년 만에 탈퇴함으로써 지속되지 못했다. 노무현 정부에서는 비정규직 노동자가 더욱 증가해 전체 노동자의 절반을 넘어섰고, 이 때문에 정부와 노동계 간 첨예한 갈등이 나타나기도 했다.

전체적으로 본다면 김대중·노무현 정부에서도 노동은 여전히 배제되었던 사회집단이었다. 노동시장에서 노동자의 위치는 그 어느 때보다도 취약했다. 과거 고도성장기에는 권위주의 정부에서라 할지라도 완전고용과 소득 증가를 내용으로 노동자를 통합하는 거시경제적 틀이 존재했다. IMF 금융 위기와 더불어 이 틀은 사라졌다. 노동 배제적 정당 체제는 변한 것이 없다. 노사정위원회는 형식만 남은 채 기능하지 못하는 기구가 되었다. 사업장 수준에서의 참여, 정치적 대표 체제 수준에서의 참여, 정책 수준에서의 참여가 모두 봉쇄되어 온 것이다. 결과적으로 김대중·노무현 정부의 노동정책이 신자유주의 경제정책의 연장이라는 의미만을 갖게 되었을 때, 민주노총으로 대변되는 주류 노동운동 세력은 정부와 대립하게 되었고, 이에 대해 정부가 법

8_공급 측면 코포라티즘 | 1980년대까지의 코포라티즘은 대체로 케인스주의를 중심으로 한 수요 측면 경제학에 기초를 둔 것으로, 사용자단체와 노조라는 중앙 집중화된 정상 조직들과 정부 대표 간의 거시 정책 조정을 핵심으로 한 것이었고, 그 내용은 임금 억제와 사회복지의 상호 교환이었다. 공급 측면 코포라티즘은 노사정 3자 간 타협에 의한 협력 체제의 메커니즘이라는 점에서는 기존의 코포라티즘과 동일하지만, 신자유주의적 세계화로 인한 노동시장 유연화 및 실업문제와 같이 새로운 중대 이슈에 대응하는 제도적 장치로서, 다루고자 하는 이슈와 목적에 있어서도 완전히 다르다. 이뿐만 아니라 공급 측면 코포라티즘은 전국 수준에서만이 아니라 작업장 수준, 산별 수준, 그리고 부문별 이익집단 수준에서도 정책 협의를 확대하고, 노동시장 유연성과 고용 안정을 상호 교환함으로써 협력적 노사관계를 만들어 가는 경향을 띤다. 정책의 투입 측면을 포함했던 전자와는 달리 후자는 주로 신자유주의적 정책의 집행 과정에서 협력을 모색한다는 특징을 갖는다.

김대중 정부에서의 연도별 노동쟁의 현황

단위: 건수

구 분	1998	1999	2000	2001
파 업		129	250	235
직장폐쇄		15	35	24
고소·고발	262	281	586	1,053
부당노동행위 구제 신청	837	1,042	1,031	1,454

자료: 노동부

질서와 치안유지 차원에서 대응함으로써 과거 권위주의 노동정책으로 후퇴하는 것이 되었다. 그 결과 한국 노동운동은 '정치의 붕괴와 항의의 일상화'로 요약될 수 있는 특징을 갖게 되었다.

민주화 이후 노태우·김영삼·김대중·노무현 정부는 각기 다른 환경에서 각기 상이한 노동정책을 통해 노동에 대응해 왔다. 그러나 크게 보면 IMF 금융 위기를 기준으로 전후가 뚜렷이 구분된다. IMF 금융 위기 이전에는 비록 그 이면에서 거품경제라는 경제 위기가 진행되고 있었다 하더라도, 현상적으로는 고성장, 저실업, 고용난 등 노동운동을 위한 호조건이 지속되었다. 반면에, IMF 금융 위기로 유례없는 저성장·고실업 상황이 도래하고 노동시장 유연화는 피할 수 없는 조건이 되었다. 그럼에도 정치 참여, 정책 결정 과정, 노사관계 모두에서 노동의 배제는 지속되었다. 냉전 반공주의와 발전주의의 이데올로기적 틀을 바꾸려는 정치적 시도 역시 존재하지 않았다. 그 결과 과거 정부와 동일한 패턴이 반복되었다. 즉, 집권 초기에는 노동 통합적 개혁을 강조하지만 중반 이후에는 권위주의적 정책으로 퇴보하는 것이다. 결국 민주화 이후에도 노동정책에서는 담론의 수준을 넘어서는 정책 전환이 없었던 것이다.

3. IMF 세계화와 경제개혁

새로운 사회 균열로서의 세계화

앞에서도 지적했듯이 세계화와 그 정책적 내용이 우리 사회에 부과되기 시작한 것은 1980년대 초반이다. 이후 자유 시장주의, 민영화, 탈규제, 경쟁력 강화 등은 하나의 이데올로기가 되었으며 정부마다 국제화, 신경제 등 다양한 수식어를 동원, 세계화의 요구를 앞 다투어 수용하고자 했다. 담론의 측면에서만 본다면 김영삼 정부는 세계화 추진의 정점을 이루는 듯이 보인다. 범정부 차원의 '세계화추진위원회'가 구성되었고, 세계화를 주제로 한 학술 연구 지원이 급격히 증가했으며, 여론 매체에서는 세계화 특집이 쏟아져 나왔다. 심지어 집권당의 지도 체제를 바꾸는 이유로 '세계화를 위한 당 체질 개선'이 주장되는 시대였다.

그러나 흥미롭게도 이 시기까지, 즉 IMF 금융 위기 이전까지 한국 사회에서 세계화의 충격은 정치적 수준에서 새로운 균열의 차원을 만들지 못했다. 대체적으로 그 이전까지 세계화는 정부와 기득 세력이 민주화와 개혁의 요구를 회피하고자 하는 논리로 동원되었다. 예컨대 세계의 무한 경쟁 시장에서 살아남기 위해 경쟁력을 강화해야 한다고 말할 때, 노동의 요구는 과도한 비용의 증가를 가져오는 원인으로 비판되었고, 재벌 개혁의 요구는 세계시장에서 규모의 이점을 살릴 기회를 약화시키는 것으로 거부되었다. 나아가 세계화는 정부 정책의 목표를 기업하기 좋은 나라로 만드는 것으로 설정하도록 했다. 이처럼 세계화가 경제에 대한 정치의 종속을 가속화시키는 효과를 가졌을 때, 그것은 정부의 경제 개입을 억제하

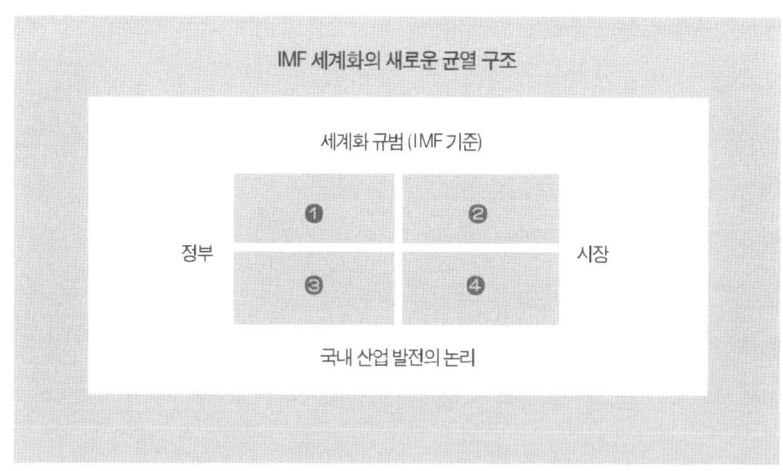

고 재벌 경제체제를 안정화시키는 것을 의미했을 뿐 IMF 금융 위기에서처럼 세계화가 새로운 균열을 만들어 내는 요인이 되지는 못했다. 요컨대 IMF 금융 위기 이전까지 경제정책을 둘러싼 균열은 정부 주도의 경제 개입과 자유 시장체제라고 하는 두 이념형을 양극단으로 하는 하나의 축만이 존재했으며, 여기에 세계화는 기존의 균열 축에 부가적 요인 이상이 되지 못했다는 것이다.

    IMF 금융 위기 이후의 세계화는 달랐다. 우리는 이 시기 세계화가 가져온 균열 구조를 위의 그림과 같이 표현할 수 있다. IMF 금융 위기 이전까지 경제정책을 둘러싼 균열은 시장의 역할을 얼마나 확대하느냐를 둘러싼 대립, 즉 그림의 횡축 하나만 존재했다. 그러나 IMF 금융 위기 이후에는 세계화 규범의 수용을 둘러싼 대립, 즉 그림의 종축이 하나 더 생겨난 것이다. IMF의 이행 조건을 수락한 정부의 경제정책은 세계화의 규범에 맞는 시장경제로의 전환을 의미하는 ②사분면에 있었다. 자유 시장과 정부로부터의 탈규제를 주장해 온 재벌 기업의 경우는 형식논리적으로

만 보면 세계화의 규범을 수용하는 것이 그들의 이해와 양립하는 것처럼 보인다. 그러나 재벌에게 세계화란 투명경영과 책임 경영, 공정 경쟁 등 그간 국내시장에서 재벌이 누렸던 특혜를 없앨 뿐만 아니라 구조조정에 따른 재벌의 생존에 직접 영향을 미치는 요인이었다. 따라서 이들은 정부의 규제는 줄이고 자신들이 지배하는 시장의 자율성은 크게 허용하기를 주장하면서도, 급격한 세계화 규범의 적용은 국내 산업 발전의 기반을 약화시킨다는 논리로 반대하는, 그림의 ④사분면에 있었다. 노동의 경우는 노동시장 유연화를 요구하는 세계화의 규범에 반대하면서 동시에 정부의 노동시장 보호 정책을 요구하는 ③사분면에 이해관계를 두고 있다.

아마도 이런 변화들이 정치적인 갈등 축으로 기능하게 되었다면 기존의 정당 체제와 정치 균열 라인은 크게 변화되었을지도 모른다. 그러나 현실에서는 그렇게 분명한 균열 라인이 만들어지지 않았을 뿐만 아니라, 전보다 더 혼란스러운 양태로 나타나게 되었다. 즉, IMF가 도래하고 경제적으로 축이 두 개가 되었음에도 불구하고, 이것이 정치적으로 분명한 대립 축을 만들어 내지 못하고, 오히려 이전의 문제들을 더욱 복잡하게 만들었다는 것이다. 아마도 국가의 경제정책 결정자들은 IMF 개혁 패키지를 통해서 우리나라 경제를 세계화의 규범에 맞도록 투명하게 만들고자 했다고 말할 수 있을 것이다. 무엇보다도 이런 정책은 재벌의 이해관계와 대립한다. 그런데 이런 시장개혁 정책은 흥미롭게도 재벌뿐만 아니라 노동운동으로부터도 저항을 받았다. 어떤 경우든 세계화의 규범에 따른 기업 구조조정은 고용 불안정을 동반하기 때문이다. 따라서 노동운동은 정부 정책을 '신자유주의 구조조정'으로 정의하고 반대했다. 노사관계에서 매우 갈등적인 관계를 특징으로 하는 재벌 기업과 노동조합이 세계화의 정책적 적용을 반대하는 데 있어서 같은 이해관계를 갖게 된 것이다. 나아가서는 1999년 초 이른바 빅딜의 대상 기업이었던 LG반도체의 사례에서 볼 수 있듯이, 노동조합은 야당과 연대해 정부 정책에 저항하기도 했다. 이것은 일종의 동맹의 전치 현상 혹은 균열의 환치 현상이라고 할 수 있다. 이런 예는 노동과 시민운동이 재벌을 개혁해야 한다는 기본적인 방향에는 동의함에도 불구하고, 구체적으로 재벌 기업의 구조조정 문제에 있어서는 서로 미묘한 차이와 대립을 드러내는 것에서도 발견할 수 있다.

IMF 금융 위기 이후 세계화라는 균열이 한국 사회를 그야말로 강타하면서 사회 갈등의 구조를 과거와는 크게 다른 것으로 변화시켰음에도 불구하고, 균열의 축과 동맹의 양태가 왜 더욱 분열적이고 혼란스럽게 나타난 것일까? 그것은 사회적 갈등이 정치적으로 동원되고 대표되지 않았기 때문이라고 할 수 있다. 앞에서도 지적했지만 민주주의란 사회 갈등의 사익적 요소들을 억압하지 않고 정당을 통해 복수의 공익적 대안으로 발전시켜 경쟁을 통해 합의를 만들어 내는 결정 구조를 의미한다. 민주주의에서 정치는 여러 갈등의 이슈를 공동체가 지향할 공익적 차원의 대안으로 발전시켜 통합하는 기능을 하는 것이다. 그러기 위해서는 갈등의 축과 동맹의 축을 명료하게 만드는 정당의 역할이 존재해야 하고 이들 정당은 서로 다른 집단과 이해에 기반을 둔 경쟁적 대안을 발전시켜야 한다. 그러나 IMF 금융 위기와 세계화로 인해 균열 구조가 변화되고 다양한 집단적 요구들이 제기되었음에도 불구하고, 어느 정당도 이를 대표하거나 여러 갈등의 요소들을 통합해 실현 가능한 정치적 대안으로 발전시키려 하지 않았다. 결과적으로 다양한 사회 세력과 집단들의 요구를 실천 가능한 정책 대안으로 발전시킬 수 있는 기회마저 갖지 못한 채 한국 사회는 전보다 더 분열되고 말았다.

왜 한국의 민주화는 실질적 개혁에 무력했나

한국의 민주화는 강권적 권위주의 통치를 종식하는 데 있어서는 효과적이었다고 하겠다. 무엇보다 이는 한국 사회에서 운동이 가져온 자랑할 만한 성과다. 그러나 한국에서 민주화 이후 민주주의의 경험은 민주화가 실질적 내용, 사회경제적 측면의 개혁에 있어서는 무력했다는 것을 보여 준다. 민주화에도 불구하고 사회의 계급 구조는 심화되었고 재벌 경제구조는 강화된 반면, 노동 배제는 지속되었고 우리 사회의 정신적 토양은 더욱 황폐화되었다. 민주 정부들은 집권 초기에는 경쟁이라도 하듯 개혁 의지를 강하게 나타냈지만, 이내 후퇴했고 기득 구조를 안정시키는 방향으로 보수화되었다.

그렇다면 왜 한국의 민주화는 실질적 개혁에 무력하고 보수화되고 말았는가? 재벌 중심의 시장구조 개혁과 같은 실질적 차원에서의 개혁은 두 가지 조건을 필요로 한다. 첫째는 개혁자의 이념, 비전, 프로그램의 문제다. 다른 하나는 개혁의 능력, 즉 지지 세력을 동원하고 불가피하게 개혁이 동반할 손실과 불이익을 재벌을 중심으로 한 보수 기득권층에 부과할 수 있는 능력이 있었는가 하는 것이다. 이 두 가지 기준으로 볼 때 김영삼 정부 시기까지는 군부의 병영으로의 복귀와 같은 절차적 측면에서의 개혁을 넘어서 기존의 기득 체제를 변화시키는 실질적인 개혁을 기대하기는 어려웠을지 모른다. 김영삼 정부의 경우는 무엇보다 기존 기득 체제와의 연합을 통해 집권한 정부였으며, 따라서 자신의 지지 기반과 대립하는 개혁을 추진하는 것이 쉬운 일은 아니었다. 실제로 김영삼 정부는 '신한국'과 같은 공허한 슬로건을 넘어 한국의 사회경제적 구조개혁을 위한 어떤 진지한 시도와 그를 뒷받침할 만한 이념이나 비전, 프로그램을 발전시키지 않았다.

재벌 개혁이 김대중 정부 시기에 비로소 레토릭이 아닌 실질적인 개혁 의제가 될 수 있었다는 사실은 두 가지 측면에서 이야기할 수 있다. 하나는 김대중 정부의 집권 세력은 오랜 권위주의 시기 동안에 고착된, 매우 동질적인 지배 엘리트 구조에서 소외된 주변부 엘리트 집단이었다는 점이다. 다시 말해 김영삼 정부와는 달리 기득 체제에 지지 기반을 두지 않은 정부의 등장을 의미하는 것으로, 우리 사회에서 재벌 개혁을 위해 동원될 수 있는 사회 세력과 김대중 정부의 지지 기반 사이에는 일정한 중첩이 있었다. 다른 하나는 IMF 구제금융을 받지 않으면 안 되는 상황을 동반하면서 우리 사회에 급진적으로 몰아닥친 세계화라는 외적 충격이었다. IMF 개혁 패키지에서 볼 수 있듯이, 세계화는 기존의 재벌 중심적 경제체제의 구조개혁을 강요하는 힘으로 작용했다. 나아가 세계화가 초래한 위기로부터 탈출하기 위해서는 정부의 위기관리 능력이 무엇보다 중요했다. 즉, IMF와의 숨 가쁜 협상이 진행되고 구조조정이 급격하게 진행될 때까지 기득권 세력은 자신의 헤게모니를 김대중 정부에게 확실하게 이양했다고 할 수 있다. 적어도 집권 초 김대중 정부는 국내 기득 세력에 대해 그 이전 어느 정부도 누려 보지 못한 자율성을 가졌다고 볼 수 있다. 따라서 김대중 정부가 한국적 현실에 적합한 개혁의 이론과 프로그램을 만들고 이를 실현할 수 있는 정치적 조건을 발전시켰더라면 기존의 경제체제를 크게 변화시킬 수 있는 가능성은 컸다.

김대중 정부의 경제정책이나 노동정책에 대한 기대는 다음과 같은 것이었다. 크게 보아 개혁은 두 가지 의미를 갖는 것이었다고 하겠다. 하나는 '구조조정'으로 정의할 수 있는 것으로 IMF 금융 위기에 대처할 생존 전략으로서 기존의 거시경제 운용 모델을 변화시켜야 한다는 수동적인 의미에서의 개혁이라고 하겠다. 그러나 그와는 다르게 IMF가 아니더라도 하지 않으면 안 되는 개혁이 존재한다. 전자와 구분해 이를 '구조개혁'이라고 정의할 수 있다. 그것은 민주주의의 틀에 맞게 경제 발전의 대안적 모델과 사회정책적 대안을 만들고 현실화시켜 가기 위한 개혁이라고 할 수 있다. 예컨대 IMF 금융 위기가 아니었다 하더라도 재벌 중심의 경제구조나 노동 배제, 성장 지상주의적 거시정책을 그대로 유지할 수는 없기 때문이다.

비록 IMF하에서라도 두 가지의 정책 방향 중 하나를 선택할 수 있는 여지가 존재했다. 하나는 권위주의적인 박정희식 성장모델이 아닌, 민주주의에 걸맞은 시장경제체제를 창출하는 것이다. 다른 하나는 이와 다른 방향에서의 접근으로, IMF 개혁 패키지 이행을 시장경제로의 전환으로 해석하고, 민주주의를 통해 시장경제가 창출하는 부정적 효과를 보완하는 접근이었다. 어떤 방향이든 김대중 정부가 민주주의와 시장경제를 구분해 한국적 현실과 조건에 맞는 대안을 만듦으로써, 구조조정을 넘어서는 개혁을 할 수 있었다는 것이다. 이 점에서 김대중 정부 초기에 제시된 '민주주의와 시장경제의 병행 발전'은 중요했다. 그러나 김대중 정부의 정책적 비전과 이념은, 그것을 '민주주의와 시장경제의 병행 발전'이라고 부르든 '민주적 시장경제'라고 부르든 제대로 정의되지도, 정책으로 구현되지도 못한 채 수사적 담론으로 끝나 버리고 말았다.

사실상 우리의 현실에서 신자유주의적 독트린을 수용하고 IMF 개혁 패키지를 이행하는 것은 불가피했다고 하겠다. 앞서 기존의 거시경제 운영 모델에 대한 '구조조정'으로 정의한 이런 대응은 IMF 금융 위기를 몰고 온 충격에 대한 신속하고 전면적인 대응의 성격을 갖는 것이었다. 이런 성격의 정부 정책은 4대 개혁, 세계화에의 참여, 굴뚝산업 중심의 생산 체제 개혁, 세계적 스탠더드의 구현, 유연개방적·자유경쟁적 경제, 지식정보산업의 성장 등의 정책 목표로 정의되었다. 그러나 이런 수동적 개혁에 그친다면 김대중 정부의 존재 이유는 특별히 무엇인가? 적어도 민주주의를 강조하는 야당이 어렵게 집권한 것이 의미가 있으려면, 구조조정을 넘어서 한국 사회의 발전을 위한 장기적이고 자율적인 구조개혁을 수행하는 것이라고 할 수 있을 것이다. 그것은 민주주의와 시장경제의 병행 발전을 지향하면서 보다 민주주의 측면의 의미를 살리는 것이라고 할 수 있겠다. 예컨대 정치 시장에서 노동이 중요 행위자가 되고 지역 중심 정당 체제의 해체와 노동 및 기능 이익이 갈등의 중심축이 되는 새로운 정당 체제로의 전환, 정책 결정과 집행 과정에 노동의 참여, 노동시장에서 단체협약권 범위의 확대 등은 IMF가 부과하는 외적 제약과 무관하게 국내에 정치적 기반을 만듦으로써 실현할 수 있는 대표적인 과제였다. 이런 변화가 시장경제 측면에서 재벌과 금융의 개혁, 시장의 자유 및 공정 경쟁, 투명성과 결합되었어야 했다는 것이다.

　아마도 사회경제적 구조개혁을 중심으로 광범위한 서민의 이익을 정치적으로 동원하고 대변할 수 있는 정치개혁을 추진했더라면, 다소 불완전한 정책 비전과 프로그램은 사회적 수준에서 보완될 수도 있었다. 그러나 김대중 정부는 지역 정당 체제나 보수 편향적 정치 구조를 개혁하고자 하는 그 어떤 진지한 시도도 하지 않았다. 정치 연합과 관련된 김대중 정부의 정책은 자민련이라고 하는 냉전 보수주의 세력과 연립 정권을 유지하는 것이었으며, 2000년 총선을 기점으로 연합이 해체된 이후에도 계속해서 자민련과의 연합을 복원하고자 하는 등 매우 일관된 내용을 갖는 것이었다. 김대중 정부가 개혁적 정치 기반에 의해 뒷받침되지 못할 때 정부 정책을 주도한 것은 권위주의 시기에 성장한 관료 체제였다. 이들이 어떤 대안적 경제정책의 기획자이자 추진자가 될 수는 없었다. 사실 이런 기반 위에서 재벌 개혁이나 노동정책의 전환과 같은 변화가 가능할 수 있다고 기대하는 것 자체가 비현실적인 것이었다.

개혁 실패가 남긴 것

민주화와 세계화라는 내·외적 충격에도 불구하고 한국의 시장구조는 큰 틀에서 변화가 없었다. 오히려 민주화 이후 국가와 재벌의 힘의 관계에서 국가의 일방적 우위는 사라졌고 재벌은 국가에 의해 쉽게 통제되기 어려운 영향력을 갖게 되었다. 노동이 배제된 경제체제의 특성도 그대로 유지되었다. 법·제도적 차원의 일정한 변화에도 불구하고, 의식적 차원에 있어서나 노동이 참여할 수 있는 정책 결정의 범위나 의제에 있어서 실질적인 변화가 나타나지 않았다. 그렇다면 권위주의 산업화를 통해 형성된 시장구조가 민주화 이후에도 지속되고 있는 것, 요컨대 변화되어야 할 것이 변화되지 않은 것은 한국 민주주의에 어떤 결과를 남겼는가?

무엇보다도 그것은 신자유주의라고 부를 수 있는 정치에 대한 특정 관점이 우리 사회에 폭넓게 확산되도록 만들었다. 이는 국가의 개입·규제는 나쁜 것이라는 인식, 정치는 비합리적이고 무능하고 효율성이 없고 부패하고 타락했다는 반反정치적 의식, 국가는 경제의 흐름을 방해하지 말아야 한다는 인식으로 나타났으며, 내용적으로는 경제를 주도하는 재벌 체제를 안정화하는 효과를 갖는다. 이런 인식이 결국에는 민주주의에 대한 냉소적 내지는 부정적 견해를 확산시킬 것임은 당연하다.

우리는 김영삼·김대중·노무현 정부의 개혁 실패의 틈새로 효율성을 중심으로 한 권위주의 정치에 대한 향수, 물량적 발전 모델을 성공적으로 창출한 박정희 정부에 대한 향수가 세 정부의 개혁 담론을 비웃으며 더 확대되었음을 보게 된다. 정치를 폄하하고 조롱하며 정부의 기능을 부정적으로 보고, 나아가 민주주의의 의미를 경제적 가치에 종속시키는 담론의 위력 앞에 오늘의 한국 민주주의는 무력하기 짝이 없다.

민주적인 노사관계를 위한 인식상의 변화를 지체시킨 것도 지적되어야 한다. 보수 언론을 통해 유포되는 노동운동에 대한 인식은 여전히 권위주의적이다. "국가 경제를 망치는 강성 노조의 파업", "노조 이기주의", "노조의 불법 파업에 대한 법 집행의 미온성", "노조가 통제되지 않는 한 한국 경제의 앞날은 암울하다"는 등의 반민주적 인식이 지배적인 조건에서 평화적인 방법으로 갈등을 제도화하고, 조정할 수 있는 민주주의의 기반은 끊임없이 위협받는다. 경제 발전과 성장, 정치 안정을 위해 노동과의 파트너십 형성은 피할 수 없다는 사실, 노동이 정치과정에서 배제된다면 민주주의는커녕 사회 안정도 지속될 수 없다는 인식조차 뿌리내리지 못한 것이 오늘의 현실이다.

이런 조건에서 노동운동이 현실적인 이념이나 목표를 갖고 우리 사회의 유력한 정치 세력으로 성장하기를 기대하기는 어렵다. 신자유주의 세계화로 인해 노동운동 내부의 연대적 기반은 약화되고 있는 반면, 노동운동의 리더십은 아직까지도 관념적이고 비현실적인 급진주의에 의해 자신의 잠재력을 소진하고 있다. 노동운동이 급진적 이념을 상당 정도 선호하고 있음에도 불구하고, 대기업 노조의 이기주의를 규율할 능력을 갖지 못하며, 우리 사회의 소외 집단과 세계화의 충격을 흡인한 광범위한 사회 계층을 대변하지도 못하고 있다. 노동운동도 변해야 한다. 권위주의하에서가 아니라 민주주의하에서 노동운동의 존립이 더 위태로울 수 있기 때문이다.

　민주화 이후 정부들이 추진했던 개혁은 권위주의적 방식의 국가 모델을 대신해 민주주의에서 요구되는 대안적 국가의 역할을 보여 주지 못하고 실패했다는 점에서 매우 부정적인 효과를 갖는다. 민주주의의 정치적 틀에 조응하는, 경제에 대한 국가의 역할이 없다면 한 사회에서 시장의 부정적 역할을 제어할 힘은 없다. 효율성을 중심 원리로 하는 시장은 한 사회의 물질적 필요를 충족시켜 주는 하위 체제의 하나일 뿐이며, 그것이 전 사회의 운영 원리가 될 수는 없다.

　만약 한 사회가 신자유주의의 교리처럼 효율성에 기초해 생산적 부의 축적만을 목적으로 운영된다면, 가난한 사람의 복지뿐만 아니라 문화, 예술과 같이 삶의 질을 풍요롭게 하는 영역 역시 부자들의 자선에 의존하게 될 뿐이다. 역사를 통해 인류가 합의에 이르게 된 사회 운영의 원리는 민주주의다. 민주주의에 기초를 둔 국가만이 어느 한 하위 체제의 과도함을 제어하며 하위 체계 간의 자율성과 균형을 유지시키면서 전체 사회의 복리와 발전을 도모할 수 있다. 계급 구조화의 심화, 소득 불평등, 하층 집단의 광범위한 소외와 정치적 배제 등 한국 사회가 직면하고 있는 현실은 유능한 민주주의 국가의 문제를 제기하고 있다.

7장 | 민주화 이후의 시민사회

1. 한국의 시민사회는 어떤 맥락에서 어떤 내용으로 형성되었나

어떤 시민사회?

이 장에서 다룰 문제는 민주화 이후 한국 시민사회의 구조와 변화에 관한 것이다. 한국 민주주의가 내용적으로나 질적으로나 발전하지 못하고 있는 오늘날 우리가 직면하고 있는 문제를 이해하는 데 있어 시민사회에 대한 논의는 어떤 가치를 갖는가?

논의의 대상인 시민사회는 정의하기도 힘들고 분석적으로 접근하기도 쉽지 않은 주제다. 시민사회를 정의하는 데 있어서 학자들 사이에 인식의 차이와 폭은 매우 넓다. 한 학생이 나에게 찾아와 "시민사회가 뭐죠?"라고 물었을 때 어디서부터 이야기를 해야 할까 한참 생각했던 적이 있다. 이 장의 주제에 들어가기도 전에 시민사회를 정의하는 데 필요한 이론적이고 추상적인 논의를 장황하게 함으로써 독자들을 괴롭히고 싶지는 않다. 따라서 나는 일단 시민사회를 '국가와 개인 및 가족 양자 사이에 존재하는 자율적인 결사체의 활동 영역'으로 정의하고 이야기를 시작하고자 한다.

이것은 일종의 표준적 정의 가운데 하나다. 시민사회가 국가와 개인을 매개하는 자율적 중간 집단의 영역이라고 한다면, 이는 크게 세 가지 구성 요소를 갖는다. 첫째는 이익집단이다. 이는 의사협회나 약사협회 등과 같이 동질적인 특수 이익을 유지·증대하기 위한 자율적 결사체를 말한다. 둘째는 이익집단으로 분류될 수 없는 나머지 비정부적 제도와 기구 내지는 네트워크들이다. 이데올로기와 문화, 의식 등을 다루는 언론, 종교, 교육, 청소년 관련 사회단체들이 대표적인 예다. 셋째는 운동이라고 할 수 있다. 그것은 비록 제도화의 수준이 낮고 조직화의 범위도 불분명하며 지속성도 짧지만, 특정의 가치와 목표의 실현을 위해, 그리고 무엇보다도 공공선을 추구하기 위해 대중 동원을 동반하는 집단행동과 그 조직체들을 가리킨다.

시민사회를 국가와 개인들 사이에 존재하는 자율적인 결사체들로 구성된 사회적 영역이라고 볼 때 한국에 시민사회는 분명히 존재한다. 그러나 이 정의는 너무 일반적이다. 중요한 것은 만약 한국에 시민사회가 존재한다면 그것은 어떤 시민사회이며, 어떻게 형성·변화되었는가를 이해하는 것이다. 한국에서 형성되고 기능하는 시민사회가 어떤 시민사회냐 하는 문제를 이해하는 가장 좋은 방법은 비교의 방법을 통해 접근하는 것이다.

서구의 시민사회와 비교

서구에서 시민사회 개념은 16~18세기 영국이나 프랑스에서 부르주아지의 등장과 더불어 나타났고, 이념적으로는 자유주의 및 계몽철학과 함께 등장했다. 시민사회를 이론화하는 데 기여한 홉스T. Hobbes, 로크, 몽테스키외, 루소, 퍼거슨A. Ferguson 등은 모두 자유주의 계몽사상가들이었다. 서구에서 시민사회는 공적 권위를 대변했던 국가에 반反해 사적 영역 내지 상업 사회의 옹호를 위한 개념이자 이론화의 결과였다. 그래서 서구의 시민사회는 자유주의와 큰 연관성을 갖는다. 국가와 시민사회, 공적 영역과 사적 영역 사이의 경계는 매우 분명하게 구분되었고, 서구의 시민사회는 국가권력이 사적 영역을 침해하는 것에 대한 저항을 정당화하는 개념이었다. 요컨대 국가의 공적 권력의 확대를 부정적으로 보는 자유주의가 서구 시민사회의 출발이라고 이해할 수 있다.

한국에서 시민사회 개념의 출현은 민주화 운동과 함께 1980년대 말부터라고 할 수 있다. 이 시기부터 시민사회 개념이 학계와 운동권에서 광범하게 사용되기 시작했다는 것은, 한국에서 시민사회의 문제가 민주화 운동과 밀접한 관계가 있다는 것을 의미한다. 라틴아메리카와 동구 사회주의 국가들에서 시민사회 개념이 부활한 시기 역시 국가로부터 자율적인 영역에서 변화를 향한 움직임들이 일어나기 시작한 1980년대의 현상이었다.

한국에서 시민사회 개념이 널리 사용되기 시작한 것은 집중화된 권위주의 국가 대 민주적인 시민사회라는 양자 간의 긴장과 갈등적 관계를 표상하기 위한 것이었다. 즉, '국가에 반反하는 시민사회'라는 말로 집약될 수 있을 것이다. 그것은 민주화 운동을 권위주의 국가에 반대하는 시민적 권리와 요구로 이해하고, 따라서 시민사회를 권위주의 국가에 대항하는 민주화 투쟁의 사회적 기반으로 이해하려는 것이다. 이처럼 시민사회가 권위주의 국가에 대항해 시민 일반의 보편적이고 공적인 이익이 조직되는 운동의 공간으로 정의될 때, 우리는 서구에서 볼 수 있는 시민사회의 본래적 의미와는 매우 다른 시민사회의 형성을 목격하게 된다.

앞서 시민사회란 자율적인 결사체들이 조직되는 영역이라고 정의했을 때 그것은 본질적으로 사적 이익과 그에 기반을 둔 것으로, 공적 이슈에 대한 관심과 아울러 공적 영역에 참여함은 물론 사익의 증진을 도모하는 내용을 담는다. 이에 반해 한국에서 형성된 시민사회는 시민 일반의 보편적 권리 혹은 공공의 이익을 위한 운동이 행해지는 공간이라는 의미를 갖게 되고 그 속에서의 개인은 공익을 위해 참여하는 '적극적 시민'active citizens으로 이해되는 것이라 하겠다. 그것은 사적 이익의 표출과 그에 기반을 둔 조직적 활동에 대해 매우 부정적인 인식을 만들어 냈다. 요컨대 한국적 맥락에서 시민사회의 개념은 시민사회 본래의 의미와는 다르게 '적극적 시민'에 의해 창출된 공적 영역이라는 의미를 갖게 되었던 것이다.

자유주의와 시민사회

홉스나 로크에서 볼 수 있듯이 자유주의 정치철학에서 국가 혹은 정치사회는, 그에 우선하는 개인의 권리와 자유라는 사적 영역의 원리에서 논리적 추론을 통해 연역적으로 구성된 것이다. 최소 국가의 원리와 강제로부터의 개인의 자유는 자유주의 이론의 중핵을 이룬다. 흄D. Hume, 스미스A. Smith, 퍼거슨, 밀라John Millar 등 스코틀랜드 계몽철학자들에게 시민사회는 더욱 분명하게 등장한다. 이들은 상업 행위, 상업 사회, 돈벌이 추구사회 등으로 정의될 수 있는 사회 변화를 이론적으로 정당화하기 위해 이를 시민사회라고 규정했다.

이들의 이론 구성은 먼저 시민사회가 역할을 하고 이를 보완하는 법의 제정과 집행 및 제도 형성자로서 국가가 뒤따르는 것이었다. 이들 계몽철학자들에게도 공적 영역과 사적 영역의 구분은 명확하게 나타난다. 로크는 자연 상태라는 개념을 통해 시민사회를 정의하고자 했다. 로크에게서 자연 상태란 개인이 각기 자유와 평등을 가지고 있지만 다소 불안한 사회 상황을 의미한다. 이로부터 질서가 만들어진 상황이 시민사회이며, 국가는 시민사회의 대리 기구라는 의미만을 갖는 것이었다.

이와는 달리 우리의 경우 공적 영역과 사적 영역의 구분은 매우 불분명하다. 우리나라의 시민사회는 서구와는 다른 토대와 여건에서 만들어졌기 때문이다. 한국에서 시민사회는 재산권 최우선의 원리나 시장과 경제적 사적 이익을 옹호하는 목적에서가 아니라, 중앙 집중화된 정치권력에 반해 민주주의와 민주적 공적 영역을 수호하기 위한 투쟁을 그 핵심 내용으로 형성되었다고 할 수 있다. 따라서 한국에서 시민사회는 약한 자유주의적 내용을 갖지만, 반면에 매우 강한 민주주의적 전통에 뿌리를 두고 있다.

요컨대 한국적 조건에서 시민사회의 형성에는 운동의 맥락과 전통이 매우 중요했으며, 운동으로 표출되는 공적 정신 내지는 공공선의 가치가 압도적인 내용을 갖는 것이었다. 이 점에서 나는 한국의 시민사회를, 공적·사적 영역이라는 이분법을 통해 이해하거나, 혹은 전자를 대변하는 국가 내지는 정치사회에 대해, 사적 영역을 대변하는 것으로 도식적으로 정의하기 어렵다고 생각한다. 만약 그렇게 정의한다면, 여러 서구 학자들이 이해하듯이 사적 영역의 관념과 개인주의가 약한 한국에서는 시민사회가 존재하지 않는다고 말할 수 있을 것이다.

시민사회와 민주주의 발전

그렇다면 시민사회가 발전하면 자연히 민주주의가 도래하고, 민주주의가 발전하는가? 반드시 그렇지는 않다는 것을 1920~30년대 서구의 경험들은 보여 주고 있다. 1930년대 나치 정권의 등장만큼 이를 잘 보여 주는 사례는 없다. 이 점에서 바이마르공화국의 붕괴에 대한 베르만[1]의 연구는 시사하는 바가 크다. 사회의 자율적 결사체의 강고한 발전은 토크빌이 말하는 시민사회의 핵심적 구성 요소를 이룬다.

그러나 나치 독일의 사례는 시민사회의 자율적 결사체들의 강력한 발전과 전국적 정치제도 및 구조의 완강함이 전도된 관계로 발전하게 된 결과임을 보여 준다. 당시 독일의 저발전된 정치 구조와 정당 체제는 점차 동원화되는 대중들의 요구에 대응하기보다, 역으로 그 구조가 공적 생활에 있어 의미 있는 참여를 방해하게 된 것이다. 결과적으로 시민들의 에너지와 이익은 좁은 이익집단 내로 한정되는 사적 결사체 활동으로 비껴 나가게 되었다. 역동적으로 움직이는 시민사회 활동들은 공적 이익을 다루는 문제를 정당과 정치로부터 벗어나게 하는 데 오히려 기여하게 됨으로써 정당과 정치의 힘, 그리고 그 중요성을 점점 더 약화시켰다.

결국 위기가 도래했을 때 하나의 통일된 비전과 프로그램을 제시하면서 대담한 해결책을 제시했던 나치당이 기회를 잡게 되었다. 그리해 나치당은 민주주의하에서 합법적으로 투표를 통해 집권했던 것이다. 베르만과는 다른 맥락에서 샤츠슈나이더[2]는 갈등을 사유화하고 국소화하는 이익집단 정치와, 갈등을 전국화하는 정당정치 간의 차이를 강조하면서 민주주의를 위해서는 후자가 필수적이라는 사실

1_Sheri Berman, "Civil Society and the Collapse of the Weimar Republic," *World Politics* 49 (1997).

2_E. E. Schattschneider, *The Semisovereign People : A Realist's View of Democracy in America* (Hinsdale, Ill.: The Dryden Press, 1975).

을 강조한 바 있다.

한국도 민주화 이전에 서구에서와 마찬가지로 사적 이익 결사체는 광범위하게 조직되어 있었다. 따라서 민주화나 민주주의의 발전을 시민사회의 존재 혹은 시민사회의 양적 성장의 함수로 보는 것은 단선적이고 도식적인 해석이라 하겠다. 중요한 것은 시민적 결사체의 양적 팽창이 아니라 이들 자율적 결사체들의 정치적 내용이다. 시민사회를 시민을 위한 시민의 사회이도록 하는 것은 자율적 결사체들이 민주주의의 가치를 중심으로 일정한 공적 합의를 만들어 낼 수 있을 때다.

시민사회를 위와 같이 이해할 때 한국의 시민사회는 팽창과 수축을 수반하는 순환적 운동을 해왔다고 할 수 있다. 시민사회의 순환적 운동은 대체로 1945~48년의 해방 후 시기, 1960~61년의 4·19 시기, 1979~80년의 민주화의 봄 시기, 1980년대 후반의 6월 민주항쟁 시기를 팽창의 정점으로 한 것이었다. 이들 시기는 대중운동의 고양기이자 국가가 자신의 요구를 사회에 부과하기 어려운 국면이라는 특징을 갖는다.

2. '국가에 반하는 시민사회' 테제에 관하여

운동과 시민사회

앞서 우리는 한국의 시민사회 개념이 권위주의 국가에 대한 민주화 투쟁 과정에서 등장했고, 그때의 시민사회는 사회의 공공선을 대변하는 의미로 이해되었으며, 그것은 '국가에 반하는 시민사회'라는 테제를 통해 잘 포착될 수 있다는 것을 살펴보았다. 그리고 시민사회의 이런 특징은 운동의 고양기에, 국가에 반하는 시민사회의 광범위한 대중 동원을 통해 잘 드러난다는 것을 지적했다. 이것으로 한국의 시민사회가 갖는 특성이 충분하게 설명되었다고 볼 수 있는가? 운동의 고양기가 아닌 나머지 시기의 시민사회는 무엇인가? 국가에 반하는 시민사회 테제는 민주화 이후 상황에서도 적용 가능한 설명 모델이 될 수 있나?

이런 의문에 대답하기 위해서는 앞서 시민사회의 구성 요소로 지적된 이익집단, 이익집단 이외의 결사체 그리고 운동이 권위주의하에서 어떻게 존재·기능했는가를 살펴볼 필요가 있다. 그럴 때만이 왜 운동의 요소를 제외한 다른 요소들은 시민사회 개념을 구성하는 데 영향을 미치지 못했나 하는 문제를 이해할 수 있기 때문이다.

어느 사회든 근대 자본주의에서 자율적 결사체의 중심은 이익집단이다. 일차적으로 이들의 양적 성장과 영향력은 경제 발전의 함수다. 한국의 이익집단 역시 경제 발전 과정에서 성장했고 그에 따라 영향력을 증가시켜 왔다. 그러나 한국에서 경제 발전은 권위주의라는 정치적 조건과는 별개의 민간 차원에서 이루어진 결과가 아니라 권위주의 국가정책의 결과였다. 따라서 자율적 이익집단의 존재와 활동은 경제 발전과 정치 안정의 목표를 위해 국가에 의해 수직적·위계적으로 통합되었다.

크고 강력한 이익집단은 국가의 후원을 받음으로써 권위주의 국가에 의한 통제를 수용했고, 작은 이익집단들은 이들의 하위 구성 요소로 통합되었다. 쉽게 말해 이들은 권위주의 국가에 의한 통제를 수용하는 대가로 자신들의 특수 이익을 극대화할 수 있는 기회를 얻은 것이다. 한국경영자총협회(경총)와 전국경제인연합회(전경련), 한국노동조합총연맹(한국노총),

농업협동조합(농협), 한국교원단체총연합회(교총) 등이 대표적인 예다. 권위주의 시기 이들은 관료행정 기구의 주변에서 그것들을 둘러싸고 번창하는 '관변 단체'를 구성했다. 이런 국가와 이익집단의 관계는 국가 코포라티즘[3]의 전형적인 형태라 하겠다.

그러나 시민사회는 일련의 비정부적 민간 조직이나 제도들의 배열이라는 좁은 의미로만 정의될 수 없다. 시민사회는 지식과 이데올로기, 문화와 규범 등의 차원에서 한 사회의 도덕적 질서를 다루는 영역을 포함한다. 이 차원의 시민사회에 있어 본질적인 것은 이데올로기적 내지는 제도적 독점의 부재다. 어떤 교리나 이념도 신성한 것으로 숭상되거나 강요되어서는 안 되며, 사회적 질서와 합의는 자유롭고 이성적인 의사소통의 결과여야 한다. 이런 관점에서 보면 시민사회가 존재하느냐 하지 않느냐의 문제보다, 얼마나 시민사회적이냐 하는 문제로 접근하는 것이 필요하다.

결국 중요한 것은 구조적·이념적 다원주의의 정도다. 이 점에서 권위주의 시기 한국의 시민사회는 극히 제약적이라고 할 수 있다. 국가와 비정부적 제도 그리고 이데올로기는 위계적이고 동질적이며 독점적인 성격을 강하게 가졌다. 강력한 권위주의 국가, 이와 위계적으로 결착된 비정부적 제도와 조직들, 냉전 반공주의 이데올로기가 사회에 대해 갖는 억압 구조 등은 시민사회의 다원성과 자율성을 근본적으로 제약했다. 이런 조건에서 정치권력과 국가로부터 자율적인 공간과 공적 영역을 창출한 것은 사적 이익 결사체나 제도들이 아니라 운동이 될 수밖에 없었다.

3_국가 코포라티즘(state corporatism) | 코포라티즘에는 두 하위 유형이 있는데, 하나는 사회 코포라티즘(societal corporatism)이고, 다른 하나는 국가 코포라티즘이다. 전자는 이익집단의 발전과 활동의 결과가 아래로부터 자유롭고, 자연스럽게, 국가에 의한 어떤 외부적 제약이나 개입 없이 이익이 대표되고 매개되는 유형이다. 그러나 국가 코포라티즘은 국가가 위로부터 주요 이익집단을 통제 목적으로 코포라티즘의 제도를 부과하는 유형을 말한다. 오도넬은 이 국가 코포라티즘의 개념을 그의 "관료적 권위주의 국가"(BA state)에 적용해, 국가가 민중 부문 특히 노동자계급을 정치체제 내로 통합하거나 배제하기 위해 강권력을 통해 억압적 제도를 부과하는 것으로 정의하고 이를 관료적 권위주의 국가의 핵심적 구성 요소로 규정했다.

권위주의 산업화의 특성과 시민사회

서구와는 달리 한국에서는 사적 이익집단과 그에 기초를 둔 자유주의적 이념이 시민사회적 질서와 공적 합의를 추동해 내는 요소로 기능하지 못했다. 무엇보다도 정치체제와 경제, 권위주의 국가권력과 사적 이익 사이의 분리가 모호한 상태에서 시민사회는 취약성을 면치 어려웠다. 한국 사회에서 민주주의라는 대의와 시민적 가치·규범을 실현하는 공적 영역을 창출한 것은 서구와 같이 부르주아지가 아니라 교육받은 도시 중산층의 적극적인 그룹이라 할 수 있는 학생과 지식인이 주도한 운동에 의해서였다.

권위주의 국가와 사적 이익집단들이 결착해 국가 이익을 독점적으로 대표했던 상황에서, 자율적인 공공성을 창출한 시민사회적 힘은 그동안 정책 결정 과정에서 참여가 배제되었던 민주적 가치의 지지자들, 사회적 약자, 주변 집단, 비판적 사회 세력들에 의한 집단적인 투쟁을 통해 만들어질 수밖에 없었다.

앞서도 지적했듯이 한 사회의 시민사회는 그 사회가 경험한 자본주의 산업화의 방법과 밀접한 관계를 갖는다. 강력한 권위주의적 발전 국가의 주도하에 산업화가 추진되는 동안 재벌은 권위주의 체제와 국가 주도 경제 발전의 최대의 수혜자이자 견인차였다. 이들의 힘과 영향력은 정치적 영역에서는 간접적인 것이었지만, 경제적 시장 영역과 사회적 영역에서는 직접적이고 압도적인 것이었다. 기본적으로 시민사회는 경제에 종속된 것이었고, 자유주의는 약체성을 면치 못했으며, 정상적인 제도를 통해서 민주주의의 이념과 가치가 성장할 수 있는 조건은 매우 제한적이었다.

정치적 차원에서 국가의 권위주의, 비정부적 민간 부문과 기업 조직의 권위주의corporate authoritarianism, 그리고 다른 가치와 이념의 차이를 용인하지 않는 냉전 반공 이데올로기는 민주주의나 자유주의적 가치와 병립하기 어렵다. 민주화 운동과 민중운동은 이들 민간 부문이 국가 코포라티즘으로 통제되고 있는 조직 안팎에서 등장했다. 그러나 이들 운동은 그것이 제도로서의 특징을 갖는 것이 아니라 그야말로 운동이기 때문에 조직적으로 불안정하고, 간헐적이며 지속성이 짧은 특징을 가질 수밖에 없었다.

시민사회와 분리된 정치사회

서구 정치사상에서 국가는 자연적인 것이 아니라 인간이 만든 제도에 불과하다. 국가와 시민사회에 관한 자유주의 사상이 그 기원을 두고 있는 중세의 관념 역시 정치적 권위체를 사회의 여러 다른 제도 가운데 하나에 불과한 것으로 보았다. 서구 자유주의의 체계에 있어서 시민사회와 정치사회(또는 국가)의 이분법은 국가와 사회 사이에 기본적인 동질성이 존재한다는 사실을 전제로 한다.

로크의 사상에 있어 자연 상태에서 시민사회로 들어가는 것은 본질적으로 입법부인 의회를 만드는 것에서 시작된다. 그러므로 로크에게서 시민사회는 곧 정치사회를 의미하는 것이다. 그는 시민사회를 자연 상태에 대치시켰지, 오늘날 우리가 하듯이 국가에 대치시키지 않았다는 점에 주목할 필요가 있다. 여기서 대표의 개념은 시민사회를 국가와 연결하는 것이며, 국가는 시민사회의 대의 기구라는 의미를 갖는다.

자유주의의 논리가 확장되는 계기는 다음과 같다. 먼저 사회의 근본적 기초는 자연권을 담지한 개인이다. 다음으로 시민사회는 이들 독립적인 개인들로 구성되어 있으며 어느 정도 자족적인 경향을 갖는다. 마지막으로 국가는 시민사회의 개인들에 의해 선출되고, 그들의 동의의 기초 위에서 대표들을 통해 구성된다.

서구에서 17세기부터 19세기에 이르는 고전적 자유주의와 절대왕정 체제에 반하는 근대적 입헌 체제를 위한 오랜 투쟁 과정은 '소극적 자유'[4]의 개념과 더불어 국가에 대한 불신을 조성했다. 따라서 철학적 관점에서 개인주의, 개인의 권리와 자유, 사적 이익, 사적 영역 등이 중심 내용을 이루면서, 국가에 대한 시민사회 우선의 원리를 발전시켰던 것이다. 그 결과 로크가 말했던 것처럼 국가는 시민사회의 신탁된 대리자fiduciary에 불과한 것이다.

한국적 상황은 이 같은 서구의 사례와는 근본적으로 달랐다. 국가는 사람이 날 때부터 이미 거기에 존재했으며 사회에 대한 관념은 존재하지 않았다. 한국에서 국가의 우위는 역사적으로 다원적 권력 구조를 갖는 봉건제의 경험이 부재한 가운데 오랜 중앙 집중화된 관료제에 기반을 두고 있으면서, 철학적으로는 유교적 전통을 통해 유지되어 왔다. 이후 일제강점기의 경험, 분단국가로 귀결된 미군정 통치와 냉전의 경험은 국가의 우위성을 더욱 온존·강화시켰다.

이 과정에서 공익에 대해 사익의 정당성을 주장할 수 있는 기초는 매우 약했다. 공적 영역과 사적 영역, 국가와 시민사회 두 영역은 분리되어 있을지 모르나 그 경계선은 모호하며, 시민사회는 국가에 의해 흡수되어 있다고 할 정도로 종속적이었다. 따라서 한국의 시민사회가 국가로부터 분리된 영역으로서 형성된 것은 권위주의 국가에 대한 반대 운동으로부터 시작되었다.

4_소극적 자유와 적극적 자유 | 벌린(Isaiah Berlin)이 사용한 개념으로 소극적 자유는 국가와 같은 어떤 외부적 권위 내지는 다른 사람의 강제적 의사로부터의 자유를 의미하는 데 비해, 적극적 자유는 원하는 것을 행하고 자신의 목표를 성취하기 위한 자유를 뜻한다. 흔히 정치학에서 소극적 자유는 국가로부터 침해받거나 간섭받지 않을 권리를 말하며, 적극적 자유는 공동체나 국가의 운영에 참여할 수 있는 권리를 말한다. Isaiah Berlin, "Two Concepts of Liberty," *Four Essays on Liberty* (Oxford: Oxford University Press, 1969)[『자유론』, 박동천 옮김, 아카넷, 2006].

국가와 시민사회의 정치적 매개로서의 정당 체계는 시민사회의 대표 기구로서보다는 국가의 부속 기구로서 위로부터 만들어졌다. 따라서 정치사회는 시민사회로부터의 분리와 소외를 특징으로 갖게 되었다. 1950년 한국전쟁 이후 한국의 정치사회는 이념적인 스펙트럼상의 우파 정당과 국가가 통제하는 이익집단을 중심으로 제도화되기에 이르렀다. 이후 한국의 시민사회는 국가 코포라티즘적 관계의 네트워크를 통해 국가와 결착한 시민사회와 그로부터 소외되고 배제된 주변적 시민사회로 구분되었다.

전자는 냉전 반공주의의 헤게모니 구조에 통합되고 탈정치화[5]된 시민사회의 부문으로 특징지을 수 있는 반면, 후자는 그렇지 못하다. 우파만이 제도권 정치로의 진입이 허용되는 냉전 반공주의의 헤게모니하에서 정치사회의 제도화가 이루어졌다는 사실이 의미하는 것은, 제도화된 정치사회와 시민사회의 배제된 부문 간의 괴리가 매우 크다는 것이다. 자유주의적 사회질서에 기반을 두고 있는 시민사회가 개방된 이념적 스펙트럼 위에서 폭넓게 대표될 수 없는 한, 정당 체제가 시민사회적 요소를 대표할 수 없었던 것은 당연했다.

5_탈정치화 | 탈정치화는 어떤 열광적 행동이나 지지가 아니라 통치를 수동적으로 받아들이는 태도 또는 어떤 반정부적 행위를 하지 않는 냉담함이나 무관심을 뜻하는 말이다. 린츠(Juan Linz)는 이를 권위주의 체제를 구성하는 세 가지 기본 특성 가운데 하나로 제시한다. 즉, 탈정치화, 제한적 다원주의, 멘탈리티(mentality)가 그것이다.

3. '시민사회 대 시민사회' 테제의 제기

민주화 이후 시민사회의 변화

국가에 반하는 시민사회 테제가 민주화 이후에 적용될 수 있는 여지는 매우 제한적이다. 다시 말해 민주화 이후 한국의 시민사회는 민주화 운동 과정에서 보여 주었던 건강성을 더 이상 갖고 있지 않다. 민주화 이후 시민사회는 더 이상 민주주의를 지키고 발전시키는 수호자의 역할을 할 수 없는 조건에 있다. 나는 민주화 이후 시민사회는 '시민사회 대 시민사회'라는 새로운 테제를 통해 이해할 수 있다고 본다. 그렇다면 민주화 이후 시민사회에 어떤 변화가 있었는가?

우리는 시민사회를 특정한 형태의 국가와 시민사회 관계의 구조에 위치시켜 이해할 수 있다. 권위주의에서 국가와 시민사회의 관계는 다음과 같다. 우선 국가의 관리자들 — 즉 대통령을 중심으로 행정부를 관리하는 선출되지 않은 권위주의적 집권 엘리트와 국가행정 기구의 관리자들, 선출된 대의 기구의 다수파인 의회 엘리트들 — 은 사회의 보수적인 엘리트 카르텔의 멤버들로서 매우 동질적인 이념적·인적 구성을 가졌다.

권위주의 국가와 냉전 반공주의라는 이데올로기적 헤게모니하에서 시민사회는 국가 코포라티즘적 결착을 통해 포섭되고 통제된 결과, 국가에 대한 시민사회의 자율성과 다원성은 제한되었다. 따라서 국가는 동심원적concentric 구조를 가지며, 냉전 반공주의는 이데올로기적 영향력에 있어서 헤게모니적인 것이었다. 국가에 반하는 시민사회는 바로 이런 국가와 시민사회의 관계 구조에 완전히 통합되지 않고, 그 내부와 헤게모니적 시민사회의 주변부에서 지배적인 구조와 이데올로기에 대한 반대를 조직하려는 정치화되고 활성화된 부분으로 나타난 것이다. 바로 이 국가에 반하는 시민사회가 민주화 운동 및 민중운동의 세력 기반이었다. 다시 말해, 권위주의에서 시민사회는 국가권력이 중심이 된 헤게모니 구조에 통합되어 있는 보수적 시민사회와 민주화 운동의 기반으로서의 비헤게모니적 시민사회로 구분될 수 있을 것이다.

반면 민주화 이후 국가와 시민사회의 관계는 다음과 같이 변화되었다. 우선 국가의 관리자들, 즉 대통령을 중심으로 한 선출된 집권 엘리트들과 기존의 권위주의 체제에서 성장했던 국가행정 기구의 관리자들은 이해관계나 이데올로기, 정치적 정향에 있어 큰 차이가 있었다. 민주화 이후 선거에서 선출된 상당수의 의회 엘리트들은 권위주의 시기 동안 야당 혹은 민주화 운동에 참여한 경력을 갖고 있다.

이들은 과거와 같은 보수적인 엘리트 카르텔의 멤버가 아니었다. 그럼으로써 국가는 국가 관리자들과 선출된 공직자들이 그 구성에 있어 이질성을 갖는 이심적離心的, eccentric / excentric 구조를 특징으로 한다. 그리고 이때의 시민사회는 과거 권위주의에서와 같이 국가에 의해 수직적으로 통합된 부분이 아니라, 거꾸로 국가의 영역에 들어온 야당 혹은 민주화 운동 세력 등 국가 영역 내에서의 이질적 요소에 저항하는 영역이 되었다.

권위주의 국가를 대신하는 언론

민주화 이후 새롭게 나타난 현상은 여론 형성의 공간인 공론의 장에서 보수적 거대 언론의 역할이 크게 확대된 것이다. 현재 언론은 우리 사회에서 구질서와 냉전 반공 헤게모니의 수호자이자 대변자로서 기능하고 있다. 국가의 이심적 성격, 즉 권력 구성 요소 간의 이질성이 커지고 냉전 반공주의 헤게모니가 약화된 시점에서, 국가 안에서 기존의 헤게모니를 강화하고 시민사회에 대해서도 보수 헤게모니의 결집성을 유지하는 역할을 언론이 떠맡고 있는 것이다. 왜 언론이 이런 역할을 하게 되었나? 구체제라고 할 수 있는 군부 권위주의에서는 언론이 이런 역할을 할 필요가 없었다. 국가는 엘리트의 동심원적 성격을 완벽하게 유지해 주었고 헤게모니를 충분히 갖도록 해주었기 때문이다.

그러나 민주화는 국가의 동심원적 구조를 변화시키는 힘이었으며, 과거 야당이었거나 민주화 운동의 경력을 가진 사람들로 집권 엘리트를 교체했다. 국가의 중심에 자리 잡고 있는 집권 엘리트와 시민사회의 헤게모니적 부문 사이에 일정한 탈구현상이 만들어진 것이다. 이런 조건에서 이들 집권 엘리트를 공격한 것은 다름 아닌 시민사회의 보수적 부문이며, 이를 대변하는 것이 언론이었다. 민주화 이후 한국 사회 최상층 기득 세력의 요구를 대변하고 이들을 결집시키는 역할을 언론이 하게 된 것이다.

이런 조건에서 갈등을 집약시키는 요소는 냉전 반공주의의 헤게모니를 둘러싼 이데올로기의 문제가 되었으며, 따라서 중심적 갈등 축은 시민사회의 공론의 장이 되었다. 갈등의 초점 역시 국가 대 시민사회에서 시민사회 내로, 즉 시민사회의 보수적 헤게모니 부문 대 탈냉전 혹은 비판적 부문 내지는 운동 부문 간의 갈등으로 이동했다. 적어도 현상적으로는 시민사회 내에서 보수적 부문의 이념적 헤게모니가 우위에 있는 것으로 보인다. 그 결과 사회의 여러 하위 체계 수준에서 발전해야 할 민주화와 이념적 다원화가 지체되고 있으며 정치체제의 전반적 수준에서 민주주의의 내용적 발전이 저해되고 있다.

민주화 이후 국가와 시민사회의 이런 구조 변화는 김영삼 정부 시기부터 시작되었다고 할 수 있지만, 이런 구조가 선명해진 것은 김대중 정부에서였다. 우선 김대중 정부를 구성했던 집권 엘리트는 출신과 경력 면에서 기존의 엘리트 카르텔 구조의 구성원들과 매우 큰 이질성을 가졌다. 또한 김대중 정부 시기 햇볕정책으로 불리는 남북한 화해 공존으로의 정책 전환은 기존의 냉전 반공주의와 이념적으로 충돌하기 시작하면서 국가와 시민사회의 커다란 구조 변화를 초래하는 계기가 되었다.

민주화 이후 헤게모니의 문제는 김영삼 정부와 김대중·노무현 정부를 구분하게 해주는 가장 중요한 기준이다. 김영삼 정부가 시민사회의 보수적 부문과 냉전 반공주의를 공유함으로써 헤게모니적 기반을 갖는 정부였다면, 김대중·노무현 정부는 헤게모니 없는 정부라고 할 수 있다. 헤게모니를 갖지 않는 정부에서 어떤 일이 일어났는가?

먼저 대통령을 중심으로 한 국가권력의 핵심이 시민사회의 운동 부문과 연대·협력하는 양상이 나타났다. 김대중·노무현 정부는 민주적 개혁의 지향성만 가졌을 뿐 국가 영역 안에서 이를 위한 이념, 프로그램, 리더십, 지지 기반을 충분히 갖지 못했다. 따라서 국가 영역 밖에 있는 시민사회로부터의 지원과 지지의 확보가 필요했다. 그러나 결론적으로 말해 집권 엘리트와 시민사회의 운동 부문 간의 연대가 김대중 정부의 개혁에 헤게모니를 갖게 하지는 못했다.

김대중·노무현 정부는 보수 기득 헤게모니 세력에 단호한 태도를 유지하지 못함으로써 시민사회 운동 부문의 적극적인 지지를 확보하지 못했다. 결국 김대중·노무현 정부의 비헤게모니적 지위는 변화되지 않았으며 시민사회의 보수적 부문과의 갈등은 더욱 확대되었고, 정부와 시민운동은 동시에 약화되고 말았다.

국가에 반하는 시민사회 테제는 폐지되어야 하나

'시민사회 대 시민사회'라는 문제 틀을 제기한다고 해서, 민중화운동이 중심이 되었던 시민사회의 진보적 영역이 민주적 규범과 가치의 원천이고 시민적 덕 내지는 시민성을 함양하는 사회적 장인 반면, 그 대응하는 시민사회의 보수적 영역은 민주적인 시민성을 갖지 못한다는 것을 말하려는 것은 아니다. 민주화 운동의 전통에 서있는 영역도 시민사회이고 여러 사회의 자율적 결사체, 이익집단, 민간 영역에서의 사회조직과 기구들 또한 시민사회에 포괄된다. 그러나 시민사회를 구성하는 이들 요소들이 민주화 이후 한국 사회에서 일정한 대립적 관계를 발전시키고 있는바, 이런 특징을 서술하고자 시민사회 대 시민사회라는 표현을 불러들이게 되었다. 분명 한국 사회에서 시민사회라는 말은 처음 민주화 운동과 더불어 탄생했고 그 때문에 특정의 정치적·사회적 의미를 갖게 되었다. 하지만 민주화 이후 서구 사회에서 전통적으로 시민사회라고 불렀던 의미에서의 사회 영역, 즉 국가 밖의 사회의 자율적 영역이 냉전 반공주의, 권위주의, 그리고 신자유주의 등의 이념이나 가치 정향을 확산시키면서 시민사회의 또 다른 한 부분을 형성하게 되었다.

그렇다면 국가에 반反하는 시민사회 테제는 폐기되어야 하는가? 권위주의적 국가 대 민주적 시민사회의 대립 축은 소멸되었다고 말할 수 있는가? 아니다. 그것은 어떤 실질적 민주주의론이나 국가의 폐지를 주장하는 마르크시즘적인 최대 정의적 민주주의론maximalist conception of democracy의 관점에서가 아니라, 토크빌적 문제의식 때문이다. 토크빌적 문제의식이란 그가 프랑스혁명의 결과를 분석하는 중심 테마로서, 구체제는 민주주의에 의해 변화되었으나 '구사회'ancienne société는 시민사회의 허약함으로 인해 온존되며, 이와 맞물려 국가권력의 중앙 집중화 현상이 지속되는 역설을 말한다.

우리 사회 역시 민주화 이후에도 중앙 집중화된 관료행정 기구가 계속해서 발달해 왔으며, 그것이 사회에 대해 갖는 우위가 지속되었다. 중앙집권화에 관한 한 민주화 이후에도 전혀 변한 것이 없다. 따라서 여전히 국가에 반하는 시민사회 테제는 자율적 결사의 활성화, 지방으로의 분산, 그리고 동심원적 엘리트 구조의 분권화가 갖는 중요성을 강조하고 실천하는 이론적 자원이 될 수 있다. 시민사회를 둘러싼 갈등의 직접적인 대립 축은 민주화를 기점으로 시민사회 내부로 전환되었음에도 불구하고, 이와는 다른 차원에서 한국 사회의 강한 국가 중심적 특성은 여전히 주목해야 할 문제로 남는다.

이제 민주 정부하에서 시민사회가 얼마나 시민사회적이 되고 그로 인해 민주주의의 질적 고양을 가져오는 데 얼마나 기여했는가 하는 문제가 남았다. 시민사회 내에서 보수적 헤게모니 부문이 강화되었다고 한다면 그것이 의미하는 바는 권위주의를 지탱하는 중심 지주의 역할을 했던 거대 기업, 거대 자율적 이익 결사체, 거대한 이데올로기적 기구와 제도들, 다시 말해 경제에 물적 토대를 둔 사회의 하위 체계와 하위 조직들의 국가에 대한 자율성이 증대되었다는 사실을 의미한다.

그렇다면 이들 하위 체계와 조직의 자율성이 증대한 것이 국가의 권위주의에 대응해 우리 사회의 자유주의적 기반을 강화하고, 그럼으로써 민주화에 기여했다고 볼 수 있나? 대답은 당연히 '그렇지 않다'는 것이다. 무엇보다 이들 하위 체계와 조직들은 냉전 반공주의의 이념과 가부장적 권위주의 그리고 온정주의에 의해 지배되는 문화적 차원에서 권위주의의 학습장 역할을 하고 있기 때문이다. 이들이 동원할 수 있는 자원의 크기는 우리 사회를 압도할 정도이며, 공적 담론의 장에서 이들의 헤게모니적 영향력은 거대 언론을 통해 보장되고 있다. 이들이 한국 보수주의의 핵심적 기반을 형성하면서 민주적 개혁에 저항하는 한 한국 민주주의의 내용적 발전을 기대하기는 어려울 것이다.

4. 시민사회의 약화와 한국 민주주의

다원주의 없는 시민사회

김대중·노무현 정부를 거치면서 한국의 시민사회는 팽창했다고 할 수 있는가? 그렇다고 말할 수 있다. 그러나 그것은 집권 세력의 무능력과 리더십 약화가 가져온 수동적 결과라고 할 수 있다. 다시 말해 적극적 민주개혁을 지향하는 시민사회가 확대된 결과라기보다는 구체제에서의 시민사회의 보수적 부문이 확대 발전된 결과라는 것이다. 이는 과거 권위주의하에서 시민사회의 팽창과 수축의 사이클이 역전된 형태가 아닐 수 없다.

한국 사람들은 대개 민주화를 국가의 권위주의적 개입과 억압으로부터 시장과 사적 부문이 자유로워지는 것으로 이해한다. 실제 민주화 이후 한국 민주주의의 가장 두드러진 특징 가운데 하나는 기업 활동의 자유와 사적 이익의 분출이라 하겠다. 특히 IMF 금융 위기 이후 정부의 신자유주의적 경제개혁과 함께 시장 경쟁과 효율성, 성과주의와 같은 신자유주의적 가치가 사회 전반에 걸쳐 확산되면서, 이런 흐름은 한국 사회에 더욱 확고하게 자리 잡게 되었다.

이와 동시에, 시민사회의 두 가지 중심축이라 할 사적 이익의 조직화와 공적 이익의 추구도 크게 활성화되었다. 이 시기 우리는 시장 자율성의 강화와 사적 이익의 충족이 시민사회의 자유로운 결사체를 증가시킨다는 주장을 경험적으로 뒷받침할 만한 자료를 갖고 있지는 않다. 그럼에도 불구하고, 자발적 결사체가 늘어날 것이라는 사실은 의심의 여지가 없다. 이제 한국 시민운동의 활동 범위는 반핵 평화, 선거 감시, 공직 후보자 평가, 반부패, 소비자보호와 정보 제공, 환경보호, 여성 문제 등을 포괄할 만큼 확장되었다.

다른 한편 구체제의 헤게모니 세력 또한 민주적 가치가 확산됨에 따라 약화되기는커녕, 오히려 보수적인 언론 매체를 통해 더욱 강화되는 양상을 보이고 있다. 냉전 반공주의는 여전히 노동자의 권익이나 사회복지, 부의 재분배와 같이 사회경제적 시민권을 확대하는 문제에 있어 부정적인 영향을 미치고 있다. 구체제의 또 다른 지배 이데올로기인 성장주의 역시 신자유주의와 교묘하게 결합하면서 여전히 위세를 떨치고 있다.

요컨대, 그 규모와 양적 팽창에도 불구하고 민주화 이후 한국의 시민사회는 민주주의의 기반을 강화하기보다는 오히려 약화시키는 역설적 현상을 보여 주고 있다. 이는 시민사회가 기득 세력의 이데올로기적 헤게모니를 대체할 수 있는 민주주의의 가치를 발전시키지 못했기 때문이다. 게다가 권위주의 시대로부터 물려받은 노동 배제적 발전주의, 신자유주의적 가치와 이데올로기를 무비판적으로 수용하고 있다.

시민사회는 시장 경쟁과 효율성이라는 신자유주의의 원리를 확산시키는 데 적극적으로 기여했으며, 이를 통해 자유롭고 창조적이며 관용적인 개인성을 희생하면서 편협하고 이기적인 개인주의를 증진시키고 있는 것이다. 민주화 이후 한국의 시민사회가 민주적 시민권을 확대하고 이를 통해 민주주의의 사회적 기반을 강화할 수 있는 조건을 창출하는 데 성공했다고 볼 수는 없다.

한편으로 한국의 시민사회는 권위주의 국가에 반하는 민주화 운동의 사회적 기반이었으며, 이후 민주주의하에서 양적으로 급격히 팽창했지만, 다른 한편으로는 구체제 이데올로기의 헤게모니적 질서에 흡수·통합되는 명백한 한계를 드러내고 있다. 따라서 한 사회가 안고 있는 여러 문제들을 해결할 수 있는 대안을 조직하는 데 있어 시민사회가 어떤 동질적인 이해와 가치를 대변할 수는 없다. 민주주의에서 그런 역할을 하는 것은 정치사회와 정당이라고 할 수 있다. 따라서 시민사회를 한 사회의 보편적 가치를 대표하는 어떤 비정치적 영역으로 신비화하는 것은 비현실적이며, 바람직하지 않은 일이다.

노동 없는 시민사회

한국 사회에서 노동자의 위상과 역할만큼 시민사회의 특징을 잘 보여 주는 것도 없다. 민주화가 되고, 국제적으로 냉전이 해체되고, 남북한 간의 적대와 대립이 크게 완화되었음에도 불구하고 한국의 노동자들은 스스로를 정치적으로 조직하지 못하고 있는 것이 현실이다. 노동자가 계급으로 투표할 수 있는 대안 정당은 존재하지 않으며 노동자의 이익과 관점은 공론의 장에서 중요 의제로 인정되지 않는다.

노동이 정치적으로 대표되지 못하고 있는 것은 시민사회를 약화시키는 중요한 요소로 작용하고 있으며, 이는 민주주의 발전에도 매우 부정적이다. 그것은 노동이 비록 여러 부문 이익, 여러 특수 이익 가운데 하나라 하더라도 사회에서 이들의 기능적 이익이 갖는 중요성에 있어서나 그 양적 규모에 있어 근대 자본주의사회의 가장 중요한 집단임에 틀림없기 때문이다.

따라서 노동의 이익과 관점을 정치적으로 배제하는 것은 곧 한 사회가 사회 통합, 사회복지, 정의의 실현 등의 공공재를 창출하는 과정에서 경쟁적 이념을 제시할 수 있는 가장 큰 잠재 세력의 역할을 배제하는 것이다. 그리고 그것은 사회의 계층구조에 있어서나, 시장이 창출하는 불평등 효과에 있어서 그리고 경제와 사회에서 재벌의 일방적 힘의 우위를 견제하는 데 있어 부정적인 효과를 만들어 낼 수밖에 없다.

　　노동 배제의 가장 직접적인 효과는 민주화 이후 정당 체제가 지역주의적 특성을 갖는 것으로 조직화되는 데 결정적으로 기여한 것이다. 그리고 이런 지역주의적 정당 체제는 전통·근대, 우·좌, 사익·공익 간의 대립 항에 있어 전통·우·사익적 요소를 강화하는 퇴영적 결과를 초래했다. 이는 사회를 특수 이익들의 수직적 분획으로, 그리고 특수 이익적 연줄 관계의 네트워크로 조직하는 데 기여했다. 바꾸어 말하면 지역주의적 정당 체제는 정치 엘리트들의 퇴영적 행태의 결과물이라기보다는 한국 시민사회의 약한 구조가 만들어 낸 결과물이라는 것이다.

비정치적·비계급적 시민사회

민주화 이후 젊은 세대들의 정치적 양태에서 볼 수 있듯이, 세대의 문제는 투표 행태를 포함해 한국 정치의 변화를 가져올 가장 중요한 요인의 하나로 등장하고 있다. 이 세대의 문제는 대안 세력의 조직화를 잘 허용하지 않는 한국 시민사회의 구조에서 집단적 연대가 만들어지는 한국적 현상을 보여 주기 때문이다. 세대의 집단적 연대는 한국 시민사회의 불가예측성, 부동성浮動性 혹은 안정성의 결여, 격발성, 평시에 억압되어 분출될 수 없었던 집단적 열정의 찰나적 분출을 보여 주는 현상이라 할 수 있다. 이 역시 시민사회에서 운동 부문이 갖는 취약성을 드러내는 사례가 아닐 수 없다.

시민사회의 비판적 운동 부문은 도시의 교육받은 중산층에 기반을 두고 있으며 이들이 운동을 위해 결집하는 이슈는 압도적으로 비非정치적이거나 나아가 반反정치적이 되어 가고 있다. 따라서 이들이 갖는 이념적 퍼스펙티브에서 노동과 같은 계급 문제를 운동의 이슈로 포괄하기란 점점 어려워질 가능성이 높다. 결과적으로 이들 시민사회의 운동 부문 역시 노동운동과의 연대 형성에 관심이 없고, 결국 노동운동의 강화보다는 고립에 기여하고 있다.

오늘날 한국의 시민사회를 강하다고 말할 수 있는가? 혹자는 그렇게 말한다. 강력한 국가에 대응하는 강력한 시민사회를 한국적 특성으로 이해하는 것이다. 그것은 전체적으로 볼 때 타당하며, 특히 시민사회가 운동을 통해 팽창했던 민주화 이행기에는 분명 그렇다. 그러나 민주주의가 한 단계 높은 수준으로 발전해야 할 오늘의 시점에서 볼 때 시민사회가 강하다고 말할 수 없다는 것이 내 생각이다.

거기에는 중대한 취약성이 있다. 중앙 정치 수준에서의 민주적 제도화는 어느 정도의 수준에 이르렀다고 하겠으나, 시민사회의 중심적 헤게모니가 지배하고 있는 하위 체계 수준에서의 민주화는 오히려 역전되고 있다. 민주화로 불안정하게 되었던 기득권과 기득 이익은 다시 복원되고 강화되고 있다. 이들의 영향력이 복원되고 강화된 것은 과거와 같이 국가가 아니라 시민사회에 의해서였고 시민사회 영역 내에서였다. 그리고 그 과정에서 거대 보수 언론의 역할은 결정적이었다. 보수 언론은 공론의 장에서 압도적 역할을 하는 데 힘입어 냉전 반공 이데올로기를 재강화하고, 공적 이성을 전용轉用하며, "이성적으로 구성된 전반적 이념의 다원성"을 허용치 않는 완고한 보수 헤게모니의 힘이라는 사실을 드러냈다.

역으로 시민사회의 운동 부문은 중대한 취약성을 드러냈다. 이들은 이성적으로 구성된 대안적 이념의 창출에 실패하고 있다. 교육받은 도시 중산층 중심의 운동이 갖는 이념적 한계는 커지고 있는 반면, 노동운동의 약화는 더욱 빠르게 진행되고 있다. 시민운동이 비(반)정치적 이슈에 천착하는 것도 또 다른 요인이 된다. 더 중요한 요인은 운동을 중심으로 한 시민사회가 다원적이고도 광범위한 시민 참여의 계기와 채널을 창출하고 제도화시키지 못한 채 간헐적으로 분출하는 열정에 의존하고 있다는 것이다.

4부

결론

8장 | 민주주의의 민주화

1. 보수적 민주화

이 책의 주제는 현대 한국 정치사 50년을 관류하는 어떤 특징적인 요소, 다시 말해 오늘날까지 지속적으로 재생산되고 있는 어떤 구조적 특성을 살펴보려는 것이었다. 해방 후 지금에 이르기까지 한국 정치에 어떤 특징이 있다면 그것은 다른 무엇보다도 정치의 대표 체제, 즉 정당 체제의 저발전이라고 할 수 있다. 이는 오랜 권위주의 체제를 거치면서 강력하게 성장한 국가와 대조되는 일종의 비대칭적인 결과라 할 수 있을 것이다.

시민사회의 이익과 요구를 조직하고 대변하는 대표 체제의 저발전은 국가와 시민사회 사이의 중간 층위, 즉 정치사회를 시민사회로부터 분리 내지는 괴리된 자율적인 영역으로 만들었다. 정치사회가 시민사회에 대해 어떤 자율성을 가지고 존립해 왔다는 것은, 이 층위의 행위자들이 시민 대중의 이익을 대표하고 사회에 대해 책임성을 갖기보다 그들 스스로의 이익을 실현하고자 하는, 일종의 정치 계급화된 존재로 기능한다는 것을 의미한다.

그러나 흥미로운 것은 이처럼 대중의 참여가 배제된 가운데에서도 국가 형성, 산업화 그리고 민주화에 이르는 거시적 사회 변화가 이루어져 왔다는 점이다. 대중의 참여 없이 엘리트가 중심이 되어 개혁이 이루어졌다는 의미에서, 나는 한국 정치의 특징 가운데 하나를 안토니오 그람시와 배링턴 무어의 개념을 빌어 '수동 혁명' 또는 '위로부터의 혁명', 또는 '보수적 근대화'라고 정의한 바 있다. 여기에 한 가지를 덧붙여야 할 것 같다. 그것은 '보수적 민주화'다.

강한 냉전 반공주의 이데올로기, 재벌이 지배하는 경제구조, 거대한 국가 관료제 등 권위주의에 친화적인 사회구조 혹은 민주화를 허용할 것 같지 않은 조건에서도 민주화는 이루어졌다. 앞의 논의에서 나는 이를 '조숙한 민주주의', '운동에 의한 민주화', '협약에 의한 민주화' 등의 개념을 통해 특징지은 바 있다. 민주화의 계기 앞에는 시민사회의 폭발이라고 할 수 있는 거대한 대중 동원이 있었다. 해방 공간에서 아래로부터의 대중 동원은 '조숙한 민주주의'로 나타났고, 1987년 6월 민주항쟁은 6·29 선언으로부터 시작된 '협약에 의한 민주화'로 이어졌다. 그러나 민주화 이후 20여 년이 지난 오늘의 시점에서 '보수적 민주화'라는 규정이 갖는 의미는 민주화라고 하는 변화의 측면보다 민주화가 수반하는 보수적 측면이 더욱 부각되고 있음을 말하려는 것이다.

조숙한 민주주의는 냉전 반공주의와 짝을 이루는 하나의 세트로 한국 사회에 구조화되었다. 따라서 그것은 매우 협애한 이념적 대표 체제 위에서 거대한 두 개의 당이 중심이 되는 보수 편향적 정당 체제를 주조해 냈다. 지난 60년 동안 정당의 명칭은 수도 없이 바뀌었지만, 크게 보면 조숙한 민주주의하에서 형성된 보수 양당제의 구조는 지속되었다고 할 수 있다. 하나의 정당이 권위주의 국가가 만들어 낸 일종의 파생 정당이라면, 다른 하나는 해방 공간에서 지주의 이익을 대변했던 한민당에 그 기원을 두고 있는 보수정당이다. 한민당에 기원을 둔 이들 보수정당은 권위주의하에서 만년 야당의 위치에 있었기에 흔히 '보수 야당'이라고 불렸다.

1987년 민주화의 계기 역시 보수적 정치 질서로 귀결되었다. 그것은 민주주의 이행이 광범위한 사회적 요구와 개혁 의제를 배제한 채, 정치 엘리트들 간의 협약에 의해 정치 경쟁의 절차와 관련된 문제를 민주화하는 데 그쳤다는 것, 그리고 그렇게 만들어진 보수적 정당 체제가 지금껏 변하지 않고 유지되고 있다는 것을 의미한다. 더욱 큰 문제는 이런 정치적 대표 체제하에서 한국 사회가 내용적으로나 질적으로 매우 나빠지고 있다는 것이다.

주목해야 할 것은 이 시기 민주주의의 보수화는 과거 보수 야당의 두 적자라고 할 김영삼·김대중을 리더로 한 정치 세력이 집권했던 기간에 일어났으며, 이로 인해 두 정치 세력 모두 집권 말기에 엄청난 대중적 비판에 직면했다는 사실이다. 이로써 권위주의 파생 정당과 보수 야당으로 구성된 한국 정치의 초기 질서, 즉 냉전 반공주의에 기반을 둔 보수 편향적 양당 체제는 비판과 부정의 대상이 되기에 이르렀다.

따라서 새로운 정당 체제가 등장하는 것이 자연스런 논리적 귀결이겠지만, 현실의 정치 세계에서는 여전히 기존의 정치 세력이 지배적이며, 보수적 민주주의의 틀을 깨는 개혁적이고 진보적인 대안이 출현할 가능성은 미약한 상황이 지속되고 있다.

보수적 민주화는 곧 정당 체제의 위기를 야기하고 있다. 정치적 대표 체제가 사회의 광범위한 요구와 변화를 경쟁적으로 반영하는 동시에, 그 대안을 마련하기 위한 역할을 하지 않음으로써 정치는 공분의 대상이 되었다. 오늘날 정치에 대한 사회적 불만은 뭔가 근본적 변화가 아니고서는 해소되기 어려워 보인다. 그러나 이런 사회적 불만을 감지하고 이를 위기로 인식해 적극적으로 대처할 정치적 주체는 존재하지 않는다.

권위주의 정권에서 집권 엘리트들의 가장 큰 두려움은 밑으로부터의 불만과 도전이었다. 역설적이게도 그들은 사회적 요구에 민감했던 것이다. 따라서 한편으로 저항의 계기를 폭력적으로 억압하면서도, 다른 한편 위로부터 수동 혁명적 개혁을 주기적으로 수행하는 역할을 방기하지 않았다. 요컨대 권위주의 시기의 지배 엘리트는 사회를 두려워했고 그 요구를 일정 부분 수용함으로써 사회를 통제할 줄도 알았다는 것이다.

그러나 민주화 이후 국가와 정당 체제는 이런 역할을 상실해 가고 있다. 보수적 민주화의 조건 위에 있는 정치 엘리트들의 관심은 우리 사회의 일반 대중이 어떤 삶의 현실에 처해 있는지, 그들의 요구가 무엇이고 어떤 사회적 변화가 필요한지, 정치가 무엇을 할 수 있는지 하는 류의 문제가 아니다. 마치 주식 투자자들처럼 자신의 정치적 자산의 가치 변동에만 관심이 있는 그들에게 민주주의라는 말은 내용이 빈약한 정치적 수사에 불과한 것이 되고 말았다.

확실히 오늘의 한국 정치는 안락한 보수주의에 빠져 있다. 우리 정치가 이렇게 안락한 보수주의에 젖어 있는 한 발전은 힘들다. 우리 사회가 직면하고 있는 근본적인 문제들이 산적해 있는데, 이런 문제들을 다뤄야 할 정당과 이들로 구성된 정치적 대표 체제는 사회적 요구에 부응하는 책임성을 보여 주지 못하고 있다. 정치 엘리트들이 사회를 무시할 때 사회 역시 그들을 무시하는 방법을 알고 있다. 그것은 정치를 조롱하면서 이런 정치를 정당화하는 들러리 역할을 거부하는 것이다. 우리 사회에서 투표율의 하락은 대안이 억압되어 있는 유권자의 절망적 항의로 이해되어야 한다.

2. 갈등의 억압과 대안의 배제

정당은 사회적 갈등과 균열을 표출하고 대변하며, 공익과 공공선에 대한 여러 경쟁적인 논의와 이슈들을 정책 대안으로 조직하는 역할을 한다. 그야말로 정당은 대중을 동원하는 조직이다. 정당은 선거 경쟁의 결과에 따라 정부가 되거나 야당이 됨으로써, 정책 결정의 중심적 행위자 내지는 비판적 대안의 조직자 역할을 한다. 정당은 정치과정에서 일차적으로 균열과 갈등을 표출하고 대변하지만, 정책의 실현 또는 정책 대안과 비전의 제시를 통해 미래의 개선에 대한 희망을 줌으로써 공동체적 유대를 실현하는 자율적 정치조직이다.

민주주의에서 '사회적 합의'는 만장일치의 개념이 아니라, 여러 대안들 간의 경쟁을 통해 다수 의사를 만들어 내는 과정과 그 결과를 말한다. 과거 권위주의 정부도 사회적 합의라는 말을 많이 썼지만, 그때의 사회적 합의란 정부가 일방적으로 제시하는 것이었다. 따라서 권위주의 정부는 대개의 경우 경제 발전과 같은 거시적 성과를 통해 사후적으로 정당성의 취약함을 보완하면서 사회적 갈등을 억압하고자 했다. 민주주의가 권위주의와 다른 것은 사회적 갈등을 억압하지 않는다는 것, 다시 말해 갈등을 정치의 틀 안으로 통합하면서 사회적 합의를 만들어 간다는 데 있다.

사회적 갈등을 정치의 틀 안으로 가져오고 이를 진지하게 다뤄야 할 공동체 전체의 문제로 전환해 정치적 결정을 위한 의제로 만드는 것이 정당의 역할이다. 요컨대 정당은 갈등과 균열을 표출하고 대표하며, 이에 기반을 둔 대안을 조직해 선거에서 경쟁함으로써 궁극적으로 사회적 갈등을 완화시키고 통합하는 민주주의의 중심적 정치 기제인 것이다. 따라서 정당이 제 역할을 하지 못할 때 민주주의는 제대로 발전할 수 없거나 위기에 처하게 되고, 그 결과 사회가 질적으로 발전할 수 없게 되는 것은 당연하다.

한국 사회의 여러 문제는 결국 정당 체제의 저발전에 그 원인이 있다. 확실히 보수적 민주주의가 갖는 문제들은 정당 체제의 위기를 통해 표출되고 있다. 무엇보다 그것은 한국의 정당 체제가 구시대의 이념적인 틀에 얽매여 있기 때문이다. 탈냉전과 신자유주의가 가져온 문제들은 한결같이 새로운 시야와 언어를 요구하는 데 반해, 한국 정당 체제의 틀과 언어는 변화되지 않았다. 무엇보다 정치를 바라보는 시각과 방법이 현재와 같아서는 안 된다.

이 책 전체를 통해 강조했듯이, 냉전 반공주의에 기반을 두고 있는 정당 체제는 서민과 노동의 배제를 특징으로 한다. 한 사회의 중심 집단의 이해와 요구를 배제할 경우 정당 체제의 편협성은 강화된다. 그 결과 정당 체제와 사회 간의 괴리가 증대할 수밖에 없고, 정치가 사회의 중심 이슈와 갈등을 포괄하지 못함으로써 정치에 대한 냉소와 무관심이 확대되는 것이다. 투표 참여는 줄고 정당이 정치 계급의 살롱이 됨에 따라, 정치는 기득 이익의 안정적 유지를 보장하는 기능을 하게 된다.

샤츠슈나이더가 말하듯이, 대중의 참여가 없는 엘리트 카르텔로서의 정치는 '상층 편향성'upper class bias을 특징으로 한다. 또한 번햄[1]이 말하듯이, 한 사회의 폭넓은 요구가 조직될 수 없는 정당 체제는 '대안 배제의 정치'를 특징으로 한다. 그리고 이런 정당 체제는 다시 냉전 반공주의를 강화하는 악순환의 고리를 이어 가게 된다.

민주주의가 제 기능을 하기 위해서는 사회적으로 통합되어 있지 않고 정치적으로 대표되지 않고 있는 서민층이나 노동이 정치과정으로 들어오는 것이 필요하다. 정치 엘

[1] Walter D. Burnham, *The Current Crisis in American Politics* (New York: Oxford University Press, 1982).

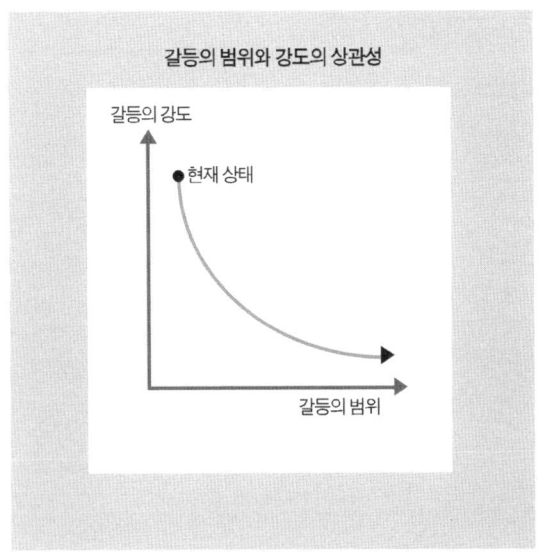

리트들은 늘 사회 통합을 이야기하지만 그렇게 되기 위해서는 균열과 갈등이 표출되고 동원되어야 한다. 민주주의에서 통합이란 사회적 갈등과 균열이 경쟁하는 복수의 정당을 통해 표출되고 대표되는 것을 말한다. 이런 조건에서만 민주주의는 갈등이 만들어 내는 사회 분열을 완화하고 해소할 수 있는 기제로 작동할 수 있는 것이다.

일반적으로 사회 갈등이 정치적으로 조직되는 범위는 좌우의 이념적 스펙트럼으로 표현할 수 있다. 그러나 매우 협애한 이념적 범위를 갖고 있는 한국 정당 체제의 경우 좌우의 스펙트럼 위에서 정당 간 차이는 거의 없는 것이나 마찬가지다. 이때 남는 것은 지역감정의 정치뿐이다. 특정 지역에 대한 차별과 그에 따른 소외가 존재하는 한, 지역감정의 정치가 현실적 기반을 갖지 않는다고 말할 수는 없다.

그러나 한국에서 지역감정의 정치는 근본적으로 지역 간 차이나 대립 때문에 생긴 문제가 아니라, 사회의 중요한 균열 요소들이 이슈화되거나 정책의 쟁점으로 부각될 수 없는 조건, 냉전 반공주의의 강한 영향력 때문에 정당 체제로 대표되는 이념적 범위가 극히 협애한 조건에서 만들어진 문제라는 점이다. 따라서 지역 간 화해를 수십 번 하고, 지역 간 협력 행사를 수백 번 하고, 지역감정을 극복하자는 의식 개혁 운동을 되풀이한다 해도 이념적으로 협애한 보수적 정당 체제의 구조가 해체되지 않

8장 민주주의의 민주화 | 253

는 한 지역 정당 체제의 변화를 기대하기는 어렵다.

한국의 정당 체제에서 정당이 대표하는 사회 균열의 범위와 기반은 매우 협소한 반면, 정당 간 갈등의 강도는 실로 격렬하다. 역설적이게도 이렇게 갈등의 강도가 높은 이유는 갈등의 범위가 매우 좁기 때문이다. 정당들의 이념적 기반이 매우 유사한 조건에서 정당 간 차이를 만들어 낼 수 있는 소재란, 내용은 없이 감정을 자극하고 적대적 열정을 동원하는 것밖에 없다.

마키아벨리[2]가 스파르타와 베니스의 예를 통해 강조했듯이, 정치 공동체의 규모가 커지면 갈등의 범위를 억압하는 것만으로 체제를 유지할 수 없다. 갈등의 표출을 확대해 '갈등을 통해 갈등을 완화하는 것'만이 민주주의를 지키는 유일한 방법인 것이다. 우리의 경우도 마찬가지다. 정당 간 갈등의 사생결단적 강도를 적정한 수준으로 줄이기 위해서는 갈등의 범위를 확장하는 것, 즉 정당 체제의 보수적 폐쇄성에서 벗어나 사회적 요구를 폭넓게 반영할 수 있도록 대표 체제를 개방하는 일이다.

3. 갈등의 사유화에서 갈등의 사회화로

오늘날 정당 간 경쟁과 갈등은 의회 내의 소수 정치 엘리트 이해 당사자들의 단기적 정치 목표를 둘러싼 것이 되고 말았다. 그것은 사회에 뿌리가 없는 엘리트 간의 합종연횡 혹은 사회적 기반도 없고, 명분도 없고, 차이도 없는 정치집단들 간의 결사적인 권력투쟁 이외에 다른 의미를 갖고 있

[2] Niccolò Machiavelli, *Discourses on Livy*, Harvey C. Mansfield, Nathan Tarcov trans.(Chicago: University of Chicago Press, 1996)[『로마사 논고』, 강정인 옮김, 한길사, 2003].

지 않다.

　오늘날 정당은 사회의 최대 동원을 놓고 경쟁하는 확대된 서클이 아니라, 최소 동원을 놓고 경쟁하는 축소된 서클로서 유지되고 재생산되고 있는데, 이를 가능케 하는 것은 일차적으로 민주화 이후 최고의 권력기관으로 등장한 거대 언론이다. 기득 이익에 봉사하는 언론은 1987년 이래 한국 사회의 민주화가 보수적 틀을 잡는 데 있어 중심적 역할을 했다는 비판으로부터 자유롭지 않다.

　정당도, 언론도 제 기능을 하지 못하고 있는 이런 조건에서 사회의 중요한 이익과 갈등, 균열이 표출될 수 있는 출로가 점점 좁아지게 되는 것은 당연하다. 그 결과 정치사회에 대한 국민의 불만은 누적되고, 일정한 시간이 지난 뒤 그것의 폭발적 분출을 주기적으로 만들어 내는 구조가 만들어졌다. 제도권 정치의 보수화와 그에 대한 사회적 불만의 주기적 폭발은 한국 정치의 중요한 특징을 이루고 있는 것이다. 그것은 시민사회의 변화와 다양한 요구, 국민들의 열망과 정치사회가 너무 크게 괴리되었기 때문에 발생하는 현상이다.

　끓는 주전자처럼, 김이 빠져나갈 구멍이 있으면 터지지 않지만, 물은 끓고 있는데 다른 출구가 없으면 갑자기 터지게 되는 것과 같은 이치다. '노무현 현상'은 대표적인 사례라 할 수 있다. 그러나 우리 사회가 어떤 영웅적 해결자를 갈구하게 되는 것이 반드시 좋은 것은 아니다. 이런 사회 심리적 경향은 과도한 기대와 실망을 반복하게 만드는 부정적 효과를 가질 수 있으며, 이는 현실적이고 건전한 대안을 조직하고 제도화하는 것을 어렵게 한다.

　야당과 대통령 후보는 일종의 대안 정부로서 역할을 갖는다. 즉, 현임 정부가 실패했을 때 현재와는 다른 대안이 존재하고 그것을 실현할 수 있다는 것을 보여 줄 수 있기 때문이다. 그러나 우리의 경우는 정책적 대안이나 이념이 먼저 제시되고 이를 둘러싼 경쟁을 통해 후보가 되고 대통령이 되기보다는, 아무 정책적 대안도 준비되지 않은 상태에서 먼저 후보가 되고 대통령이 되고, 그리고 나서야 정책 대안을 서둘러 만들고 새로 통치 이념을 만든다.

이런 상황에서는 정치가 사람들의 기대에 부응하기도, 안정적이 되기는 어렵다. 어느 날 갑자기 생각지도 못한 사람이 후보가 되고 총리도 되고 장관도 되는 등 의외성이 일상화되고 있다는 것은 그만큼 정치가 나빠지고 있다는 것을 의미한다. 오도넬과 슈미터가 말하듯이, 정치적 결정이란 것이 어느 정도의 인과성이 있어야 민주주의는 제도화될 수 있기 때문이다.[3]

정당론을 처음 이론화한 사람 중 하나인 오스트로고스키[4]는 19세기 후반의 미국 정당들이 사회적 요구와 매우 심하게 괴리되어 있음을 비판하면서, 그런 정당이라면 차라리 없는 게 낫다고 주장한 바 있다. 요컨대 그는 "대정당들은 온갖 좋은 성품은 다 갖고 있지만 죽을 수밖에 없는 불운을 가진, 우화에 나오는 롤랑의 당나귀와 같다는 사실을 알아차리지 못하고 있다"며 정당에 대한 저주와 함께 정당 없는 민주주의를 주장한 바 있다. 오늘날 한국의 정당들을 보면서 누군가 나에게 정당이 굳이 있어야 하느냐, 그냥 후보들끼리 자유롭게 나와서 선거하면 되지 않느냐, 후보가 꼭 정당을 대표해야 하느냐라는 질문과 함께, 이런 것들이 민주주의를 위해 더 좋은 이유가 무엇이냐고 묻는다면 나는 그 말을 선뜻 부정하지 못할 것이다.

앞서도 여러번 강조했지만 정당이란, 갈등을 동원함으

[3] Guillermo A. O'Donnell and Philippe C. Schmitter, *Transitions from Authoritarian Rule : Tentative Conclusions about Uncertain Democracies* (Baltimore: Johns Hopkins University Press, 1986).
[4] Moisei Ostrogorski, *Democracy and the Organization of Political Parties* (New York: Macmillan co., 1902).

로써 갈등의 범위를 넓히는 역할을 할 때 민주주의에 기여한다. 그러나 한국의 정당은 갈등을 동원하고 사회화하는 것은 그만두고라도 갈등 그 자체를 무시한다. 그저 자신들의 정치적 자산에 유리한 갈등만 동원하고 대표하려는 것이 일반적인 경향이다. 정치인들이 즐겨 동원하는 지역감정이 대표적이다.

샤츠슈나이더는 정치 엘리트들이 한 사회의 지배적 사회 갈등을 배제하고 자신들의 당선과 재선에 유리한 갈등만을 선택적으로 동원하는 행태를 '갈등의 사유화'privatization of conflict로 개념화했다. 그러면서 노동문제와 같이, 한 사회의 중심적 갈등들이 정당을 통해 전국화될 때 비로소 지역 정당 체제와 같이 정치 엘리트들에 의해 사유화되고 전치된 정치 갈등의 구조는 변화하기 시작할 것이라고 말한 바 있다.

정당 경쟁을 통해 한 사회의 중심적 갈등이 배제되지 않고 사회화될 때 낡은 정치적 행태들은 변화하게 될 것이다. 그리고 그동안 중요하지만 억압되어 있던 이슈들이 정치 경쟁에 들어오게 될 때, 그래서 기존의 정당들이 이를 무시할 경우 새로운 정당이 용이하게 만들어질 수 있게 될 때, 보수적 정당 간의 끝없는 저질 경쟁은 멈추도록 강제될 것이다. 이를 통해 정당 경쟁이 사회적으로 의미 있는 내용을 갖게 될 때 정치가 언론에 종속되는 것도 지양될 수 있을 것이다.

오늘날 한국 정당은 대중적 참여는 없고 서로 구분되는 특정의 이념과 대안을 갖지 않는 정치 엘리트들의 카르텔 구조로 이루어져 있다. 이런 상황이 지속되지 않으려면 정당은 사회적 갈등에 자신을 위치시키고 대중적 다수를 만들기 위해 경쟁적인 정치적 대안을 동원할 수 있어야 한다. 이념과 정책을 갖는 대중정당으로 당의 성격이 변해야 한다는 것이다. 이렇게 할 때 정치적 대표 체제에서 대중주권이 실현될 수 있고 투표에 참여하고자 하는 욕구도 커질 것이다.

4. 유권자 편성 구조의 변화와 경직된 정당 체제

나는 오늘날 한국 사회 유권자의 상당수는 매우 변화 지향적인 선호와 욕구를 갖고 있다고 본다. 그러나 이들의 선호가 선거 결과에서 잘 나타나지 않는 것은 기존의 정당들이 매우 보수적이고 현상 유지적인 위치를 고수함으로써, 이들의 요구를 제대로 대표하지 못하기 때문이다. 따라서 이들은 보수 편향적 정당 체제에서 소외된 유권자 집단들로 대부분 투표에 참여하지 않는 유권자다. 이를 도해하면 오른쪽 그림과 같다.

오른쪽 그림은 한국의 유권자 지지 시장이 두 개의 시장으로 나뉘어 있음을 보여 준다. 하나는 오른쪽의 보수적 현상 유지에 가깝게 편향되어 있는 유권자 분포로서 기존 보수 양당 체제에 의해 대표된 지지 시장이다. 이 유권자 지지 시장은 권위주의 시기에 형성되었으며, 오늘의 양대 보수정당은 바로 이 시장에서 여전히 독점적 지위를 차지하고 있다.

다른 하나는 기존 정당 체제에 의해 대표되지 않고 있는 유권자 지지 시장이다. 이곳의 유권자들은 기존 정당 체제에 비판적이며 강한 변화 지향적 정향을 보인다는 점에서, 앞서 살펴본 과거의 지지 시장과는 다르다. 매 선거마다 계속해서 높아지고 있는 투표 불참자의 규모가 보여 주듯이, 이들 유권자 지지 시장은 과거의 지지 시장과 맞먹는 크기로 발전하고 있다. 이 영역의 유권자는 기존 정당들에 의해 대표되지 않지만, 노무현 현상에서 볼 수 있듯이 뭔가 변화의 가능성이 나타날 때 그 존재를

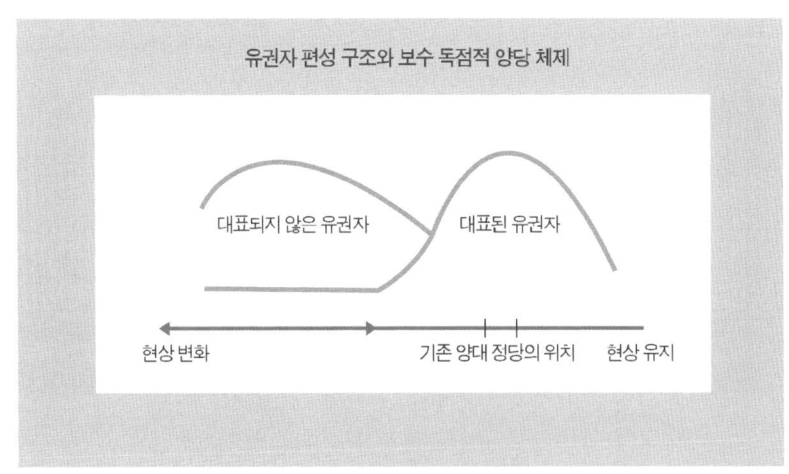

드라마틱하게 드러낸다.

다수의 대표되지 않은 이들 유권자층의 선호는 대체로 현상 변화적인 지향이 강하지만, 그 구체적인 내용과 방향은 불확정적이다. 이들의 욕구를 정의해 주고 공공 정책의 대안으로 전환시키는 것은 정당과 정치 리더의 역할이다. 민주주의는 정당과 리더들이 경쟁적으로 조직한 대안 중에서 시민이 선택하는 정치체제다. 정당과 리더십이 권력을 행사하게 되는 것은 갈등을 정의하는 방식에 달려 있다. 이들이 현재의 한국 사회가 직면하고 있는 갈등과 균열의 분획선을 어떻게 정의하느냐에 따라 유권자의 구성은 변하고, 정치에 관심을 갖고 참여할 유권자의 규모도 달라진다.

한 사회의 중심적인 갈등, 일반 시민의 이해와 요구가 정치적으로 대표되지 않을 때 민주주의는 엘리트들과 상층계급의 이해관계를 편향적으로 다루게 되고, 대중의 정치 참여는 축소된다. 일반 시민이 정치에 관심을 갖고 참여하도록 만드는 길은 그들의 이해관계에 영향을 미치는 갈등, 결국 우리 사회의 중심 균열을 정치적으로 동원하고 조직하는 것이다.

샤츠슈나이더가 강조하듯이 갈등은 '민주주의의 위대한 엔진'인 것이다.

오늘날 한국 사회의 중심적인 갈등요인은 탈냉전과 신자유주의 세계화의 충격이라고 할 수 있다. 냉전-탈냉전의 갈등 라인은 단순히 대북한 정책의 차원에 있는 것이 아니라, 내가 앞서 국내 냉전의 구조라고 부른 냉전 반공주의적 정치·사회 질서를 둘러싼 것이다. 냉전 반공주의의 헤게모니를 유지하고자 하는 기득 세력의 욕구는 대단히 강렬한 반면, 민주화 운동 세대와 20~30대의 젊은 세대는 냉전 반공주의가 만들어 내는 억압적 의식과 규율에 저항적이다. 따라서 냉전-탈냉전의 이슈는 단지 대북한 정책의 내용을 둘러싼 협소한 갈등의 범위를 갖는 것이 아니라 권위주의, 노동 배제, 차별과 특권의 체제, 이견의 억압, 획일주의 등 한국 사회의 구조와 하위 체계에 내부화되어 있는 국내 냉전 구조 전반에서 발생한다.

냉전-탈냉전의 갈등이 대북 정책을 둘러싸고 좁은 범위에서나마 표출되고 있는 데 반해, 신자유주의 세계화가 가져온 갈등 구조는 정치적으로 거의 논의조차 되고 있지 못하다. 신자유주의 세계화의 문제는 민주주의 하에서 국가와 시장의 역할 및 기능을 어떻게 배분할 것인가 하는, 현대 자본주의의 가장 고전적이고 중심적인 이슈를 포괄하고 있다.

그러나 한국의 정당과 정치 엘리트들 사이에 이 문제는 갈등의 소재가 되지 못한다. 모두가 시장경제로의 전환, 경제에서 정치 논리의 배제라고 하는 방향으로 달려 나가고 있을 뿐이다. 이런 시장주의적 이데올로기는 재벌과 언론에 의해 매우 강하게 주장되고 있을 뿐만 아니라, 학계에서도 지배적인 위치를 차지하고 있다. 오른쪽 그림은 지금까지의 논의를 단순화하기 위해 도해로 표현한 것이다.

우선 현재까지 국가-시장의 균열 축에서 구분되는 정당 간 차이는 없다. 따라서 정당들은 냉전-탈냉전의 균열 축에서만 구분되는 ②사분면과

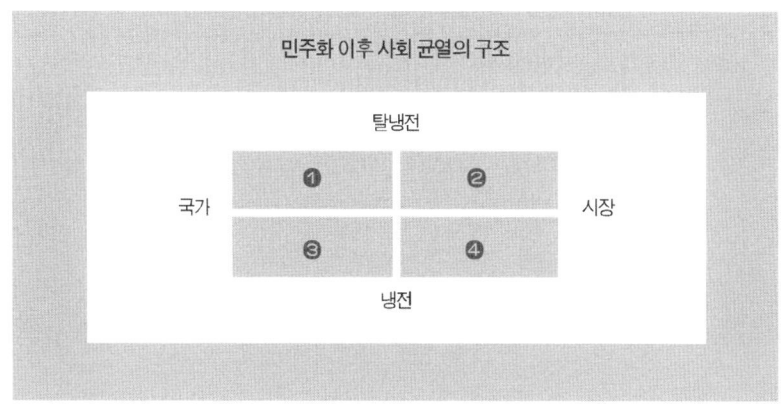

④사분면 사이에 위치해 있다고 할 수 있다. 그러나 이들이 동원하는 냉전-탈냉전 균열은 대북 정책에 국한된 매우 협소한 범위에 머물고 있다. 냉전 지향적이면서 시장 규제적 국가의 역할을 가리키는 ③사분면은 구시대의 권위주의를 의미하므로 현실적으로 의미를 갖지 못한다고 하겠다.

하지만 ①사분면, 즉 민주주의의 가치에 기반을 두는 동시에 어떻게 신자유주의 세계화에 대항할 수 있는 유능한 국가를 만들 것인가 하는 문제의 영역이 완전히 비어 있는 균열 공간으로 남아 있다. 오늘의 시대를 민주주의 시대라고 규정한다면, 민주주의 국가가 탈냉전, 세계화 시대에 무엇을 해야 할 것인가를 나타내는 ①사분면이 공백으로 남아 있다는 사실은 이해하기 어렵다.

스페인 곤잘레스 정부의 교육장관을 역임한 정치학자 마라발[5]이 강조하듯이 정치적 민주주의가 사회적 권리를 가져다준다는 것을 알게 될 때 민주주의는 공고화된다. 소득 불평등과 고용 불안정 등 신자유주의 세계화가 초래한 사회적 문제들이 정당·의회·정부와 같은 민주적 제도 안에

5_José María Maravall, "Politics and Policy: Economic Reforms in Southern Europe," Luiz Carlos, Bresser Pereira, José María Maravall and Adam Przeworski, eds., *Economic Reforms in New Democracies : A Social-Democratic Approach* (New York: Cambridge University Press, 1993).

서 처리된다는 믿음을 갖지 못하는 한, 노동시장에서의 취약한 계층들이 투표에 참여할 인센티브를 갖기는 어렵다.

과거 권위주의 국가 주도의 경제로부터 벗어나는 길은 국가가 다룰 공공 정책의 범위를 축소하고 시장으로 이전하는 것이 아니다. 민주주의는 1인 1표의 평등한 정치 참여의 권리에 기초해 시장의 불평등 효과를 완화하는 힘이며, 따라서 민주주의에서 국가의 역할은 더욱 강해야 하고, 민주주의에서 정치의 논리는 복지 및 재분배와 같이 그 이전에 다루지 않았던 문제들을 보다 넓게 포괄하는 것이다. 시장 경쟁에서의 열패자, 불평등한 소득분배 구조에서의 약자, 그 밖의 다양한 소외 그룹의 문제를 보편적으로 다룰 수 있는 조직은 국가뿐이다. 국가가 이 역할을 하지 않을 때 민주주의하에서 계급 구조화와 차별은 더욱 심화된다.

오늘날 정당 간 경쟁에서 민주주의의 원리에 맞게 시장과 국가를 어떻게 재조직할 것인가의 문제는 완전히 결여되어 있다. 이 문제가 다뤄지지 않고는 민주주의에 대한 신념이 제아무리 강한 사람이 집권하더라도 한국 사회의 변화를 기대하기는 어렵다. 김대중·노무현 정부의 경험은 이를 실증하고도 남는다. 민주주의와 시장경제를 함께 발전시킬 수 있는 거시적 대안과 현실적 프로그램을 갖지 않는 한, 모든 국가의 개입을 반대하는 재벌·언론의 헤게모니, 권위주의하에서 성장한 국가의 행정 관료 체제의 보수적 영향력으로부터 벗어나기는 어려운 일이다.

5. 신자유주의적 민주주의로의 쇠퇴

민주화 이후 정부들은 경제정책 및 사회정책에서 권위주의 정부보다도 더 신자유주의적이고 시장 근본주의적인 경제 독트린과 정책 노선을 추구해 왔다. 물론 신자유주의를 전면적으로 부정해야 했다거나 혹은 신자유주의에 안티테제가 될 수 있는 어떤 대안적 경제체제를 구현해야 했는데, 이를 못했다고 탓하려는 것은 아니다. 한국적 현실이 갖는 제약 조건을 고려할 때 신자유주의냐 아니면 유럽식 복지국가 체제냐 식의 선택이 가능했다고 생각하지는 않는다. 그러나 지금까지와 같이 일방적인 신자유주의 사회경제정책이 불가피했다거나 어쩔 수 없었다고 말한다면 그것은 사실이 아니다.

이미 수많은 연구 결과들이 실증하고 있듯이, 전 세계적으로 신자유주의 이념과 논리가 지배적인 영향력을 행사해 왔지만 나라마다 수용되는 형태와 내용은 크게 다르고 한 나라 안에서도 어떤 성격의 정당이 집권하느냐에 따라 다르게 나타난다. 여러 비교 연구의 성과를 통해 우리가 실제로 보게 되는 것은 각국의 경제체제가 신자유주의적으로 수렴되는 뚜렷한 경향이 아니라 다양한 유형의 변형들이 존재한다는 사실이다. 따라서 필자가 강조하려는 것은, 신자유주의적 경제정책 노선의 틀 안에서도 사회 해체적 효과를 통제할 수 있는 정책적 보완을 할 수 있으며 노동정책이나 사회정책과 같은 다른 정책 분야에서 우리의 현실 조건에 상응하는 대안들을 모색하고 발전시키는 일은 가능하다는 것, 그리고 우리 사회의 정치적 역량을 어떻게 조직하고 발전시키느냐에 따라 그 가능성의 영역이 확대될 수 있다는 것, 그렇게 함으로써 신자유주의적 경제 독트린으로 요약되는 외적 제약에서도 이를 한국식으로 변형시키고 발전시킬 수 있다는 것이다.

그간 민주 정부들이 추구해 온 정책 모델은 '한국적인 신자유주의 정책 레짐'이라고 할 만하다. 앞서도 지적했듯이 신자유주의적 시장경제체제를 중심으로 하되 구권위주의의 발전 모델로부터 전수된 성장 지상주의 이념 및 가치와 국가-재벌 연합, 노동 배제를 핵심 내용으로 삼고 있기 때문이다.

여기에서 정책 레짐[6]이라고 말할 때 그것은, 정부가 경제 운용을 위해 취하는 정책의 기본적 틀 내지는 구조와 내용을 의미하는 것으로, 정책을 주도하는 특정의 가치와 이념, 이를 이론화하고 체계화하는 독트린, 이를 수행하기 위한 정책 수단들, 이 정책이 가져오는 정치적·사회적 결과 등의 요소들을 포괄한다. 그리고 이 정책 레짐은 기존의 지배적인 정책에 도전하거나 이를 대체하는 대안으로서 등장하는 초기 시기를 제외하고는 매우 광범한 국민적 컨센서스를 창출하는데, 그렇기 때문에 대체로 장기적으로 존속하게 된다.

일반적으로 정책 레짐의 형성은, 기존 정책 노선의 위기에 대응하는 대안의 하나로 특정 정치 세력의 도전적 선택에 의해 촉발된 것이었지만, 이것이 정책 레짐이 되었다는 것은 사회 구성원 내지 투표자들의 광범한 지지를 불러일으킬 수 있는 지배적 정책이 되었다는 것이고, 따라서 대부분의 정당들이 이를 수용하게 되었다는 것을 의미한다. 다시 말해 정책 레짐과 그에 대한 대안적 정책을 두고 정당들이 다투는 것이 아니라, 이를 어떻게 더 효과적이고 효율적이며 능동적으로 수행할 수 있느냐 아니냐 하는 문제를 둘러싸고 경쟁하게 된다는 것이다.

그러므로 기존의 정책 레짐으로는 현재와 같은 사회경

6_정책 레짐(policy regime)의 개념과 그것이 정당 간 경쟁에 미치는 영향, 이론적 중요성에 대한 보다 자세한 논의는 Adam Przeworski, "How Many Ways Can Be Third?", Andrew Glyn, ed., *Social Democracy in Neoliberal Times* (Oxford University Press, 2001), pp. 312-333을 참조.

제적 문제나 위기를 해결할 수 없다는 대중적 인식이 현실의 여러 계기들을 통해 팽만하게 되고 이를 바탕으로 대안적 경제이론과 정책 방향이 공론의 장에서 확산되어, 특정 정당이 이를 당의 기본 정책으로 수용해 선거 과정에서 광범한 지지를 불러일으키거나 집권하게 되는 변화가 없는 한 이런 정책 레짐이 대체되기는 어려운 것이다. 오늘날의 한국 현실이 바로 그렇다.

좌파 정책이니 진보적 정책이니 하는 내용 없는 논란을 제쳐 놓고, 오늘날 사회경제적인 이슈를 둘러싼 정당 간 정책적 차이나 실제 정부 정책을 기준으로 본다면, 신자유주의와 성장 지상주의의 나쁜 조합을 내용으로 하는 정책 레짐이 분명하고 강력하게 기능하고 있기 때문이다. 그만큼 민주주의의 가치와 병행 발전할 수 있는 다른 경로의 사회경제체제를 개척할 가능성이 약화되었다는 의미가 아닐 수 없다.

IMF 금융 위기 이후 10년도 채 안 되는 짧은 기간 동안, 아니 시간이 지날수록 시장 근본주의적 정책 기조는 더욱 급진적으로 취해졌다. 그 결과 한국의 정치, 경제, 사회, 문화, 교육 등 모든 구조가 신자유주의적으로 과격하게 재편성되고 있다. 신자유주의를 급진적으로 추진한다고 해서 민주주의가 아닌 것은 아니라고 한다면, 차라리 그것은 '신자유주의적 민주주의'라고 정의되어야 할 것이다.

냉정하게 말해 이것이 의미하는 것은 경제적 민주화, 실질적 민주화의 실패가 아닐 수 없다. 민주화 이후 절차적 수준에서 민주화와 발전이 없었던 것은 아니지만, 그와는 다른 차원이라 할 수 있는 사회경제적 수준에서 민주화는 퇴보했고, 현재에도 계속 퇴보하고 있다는 것을 말하려는 것이다. 이것이야말로 민주화 이후 한국 민주주의의 가장 큰 특징으로서, 정치적 민주화와 경제적 민주화, 절차적 민주주의와 실질적 민주주의가 서로 역진적으로 전개되는 경향을 나타내는 것이라고 할 수 있다.

이렇듯 민주화 이후 정부들이 성장 지상주의의 가치를 중심으로 경제 성장을 정책의 최우선으로 놓으면서 시장 경쟁과 효율성의 원리를 전 사회적으로 확대하는 동안, 한국 사회는 '사회 양극화'라는 말이 표현하듯 두 개의 사회로 급속히 분화되고 있다. 분명 오늘의 한국 민주주의는 계급 구조와 사회 분열을 완화하는 체제의 기능을 상실하고 있는 것이다. 한국 민주주의는 무엇을 위해 기능하고 있는가?

6. 슈퍼 재벌의 등장과 민주주의의 변형

재벌 문제에 초점을 맞추게 되면, 권위주의 발전 모델과 결합된 신자유주의적 정책 레짐이 어떤 문제를 만들어 내는지 보다 분명히 드러난다. IMF 금융 위기 이래 그동안 우리는 성장 우선주의 정책을 비판하면서, 그것이 가져온 결과로서 재벌의 비대화에 대해 말했고, 기업 이익 집중도, GDP 대비 매출액 집중도, 경제성장 또는 무역성장의 기여도 등에 있어 상위 10대 기업이 어떻고, 상위 5대 기업이 어떻다는 등 거대 재벌 기업의 문제에 대해 말해 왔다.

그러나 민주화 이후 삼성의 급성장은 지금까지의 재벌 문제와는 다른 특별한 성격을 드러낸다. 10대 그룹 내에서 3분의 1에 달하는 매출 비중과 순이익 비중, 국가 전체 수출의 5분의 1을 넘는 수출 기여도, 8~10%에 이르는 세수 비중, 4분의 1에 가까운 주식의 시가총액 등으로 나타나듯, 단순히 재벌의 성장이라고 보기 어려운 이른바 '슈퍼 재벌의 등장'이 아닐 수 없다.

　삼성의 성장은, 5대 그룹 내에서 자산·부채·자본·이익이 2001년 30~40%에서 2004년 모두 50%를 넘어서는 등 지난 수년 동안 가속화되었다. 세계에서 한국 정도의 경제 규모를 갖는 나라에서 한 기업이 이렇듯 큰 비중을 차지하는 나라는 없다. 실로 새로운 현상이 아닐 수 없다. 이 슈퍼 재벌의 등장은 어떻게 가능했을까? 주류 언론이나 주류 담론에서 말하듯 시장 경쟁의 자연스러운 결과나 효율적이고 합리적인 기업 운영의 산물이라면 좋겠지만 현실은 그와 거리가 멀다. 민주주의의 핵심이라 할 선거 과정과 이후 정부의 정책 결정 및 집행 과정에서 이 슈퍼 재벌의 역할과 영향력은 제어되지 못했다.

　여기에서 중요한 것은 거대한 경제 권력의 출현이 민주주의를 변형시키는 결과를 낳는다는 사실이다. 거시적인 사회구조의 차원에서 볼 때, 슈퍼 재벌을 정점으로 하는 생산 체제의 구조화는 민주주의 발전의 조건이라 할 다원주의 즉, 사회의 구조적 힘을 배분함에 있어 분산적이고 수평적인 체계의 발전을 어렵게 한다. 위계적인 자원배분의 구조가 민주주의의 발전과 양립하기 어렵다는 사실은 별도의 설명을 요하지 않는다.

　다원주의적 사회구조를 말하기 이전에 슈퍼 재벌의 성장이 경제체제 자체에 미치는 부정적 영향도 크다. 한 기업이 경제 외적인 힘과 결합해 시장에서 독점적 지위를 향유한다는 것은 당연히 시장 경쟁과 그것이 창출할 수 있는 경제적 효율성의 실현을 어렵게 한다. 재벌 기업의 지배 구조에 있어 가장 중요한 특성이, '대대로 상속되는 전근대적인 가족 소유-총수 중심의 경영체제'에 있다는 것은 세계적으로도 두루 알려져 있는 사실이다.

　이런 구조는 서유럽의 '이해 당사자 자본주의'에서 구현되는 방식(경영자와 노동자 대표뿐만 아니라 기업이 활동하는 지역공동체의 공익 대표들이 참여하는 결정 구조와 운영 방식)은 말할 것도 없고, 미국과 같이 소유-경영의 분리와 더불어 주주에 대한 책임성 및 회계 투명성의 원리를 실현하는 지배 구조와도 거리가 먼, 오너의 절대적 권력과 가부장적·권위주의적·온정주의적 운영 방식을 그 특징으로 한다. 기본적으로 이런 구조는 지난날 개발독재 시기 권위주의의 산물이며, 그런 만큼 그것이 전 사회적으로 미치는 영향력을 통해 권위주의적 가치와 행동 양식을 불러들이기 쉽다. 더욱 큰 문제는 이런 기업 구조와 경영 원리가 시장경제의 효율성이 만들어낸 부의 표상이자 모방해야 할 성공적인 조직 모델로 수용되고 있다는 사실이다.

경제 권력의 집중화를 상징하는 슈퍼 재벌의 등장은 여러 형태로 민주주의의 작동을 저해하고 왜곡하는 결과를 낳는다. 먼저 돈의 힘 그 자체와 이들의 대변 기구인 언론 매체들이 선거 과정에서 행사하는 영향력이 있다. 다음으로 정부가 성립된 이후 정부 정책의 중요 결정 과정은 거대 기업들의 강력한 로비에 영향을 받는다. 슈퍼 재벌이 발휘하는 영향력의 핵심 중의 핵심은 국가의 세 부서, 즉 행정-입법-사법부 모두에 걸쳐 인적 네트워크를 체계적으로 구축하는 능력으로 나타났다. 다시 말해 국가와 사적 이익 영역 간의 경계를 가로질러 광범한 삼투적 영향력을 발전시킬 수 있는 능력을 갖는다는 것이다. 그리해 국가와 민간 기업 부문, 공적영역과 사적 영역 간의 경계는 이 슈퍼 재벌이 가진 권력 자원을 통해 쉽게 허물어졌다.

지금 이 슈퍼 재벌은 과거 권위주의 시기에서와 같은 국가의 하위 파트너가 아니다. 그것은 옛말이 되었다. 이제는 정부가 이들의 가치관과 이들이 제안하는 정책 프로그램을 수용할 뿐만 아니라 나아가 이들의 인적관계를 적극적으로 활용하고 의존하는 등 새로운 국가-기업 관계가 나타나고 있다. 슈퍼 재벌의 이익 실현에 필요하다면 국가는 법을 바꾸거나 법의 침묵을 마다하지 않으면서 그들의 정책에 능동적으로 포섭되기에 이르렀다. 법 앞의 평등과 법의 지배는 민주주의의 제도적 조건이며, 자유주의 철학자이자 경제학자인 하이에크F. A. Hayek가 강조하고 있듯이 시장의 작동을 위한 조건이기도 하다.

하지만 적어도 슈퍼 재벌과 관련해서는 법의 지배를 관철하지 못하고 있다. 법의 지배가 강력하게 관철되는 영역은 지극히 선별적이다. 정부-삼성의 연합 혹은 삼성 공화국이라는 말은 이런 현상을 상징적으로 표현하고 있다. 출범 초기 개혁적일 것으로 기대되었던 정부가 슈퍼 재벌과 연대하는 모습만큼 한국 민주주의의 변형을 극적으로 보여 주는 패러독스는 없을 것이다. 성장주의와 시장효율성의 가치가 지배적인 지위를 갖게 된 정책 레짐에서 만들어진 슈퍼 재벌의 등장이, 민주화 이후 사상 최악의 분배 구조 악화를 수반하는 것은 필연적인 일로 보인다.

7. 제도 문제, 다른 수단에 의한 정치, 그리고 헌정주의

민주주의의 실천 과정에서 나타난 또 하나의 새로운 현상은 이른바 '제도 문제'가 정치과정에서 점차 크게 작용하기 시작했다는 것이다. 제도를 둘러싼 논쟁은 민주화 이후 집권 여당과 야당 사이에 언제나 존재했다. 지역당 구조를 혁파하기 위해 현재의 소선거구제를 개혁해야 한다는 대통령의 문제 제기는 주기적으로 나타나는 사례의 하나일 뿐이다. 또한

2004년 대통령 탄핵 소추와 행정 수도 이전을 둘러싼 헌법재판소의 평결은 민주주의와 헌법 또는 민주주의와 헌정주의 간의 관계가 갖는 문제의 중요성을 본격적으로 제기하게 만들었다.[7] 그로부터 민주주의와 관련해 헌법을 어떻게 이해하거나, 해석해야 하는지가 중요한 정치적 쟁점으로 부각되었다. 최근에는 정치권 일각에서만이 아니라 시민사회의 일부에서까지 개헌 문제를 거론하고 있기도 하다.

제도 문제가 왜 빈번하게 제기되고 이를 둘러싼 논쟁이 커지는가 하는 문제에는 실제 기존 제도가 갖는 결함뿐만 아니라 다소 복잡한 정치적 힘의 관계의 문제가 뒤엉켜 있다. 하지만 제도 논의를 주도하는 세력의 정치적 동기는 단순하다. 우선은 경쟁하는 정당 또는 정치 세력들이 기존 제도의 틀 내에서 경쟁하고 이에 순응하기보다, 스스로에게 유리한 게임 룰을 만들고자 제도 변화를 시도한다는 것이다. 그것은 기본적으로 제도의 불안정성이나 제도화의 수준이 낮다는 사실을 반영한다.

나아가 헌법으로 구현된 권력 구조나 기본적인 경쟁의 규칙을 바꾸어야 한다는 소리가 높아진다는 것은, 민주주의가 여전히 공고화되지 못했다는 것을 반영한다. 현재의 제도가 1987년 민주화에서 나타난 정치적·사회적 세력들 간 힘의 균형이 만들어 낸 산물이라고 할 때, 제도 개혁에 대한 논의가 커진다는 말은 기존 체제에 대한 사회적 불만이 강하다는 것을 의미한다. 보다 중요한 것은 경쟁하는 정당 또는 정치 세력들이 상대를 약화시키기 위한 공격 수단 내지는 무기로 제도 논쟁을 동원한다는 측면이다.

민주주의는 갈등을 제도화하는 하나의 방식이다. 이 제도적 틀은 정치를 통해 사회적 갈등과 이익의 충돌을 해결할 수 있게 하는 것으로, 말하자면 제도는 경쟁하는 정치집

7_이 후기에서 자세히 다룰 수 없는 민주주의와 헌법(헌정주의)의 문제에 관해서는 최장집, "민주주의와 헌정주의 : 미국과 한국," 로버트 달, 『미국 헌법과 민주주의』(후마니타스, 2005), 7-69쪽을 참조.

단이나 행위자들이 정치 영역 내에서 정치적 행위를 통해 문제를 해결할 수 있게 한다. 그러나 제도를 정치적 무기로 사용한다는 것은, 정치적 갈등과 경쟁을 정치 영역 밖으로 끌고 나가 일반적인 정치의 방법이 아닌 제3의 무기로서 법과 제도를 동원하는 현상을 말하는 것이다. 이 과정에서 법의 해석자와 법의 집행자들의 영향력과, 헌법과 같은 사법적 권위가 증대된다. 정치는 정치로되, 정치의 중심이 사회의 갈등과 균열을 대표하는 정당들 간의 경쟁과 타협이 발생하는 정치적 장이 아니라, 그리고 민의의 대표 기구인 의회가 아니라, 언론과 검찰, 사법부로 옮겨가는 것이다. 이런 현상을 우리는 '다른 수단에 의한 정치'라고 말할 수 있다.

쉐프터·긴스버그[8]가 지적하듯 다른 수단의 정치가 부각된다는 것은, 정치가 정상적으로 작동할 때 정치 영역 내에서 제기되고 해소될 수 있는 문제들이, 정치 영역 외부의 힘, 즉 언론이나 검찰 사법부의 힘을 거쳐 외부화되고 이들의 관장사항이 되는 상황이 많아지게 된다는 것을 의미한다. 중요한 것은 경쟁하는 정당이나 정치인들 스스로가 이런 상황을 불러들인다는 사실이다. 그것은 민주적 정치과정이 변질되고 약화되고 있다는 징후적 현상이 아닐 수 없다. 여기에서 제도의 변화를 통해 정치 경쟁의 우위를 점하려는 첫 번째 경우보다, 제도를 정치 경쟁의 무기로 삼는 이 두 번째 경우가 더 문제라고 생각하는 것은, 그것이 정치의 경계를 축소하는 결과를 낳으면서 민주주의와 정치에 부정적인 지배적 담론이나 정치관을 보다 직접적으로 불러들이기 때문이다.

한편, 헌법이 제도 논쟁의 중요한 관심사로 등장했다는 사실도 중요하다. 2004년 의회 내 야당 연합이 기존의 헌법을 동원해 현직 대통령을 탄핵 소추한 사건만큼 극적인 사건도 없을 것이다. 문제의 핵심은, 민주주의의 핵심 제도인

---

[8] Martin Shefter and Benjamin Ginsberg, *Politics by Other Means : Politicians, Prosecutors, and the Press from Watergate to Whitewater* (W.W. Norton & Company, Inc., 1999).

선거 경쟁에서 권력을 상실한 야당이 서로 다른 정치적 동기를 갖는 또 다른 야당과 연합해 현직 정부를 퇴진시키려 한 것으로, 정치 외적인 법의 개입을 통해 선거 결과를 바꾸려 했다는 데 있다. 이 과정에서 헌법과 헌정주의는, 다수결 원칙을 통해 보통 사람들의 의사가 관철될 수 있는 민주정치에 대해 부정적인 우리 사회의 보수층들이, 정치에 대응하는 규범으로 떠받들고, 그것을 중심으로 결집하는 구심점 역할을 하게 되었다. 헌법을 통해 민주주의를 비판·공격하는 현상이 나타나기 시작한 것이다.

이에 못지않게 중요한 현상은 시민사회의 개혁파 일각에서 헌법 개정의 필요성을 제기하고 나선 것이다. 1987년 대통령 직선제 개헌이 이루어진 이후 우리 사회 비판적 사회 세력은 헌법에 대해 중요성을 부여하지 않았다. 지금은 잊혀진 '제헌의회파'를 제외하고 1987년 헌법에 대해 명시적으로 반대하는 경우는 거의 없었다. 그런데 최근 시민운동의 개혁적 지식인들이 "헌법이 중요하다"라며 갑자기 개헌을 선언하고 나선 것이다. 이로써 헌법을 통해 민주주의를 발전시킬 수 있다는 헌정주의적 접근이 개혁적 지식인들에 의해 한국 민주주의의 대안으로 나타났다. 바야흐로 헌법은 보수적 관점과 개혁적 관점이 우위를 점하고자 경쟁하는 공동의 텃밭처럼 되었다.

그런데 양자는 다른 것도 있지만, 매우 중요한 지점에서 공통성을 갖는다. 즉, 그것은 "정치가 문제다"라는 인식이다. 보수파들이 정치가 문제라고 할 때 그것은 민주주의에 대한 부정적 태도를 상징하는 '다수의 전제'라는 논리의 다른 표현이라고 할 수 있다. '포퓰리즘'이니 대중 영합주의니 하는 비판이나, 정치 논리를 부정하면서 '법의 지배'를 강조하는 식의 주장이 대표적인 예다.

개혁파들이 "정치가 문제다"라고 말할 때 의미는 그와 정반대다. 그들은 오늘의 민주주의가 그 이상과 가치를 전혀 실현하지 못하고 있으며 그 원인은 일차적으로 정치인들과 정당정치, 즉 정치권에 있다고 생각한다. 민주개혁과 민주정치가 작동하지 않는 것에 대한 개혁파 지식인들의 실망감은 크다. 보수파가 민주주의의 과잉을 말한다면, 개혁파는 민주주의의 부족을 강조한다. 과잉이든 결핍이든 보수파나 개혁파들은, 정치권은 부패하고 무능하고 무책임하다 여기며 문제의 발원지를 정치로 인식하는 데 있어서 공통적이다. 그러나 개혁파들의 해결책은 크게 다르다.

민주개혁과 민주정치의 작동에 커다란 실망감을 갖는 개혁파 지식인들의 경우 민주적 결핍, 개혁의 부족은 현행 헌법에 중요한 원인이 있다고 본다. 그렇기 때문에 공론화를 통해 민주적·진보적 내용을 담는 개헌을 요구해야 하고, 정치의 문제를 시민사회로 가져와 시민 헌법을 만드는 작업을 시작해야 한다고 주장한다. 이런 일련의 개헌 주장은 좋은 제도의 창안 내지는 도입을 통해 민주주의 발전을 일거에 이룰 수 있으며, 정치가 못하는 것을 시민사회가 할 수 있다는 급진성의 발현이라고 이해할 수도 있다. 혹은 인민주권이 표출되는 민주정치의 영역 밖에서 현실의 민주주의를 계도할 이념을 만들어 부과하겠다는, 운동의 문화 속에 내재해 있는 어떤 권위주의적 요소 또는 정서라고 볼 수 있을지 모른다.

헌법에 의존해 민주주의 발전을 이루고자 하는 것은 현실의 정치를 우회하거나 뛰어넘어 정치 외부의 어떤 과정, 절차, 힘으로 하여금 정치가 해야 할 문제들을 해결하게 하는 것을 의미한다. 하지만 민주주의와 인민주권은 정치적 평등의 원리에 기초한다. 정치의 방법으로 보통 사람들의 권력을 창출할 수 있고, 그들의 요구를 실현할 수 있는 체제인 것이다. 그러나 정치를 폄하하면서 헌법을 불러들이는 것은, 정치적 문제를 외생적으로 접근하는 방식이라 할 수 있다. 외생적 문제 해결의 방법은 외부의 이니셔티브에 의해 만들어진 어떤 규범·가치·이념·제도를 정치와 사회에 부과하는 것이다. 보수파들은 기존의 헌정주의를 강화할 것을, 개혁파들은 더욱 민주적인 새로운 헌정주의를 불러올 것을 요구한다. 그러나 이들의 공통점은 한결같이 민주주의 위에 헌정주의를 두고자 한다는 것이다.

민중적·시민적인 것을 중시하고 그것이 실현되기를 원한다면, 그것은 민주주의의 원리에 따라 정치를 통해 구현되어야 한다. 정치 때문에 문제가 아니라 현실의 정치가 충분히 사회적인 내용을 불러들이지 못하고 있기 때문에 문제인 것이다. 1987년을 기점으로 한국은 절차적인 수준에서 탈권위주의 민주화를 성취했다. 이후 민주주의를 확대하는 과정에서 제도화는 피할 수 없는 것이었고, 이 과정에서 많은 갈등이 야기되고 사회 발전이 정체되는 것을 경험하고 있다. 정치학자 필립 슈미터가 말하듯이 이 과정을 타개하는 데 있어서는 두 방향의 접근이 가능할 수 있다.[9]

하나는 정치를 바로 세우는 것을 통한 경로이고, 다른 하나는 헌법을 바로 세우는 것을 통한 길이다. 정치를 우선하는 경로의 경우 보통 사람들을 광범하게 정치에 참여하게 하고 불러들이는 과정 혹은 정치의 영역이 보다 사회적이고 경제적인 차원까지 확대되는 과정이라면, 헌법을 통한 과정은 사법부와 법 전문가 집단 나아가 엘리트들의 역할, 사회 기득이익의 특권을 증진시키기 쉽다.

민주주의를 발전시키기 위해서는 민주주의에서 헌법과 제도가 어떤 역할을 하며, 민주주의와 헌법·헌정주의가 어떻게 복잡한 상호 작용의 구조를 갖는가에 대한 현실적인 이해를 필요로 한다. 이상을 말하기에 앞서 제도 속에서 움

[9] Philippe C. Schmitter, "Contrasting Approaches to Political Engineering : Constitutionalization and Democratization," mss. European University Institute, February, 2001.

직이는 현실적 권력의 작동양식을 제대로 이해하는 것도 중요하다. 하지만 근본적으로 민주주의란 정치적 평등의 원리에 기초해 한 사회의 생산적 자원의 할당과 분배에 영향을 미치는 집합적인 결정을 가능케 하는, 다수majority를 형성하는 과정이다. 민주주의에서 이런 다수는 정치적으로 만들어지고 또 변화될 수 있다. 정치적으로 형성된 다수는 정부가 될 수도 있고 정책이 될 수도 있으며 제도가 될 수도 있다.

현실에서 정치가 아무리 문제라 하더라도, 우리 사회가 나아가야 할 비전을 설정하고 이를 실천하는 권력을 창출하고, 구체적인 정책과 프로그램들을 형성하고, 이를 둘러싼 갈등과 차이를 조정해 가는 것은 모두 정치가 해야 할 일이다. 정치의 경계를 넓혀서 현실 정치가 당면한 문제를 해결해 갈 때 민주주의는 성장하고 발전할 수 있다. 이때 헌법을 포함한 제도는 민주주의의 규범 및 원리와 가까이 병행하면서 문자 그대로 민주주의에 복무하는 법적 기제가 될 수 있는 것이다. 개헌이든 제도 변화든 그것은 정치의 독립변수이기보다 종속변수로서 더 많이 이해되고 접근될 수 있다.

8. 민주주의도 능력 있는 정부를 필요로 하는 이유

이 책에서 말하는 민주화 이후 민주주의의 핵심 문제는 민주 정부를 강하고 능력 있게 만드는 일이다. 이를 위해서는 정치가 민주주의적 정치과정에서 중심적 역할을 해야 하며, 그 중심적 메커니즘이 정당정치이므로 정당과 정당 체제를 바로 세우고 튼튼한 사회적 기반을 갖게 만들어야 한다는 것이다. 이런 문제의식에서 볼 때 지금까지의 상황 전개는 많은 문제를 노정해 왔다. 이를 이해하기 위해서는 문제의 구조를 다시 한 번 되짚어 볼 필요가 있다.

현대의 대의제 민주주의는 민주주의의 원형인 고대 그리스의 민주주의와 다른 점이 많다. 선거를 중심 수단으로 하는 대의제냐, 아니면 평등한 시민들이 추첨의 방식을 중심으로 정치과정에 직접 참여하는 직접민주주의냐의 차이에 대해서는 많은 논의가 있었다. 또 다른 근본적인 차이는 현대 대의제 민주주의의 경우 사회로부터 일정하게 자율성을 갖는 국가의 문제를 갖는다는 사실이다. 이 책에서 말하고 있듯이, 국가는 관료적 합리화를 특징으로 하는 거대한 행정 체제와, 선거를 주기로 정기적으로 교체되는 선출된 집행부로 이루어져 있다. 일반적으로 정치적 책임을 묻는 대상으로서 김영삼 정부, 김대중 정부, 노무현 정부라고 말할 때 대개 그것은 후자의 집행부를 가리킨다.

우리가 민주주의를 능력 있게 한다고 말한다면, 구체적으로 이는 무엇을 의미하는가? 그 핵심은 국가를 민주적으로 능력 있게 운영하는 것을 말한다. 민주화 투쟁 과정에서는 권위주의로부터 벗어나는 문제, 즉 민주주의냐 아니냐의 이분법적 접근이 중요하지만, 민주화 이후에 이런 구분은 문제를 이해하는 데 별로 도움이 되지 않는다. 중요한 것은 얼마나 민주화되었느냐, 사회경제적인 요구와 이슈를 해결해 가는 데 있어서 실질적으로 얼마나 많은 진전이 있었느냐 하는 데 있다. 즉, 민주화 이후의 민주주의는 스펙트럼상에서 정도의 문제로 이해될 수 있는 것이다.

여기에서 제기되는 새로운 문제는 민주적이냐 아니냐 여부의 형식적 기준만이 아니라, 민주적으로 선출된 집행부가 국가를 효과적으로 운영하는 차원의 문제, 즉 능력이라는 가치 기준에 대한 것이다. 정치를 둘러

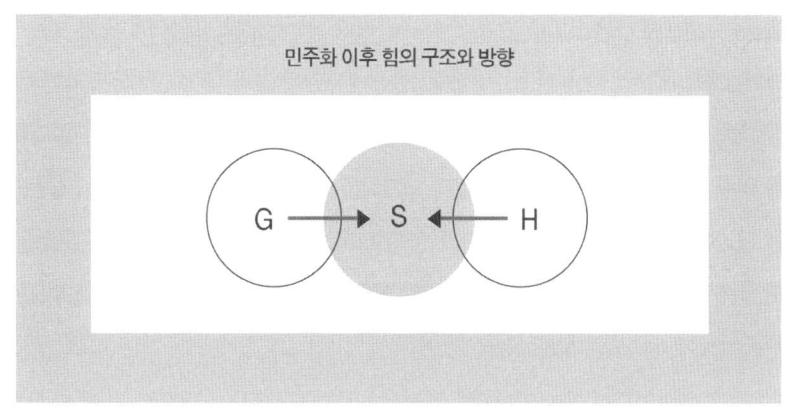

싼 규칙과 제도가 아무리 민주화되었다 하더라도, 구질서하에서 국가를 만들고 작동시켰던 권위주의적 정향, 가치, 관행과 실천들, 민주주의를 바라보는 인식들 그리고 인적구조가 자동적으로 민주화될 수는 없는 것이다.

국가의 민주화를 위해서는 민주 정부의 능력이 필요하고, 선출된 민주 정부를 대표하면서 그 중심에 위치하는 최고 지도자의 능력과 리더십이 절대적으로 요구된다. 이 점에서 민주주의가 잘 작동하느냐의 문제는 능력 있는 민주적 리더십이 발휘되고 있느냐 하는 문제와 높은 상관관계를 갖는다고 할 수 있다.

이 문제를 고려할 때 우리는 간단한 도식을 그려 볼 수 있다. '맨 왼편에 선출된 민주 정부'(G) — '중간에 행정 관료 체제를 중심으로 하는 국가'(S) — '오른편에 시민사회 기득 이익의 헤게모니'(H)가 있다고 가정하자.

민주주의의 힘은 왼편에서 오른편으로 움직이고, 현상 유지를 원하는 기득 이익의 힘은 오른편에서 왼편으로 움직인다고 가정할 때, 국가는 이 양자의 힘이 미치는 중간 지점에 위치한다. 국가를 충분히 민주화하기 위해서는 선출된 리더십의 힘이 강하게 작용해야 하며, 그렇지 못할 때는 헤게모니의 힘이 국가에 큰 영향을 미칠 뿐만 아니라, 선출된 정부에까지 강력한 힘을 행사한다. 앞서 슈퍼 재벌에 관한 논의에서 이런 구조를 말한 바 있다. 여기에서 중요한 것은 선출된 정부가 유능한 정부가 되기 위한 조건을 갖추는 문제다. 그것은 선출된 정부가 어떻게 사회로부터 민주적 동력을 끌어내고 사회적 요구를 얼마나 잘 대변해 넓은 지지 기반을 형성하느냐 하는 문제가 아닐 수 없다.

민주화 이후의 민주 정부가 가져야 할 덕목으로서 능력의 문제를 민주주의 이론의 맥락에서 설명하기란 쉽지 않다. 하나의 정부가 민주적이라는 사실과 능력 있는 정부라는 사실은 인과적 필연성을 갖지 않는 서로 다른 차원의 문제다. 아무리 민주 정부라고 하더라도 능력 있는 정부가 아닐 수 있으며, 반대로 능력 있는 정부가 반드시 더 민주적이지 않을 수도 있다.

이론의 차원에서나 실제 현실에서 보통 사람들의 통치 체제로서 민주주의는 무지하고 가난한 다중들에 의한 중우정치로 비하되는 경우가 많았고, 보다 많은 전문적 지식과 지혜와 경험을 갖춘 엘리트들의 역할에 의존하는 '후견주의'[10]적 경향으로부터 도전을 받아 왔다. 능력이나 탁월함을 중요한 덕목이나 가치로 인정하면서, 이를 귀족주의나 엘리트주의 또는 어떤 형태의 경영적 합리주의가 아니라, 민중적 요소 내지 민중적 동력의 성장과 양립할 수 있는 민주주의 이론을 발전시키는 것은 어려운 일인지 모른다. 그럼에도 불구하고 현실에 있어서 유능한 리더십의 문제가 민주주의 발전에 결정적이라는 사실을 부정하는 사람은 없다.

아마도 민주 정부가 자신의 지지 기반과는 별개로 기존

10_후견주의(guardianship)에 대해서는 Robert A. Dahl, *Democracy and Its Critics* (Yale University Press, 1989), pp. 52-64[『민주주의와 그 비판자들』, 조기제 옮김, 문학과지성사, 1996]를 참조.

관료와 전문가 집단, 기업에 의존해 유능한 거시경제 관리를 할 수도 있을 것이다. 아니면 국가 운영에 필요한 인적·지적 자원을 조직하는 데는 무능하지만, 지지 기반의 관리는 그럭저럭 유지할 수도 있을 것이다. 하지만 어느 경우든 민주주의의 발전을 구현하기는 어렵다. 우리가 실현해야 할 최선의 경로는 민주 정부가 자신의 지지 기반을 견고하게 하면서도 넓은 인적·지적 자원들을 동원하는 데 성공하고, 결과적으로 민주주의를 광범한 사회적 기반 위에 뿌리내리게 하는 것이다. 다시 말해 민주적인 것이 곧 유능한 시스템을 만들며, 유능한 시스템이 다시 민주주의의 기반을 튼튼하게 하는 인과적 순환구조를 만드는 것이 중요하다는 것이다.

한국적 현실에서 이 문제는 더욱 절실하다. 한국의 경우 민주화 이후 민주 정부들의 능력이 견주어지는 비교의 준거는 박정희 모델이다. 잘 알다시피 이 모델은 산업화라는 괄목할 만한 성과를 이루었다 하더라도 민주적 요소의 희생 위에서 가능했던 권위주의 정부의 모델이다. 따라서 비교의 준거가 민주 정부들 사이에서 이루어지는 선진 민주주의 국가들에 비해, 한국 현실에서는 민주 정부의 무능력이 권위주의적 내지는 엘리트주의적 경향을 강화시키는 결과로 이어질 가능성은 훨씬 크고 직접적이다.

현대 대의제 민주주의는 인민 스스로의 통치라는 민주주의의 이념을 대표와 책임의 원리로 구현하는 정치체제다. 따라서 선출된 대표로서 민주 정부는 통치행위의 결과를 통해 그 사회적 기반과 결합된다. 이런 대표-책임의 연계 구조는 선출된 정부에 대해 이중적 기능을 갖는 것으로 이해될 수 있는데, 한편으로는 선출된 대표에게 책임을 지우기 때문에 그들이 권력과 권한을 자의적으로 행사하지 못하도록 제약하고, 다른 한편으로는 지지와 참여를 통해 그들의 권력과 권한을 강화시켜 주는 기능을 한다. 민주주의가 갖는 사회적 내용의 발전과 민주 정부의 유능함은 매우 직접적인 함수관계를 갖는다는 것이다. 그렇다면 현대 민주주의에서 민주 정부의 유능함이 엘리트주의 내지 전문가주의가 아닌 민중적 동력과 지지 기반에 의해 뒷받침될 수 있게 만드는 결절점은 무엇인가?

이 책에서 끊임없이 강조했듯이 그것은 정당이 중심이 되는 정치체제다. 민주정치란 정당을 중심적 메커니즘으로 사회의 갈등과 균열을 폭넓게 표출하고 대표하는 방법을 통해 다수의 힘을 동원하고, 선거에서 승리함으로써 권력을 획득하고, 이 과정에서 형성된 정책적 대안을 실현하고, 그 실현을 위해 필요한 사회적 지지를 동원하는 일련의 과정으로 이루어지는 집단적 행위라고 정의할 수 있다.

선출된 정부가 취할 정책의 방향은 이미 선거 과정을 통해 사회와 투표자들로부터 제기됐다고 볼 수 있다. 특정의 정당과 후보가 선거 경쟁에서 다수를 획득해 정부로 선출되었다는 사실은, 투표자들이 그들로 하여금 그들이 요구했던 이슈들을 보다 구체적이고 실현 가능한 정책 프로그램으로 만들고, 이를 집행하는 역할을 위임mandate했다는 것을 의미한다. 대의제 민주주의의 핵심 내용을 구성하는 대표-책임의 관계는 이렇게 형성된 것이다.

투표자들이 그들의 요구를 정치인과 정당에게 위임하는 것이 '대표'라면 이때 위임받은 자는 투표자들의 요구에 부응해 이를 이행할 책무를 지게 되는 것을 의미한다. 그러므로 현대 대의제 민주주의가 민중적일 수 있는 최소 요건은 정당 정부party government를 만드는 일이다. 노동당 정부, 보수당 정부, 민주당 정부, 공화당 정부, 사민당 정부라고 하듯 우리도 대통령 개인의 정부만이 아닌 정당의 정부일 수 있어야 한다. 좋은 정당은 통치자로서의 유능함을 발휘하는 동시에 민주주의의 사회적 기반을 강화하는 '현대판 군주'이자 '민주주의의 엔진'이 아닐 수 없다.

9. 자유주의와 공화주의에 관하여

2002년 11월에 나온 이 책의 초판에서 필자는 자유주의와 공화주의에 대해 말했다. 그것은 민주주의를 발전시키는 데 있어 우리 사회가 갖고 있지 못한 어떤 결핍이 있지 않나 하는 생각 때문이었다. 현대의 민주주의를 '자유'민주주의라고 부를 만큼, 천부인권으로서 개인의 권리와 자유를 중심으로 한 자유주의의 핵심 가치들은 민주주의의 이념 및 실천과 접맥되면서 선진 민주주의의 내용을 구성하게 되었다. 필자가 자유주의를 말했을 때 거기에는 두 가지 함의가 있었다.

하나는 한국 사회에서 자유주의 전통의 허약함이 민주주의를 약하게 만드는 요인으로 작용한다는 생각이었다. 다른 하나는 민주주의가 자유주의라는 이념적 기반을 통해 더 확실하고 풍부해질 수 있지 않을까 하는 생각이었다. 민주주의 이론가 로버트 달은 "민주주의는 이론적·이념적 토대를 필요로 하는가?", 다시 말해 "민주주의 체제, 정부가 적절하게 작동하려면 그것을 가능케 하는 어떤 기초를 필요로 하는가?"라는 질문을 제기한다. 이 문제에 대한 그의 대답은 부정적이다.[11]

17, 18세기 계몽사상과 병행 발전했던 자유주의는 그 이념과 정치적 실천에 있어 민주주의를 포괄하지는 않았지만, 현대의 대의제 민주주의를 발전시키는 견인차가 된 것은 사실이다. 그러나 1970년대 후반 이후 남부 유럽과 라틴아메리카, 아시아와 동유럽 등 제3세계를 포함하는 많은 국가에서 민주주의의 발전은 전통적인 민주주의 국가들과 근본적으로 상이한 사회경제적 조건에서 가능했다. 또한 역사적으로도 고대 그리스 민주주의 이래 민주주의는 이론적으로나 실천적으로 다른 이념에 의존하지

11_Robert A. Dahl, "Democratic Theory and Democratic Experience", in Seyla Benhabib, ed., *Democracy and Difference: Contesting Boundaries of the Political* (Princeton University Press, 1996), 336-339.

않고 독자적으로 발전한 바 있었다. 말하자면 민주주의는 그 자체의 이념·원리·제도적 실천을 발전시켰으므로 다른 이념들과의 관계를 통해서보다 민주주의 그 자체로서 논의할 수 있다는 것이다.

무엇보다도 민주주의의 핵심 요소는, '보통 사람, 시민들 스스로의 통치 체제'라는 민주주의의 정의 자체가 함축하듯이, 정치적 평등과 민중성이라 할 수 있다. 서구의 전통적인 민주주의 국가들이 실현했던 자유주의-민주주의의 연계의 형성은 분명 민주주의의 대표적인 모델이자 경로임에 의심의 여지가 없다. 그러나 거기에는 다양한 변형이 가능하며, 새로운 민주주의 국가들은 그들 자신의 경험과 조건을 토대로 민주주의를 발전시킬 수 있는 것이다.

자유주의와 민주주의 간에 어떤 관계가 형성되느냐 하는 문제도 중요하지만, 자유주의 자체가 매우 광범한 내용과 변형을 갖는다는 사실도 중요하다. 자유주의 이념 내용의 다양함 때문에 민주주의가 자유주의에 기반을 두고 있다는 말 자체가 무의미하거나 공허한 것일 수 있다. 이 경우 자유주의냐 아니냐가 아니라, 어떤 자유주의냐가 문제가 되는 것이다. 어쨌든 지금 우리가 중시해야 하는 것은 어떤 민주주의를 만드느냐 하는 문제일 뿐, 자유주의 문제로 환원해서 이해할 필요는 없다는 것이다.

필자가 자유주의를 말했을 때 그것은 고전적 자유주의의 가치를 말하는 것으로 거기에는 일정한 한국적 맥락이 있었다. 한국에서 자유주의는 냉전 반공주의 이념과 권위주의와 접맥 또는 이를 뒷받침했던 '자유-민주주의'라는 언어로 존재했지만, 개인의 자유와 권리를 핵심으로 존재론적으로나 윤리적으로 개인을 사회 구성의 중심에 놓는 자유주의가 한국의 정치적·사회적 실천 속에 존재했다고 할 수는 없다.

물론 자유주의의 핵심 요소를 이루는, 권력의 전제화에 대한 완강한 부정과 저항은 한국 사회의 정치적 실천의 중심에 자리 잡은 바 있었다. 그러나 한국 사회에서 권위주의와 독재 권력에 대한 부정은 자유주의가 아니라 민주주의의 이념과 가치로 내면화되고 정치적 투쟁을 통해 실천되었다. 민주주의야말로 한국의 정치 전통에서 가장 확실한 집합적 경험으로 자리 잡은 것이다.

이 책에서 자유주의는 현실에서의 이념이 아니라 일종의 해독제로서 불러들여졌다고 할 수 있는데, 그것은 민주화를 추동했던 중심 세력의 이념과 관련된 것이다. 자유주의적인 전통을 결여했던 한국 사회에서 강한 이념 지향성이 운동에 의한 민주화 과정을 통해서나 그 이후에 더욱 강화되는 경향이 있다고 느꼈다. 운동을 추동했던 이념은, 민족주의와 민중주의 두 이념으로 구성된 '민족해방민중민주주의'NLPD 이념을 배태했고, 이들 이념은 강력한 집단적 에너지와 열정을 불러일으킨 혁명적 원천이 되었다. 이것이 수반한 낭만주의·이상주의·추상주의의 이념적 경향과 정조는 이제 민주주의를 건설하는 과정에서 억제될 필요가 있었고, 따라서 고전적 자유주의가 함축하는 개인 중심의 가치들, 예컨대 도덕적 자율성과 이성적 자기 결정, 공적이고 집단적 가치를 수용하기 이전의 개인주의적 기초의 중요성, 개인주의적 관점에서의 권위주의에 대한 비판 의식, 개인의 행복 추구, 냉철한 분석적 이성 등을 통해 정제되기를 바라는 면이 있었다. 그것은 분명 과다한 운동의 열정이 민주주의를 만드는 과정에서 가져올지도 모를 어떤 우려를 반영하는 것이기도 했다.

오늘의 시점에서 이런 우려는 분명 기우로 느껴진다. 그것은 이들이 자유주의의 이념적 덕목들을 이제는 잘 수용해서가 아니라 운동의 열정들이 더 빠르게 소멸하면서, 고전적 자유주의가 말하는 내용과는 다르다 하더라도 과도한 신자유주의적 '소유적 개인주의'를 담지하고 실천하는 개인들의 사회를 만들어 버렸기 때문이다. 이런 상황에서는 고전적 자유주의가 신자유주의의 부정적 효과에 대한 좋은 처방이 될 수 있을지 확신하기 어렵거니와, 이 문제에 대한 논의는 이 책이 아닌 다른 맥락에서 이루어지는 것이 좋겠다고 생각한다.

한편 책에서 필자가 자유주의와 더불어 공화주의라는 말을 끌어들였던 것은, 민주주의를 지탱하는 보조적 버팀목으로서 자유주의만으로는 충분치 않다고 생각했던 결과였다. 민주화는 시민사회의 중요성이 부각되는 구조를 가지며, 자유주의는 무엇보다도 시민사회의 이념이요 철학이다.

그러나 이 책의 중심 명제는 시민사회보다는 국가의 중요성에 두어져 있다. 물론 국가와 시민사회는 상호 영향을 미치며, 하나가 다른 하나에 의존하고 제약하면서 동태적으로 상호 작용하는 변증법적 관계를 갖는다. 따라서 여기에서 중요성이라 함은 어느 측면에 더 초점을 두느냐 하는 것이기도 하고, 또 민주주의 발전을 위해 변화를 만드는 과정에서 어느 영역에 힘을 더 집중해야 하는가 하는 전략적 고려를 뜻하는 것이기도 하다.

그뿐만 아니라 전체 민주화 과정 내지는 민주주의 발전단계의 어느 시점에서 말하느냐 하는 타이밍도 중요하다. 우리가 만약 민주주의의 전환기에서 말하거나, 어떤 비(反)민주적 힘의 도전이나 제약 때문에 민주주의의 존립이 위협되고 위기에 처할 때, 이를 극복할 수 있는 힘의 동력은 시민사회로부터 나오며 우리의 관심의 초점은 시민사회의 중요성으로 이동하게 될 것이다.

이 책에서 국가와 시민사회를 논의하는 것은 민주화 이후 민주주의와 민주 정부를 활성화하고 능력 있게 만들어야 한다는 문제의식에서였다.

시민사회가 민주화의 기반임에는 의심의 여지가 없지만, 민주화 이후 변화에 먼저 노출되는 것은 많은 사람들이 생각하는 것과는 달리 시민사회가 아니라 국가다. 보통 사람들의 요구가 대표되고, 수의 힘을 통해 그들이 더 선호하는 정부를 선출하고, 선출된 대표 또는 지도자를 통해 자신들의 권력을 실현할 수 있는 영역은 시민사회가 아닌 국가이기 때문이다. 사적 영역과 시장에 더 가까이 기반을 둔 시민사회는 엘리트와 기득 이익이 강하게 뿌리내리고 헤게모니가 더 행사되는 영역으로, 민주화된 국가를 통해서만 이를 변화시킬 수 있다.

이런 문제의식에서 공화주의에 대해 언급하고자 한다. 공화주의의 이념은 공익의 영역, 공공재의 창출, 공동체성의 가치와 덕목을 강조하는 국가의 영역과 공직자의 헌신과 덕을 핵심 내용으로 한다. 시민으로서 자신이 속한 공동체에 대한 특별한 열정을 의미하는 애국심 역시 공화주의의 핵심적 구성 요소다. 그것은 권리 중심적이고 사적 영역을 우선시하며 개인주의적 사익 추구를 정당화하는 자유주의에 대응해, 도덕적 합의에 기초를 두고 하나로 통합된 윤리적 공동체를 전제로 한다. 그렇기 때문에 그것은 규범적 기대와 가치를 중시하고 정치에 대한 도덕적 접근을 강조한다. 말하자면 애초 이 책에서 공화주의는 자유주의에 대응하는 균형자적 역할을 갖는 이념으로서 불러들여졌다.

그러나 고대 로마와 르네상스 이탈리아의 도시 공화국, 그리고 미국혁명과 프랑스혁명을 통해 구현되었던 공화주의는 자유주의보다도 한국적 전통에서 더 멀리 떨어져 있다. 독립운동 과정에서 공화주의가 장래에 독립될 국가의 헌정 체제로 수용되었다 하더라도 그것이 우리의 정치 전통 속에 뿌리내렸다고 할 수는 없다. 그보다는 차라리 반독재 민주화 운동 과정에서 운동을 추동했던 열정이자 정서로서 나타난 공동체에 대한 강렬한 애국심에서 공화주의의 전통을 찾을 수 있을지 모른다. 이는 혁명의 형태를 띤 프랑스의 공화주의 전통과 유사한 배경을 갖는다.

그러나 필자의 생각으로 운동의 과정에서 나타난 이런 정신을 공화주의의 발현으로 이해하는 것은 부자연스러우며, 그보다는 민주주의 내지 민족주의로 더 잘 설명될 수 있다고 본다. 더욱 중요한 것은 윤리적 공동체와 그에 복무하는 덕을 강조하는 공화주의 이념에 대한 강조가, 한국적 토양에서는 그렇지 않아도 강한, 정치에 대한 도덕주의적 태도와 가치를 더욱 강화하는 부정적 효과를 낳을 수 있다는 사실이다.

오늘의 시점에서 나는 자유주의와 공화주의를 불러들여 한국 민주주의를 강화하고 발전시킬 수 있을까에 대해 회의적이 되었다. 그러나 이 이념들이 그 자체로서 의미가 없다던가, 민주주의를 풍부하게 하는 데 무가치하다는 말은 결코 아니다. 이 부분을 수정하고자 했던 이유는 무엇보다도 이 책의 논지를 강화하는 데 이들 두 이념에 대한 논의가 별로 기여하지 못한다는 판단 때문이다. 그러므로 이 두 이념은 별도로 논의될 필요가 있다고 생각한다.

이 책의 중심적 테마는 민주주의를 강화하고 발전시키는 데 있어서 정치를 활성화하고 바로 세우는 것이 무엇보다 중요하다는 것이다. 그리고 이를 위한 중심적 메커니즘이 정당과 정당 체제라는 것이다. 바꾸어 말하면 민주주의를 발전시키는 힘은 정치의 내부로부터 창출되는 것이지 정치 바깥의 어떤 제3의 제도 또는 힘, 또는 어떤 이념과 원리에 의한 것일 수 없다.

마찬가지로 민주주의는 민주주의 밖의 자유주의나 공화주의와 같은 어떤 외부의 이념에서 이를 보강할 자원을 찾기보다, 그 내부로부터 이념적·제도적·실천적 자원을 발전시키고 풍부하게 하고 강화시키는 일이 훨씬 더 중요하다. 이념이나 제도를 따라 그 모델이 외부로부터 발견되고 계도된 경로를 따라가기보다 스스로 발전시켰던 요소가 더 중요하다는 것으로, 정치에 대한 현실적 접근의 중요성을 말하는 것이다.

이 과정에서 민주주의를 희구하고 투쟁했던 사람들이 민주주의에 대해 실망하고, 이를 비판하는 '소극적 시민'으로 머물 것이 아니라, 스스로 민주주의를 만드는 과업에 적극적으로 참여하는 '적극적 시민'의 역할을 할 수 있어야 할 것이다.[12] 정치와 권력으로부터 벗어나 개인의 영역을 구축하는 데 자족하는 것이 아니라 우리 사회가 직면한 문제들을 개선하려는 노력과 함께 민주파로서의 집합적 정체성을 만들어 가는 일이 절실하다.

민주주의를 쟁취하는 투쟁과 민주주의를 만드는 과업은 다른 성격의 문제라는 전제 위에서, 정부가 된 민주주의가 강한 사회적 기반을 가지면서 유능하게 작동할 수 있는 조건들을 모색하는 것이 중요하다. 우리는 아직도 민주주의를 말해야 하고 우리의 민주주의가 실질적인 내용을 갖고 발전할 수 있는 경로를 찾는 데 최선의 노력을 경주해야 한다. 여전히 한국 사회는 민주화의 과제를 안고 있다.

12_소극적 시민, 적극적 시민의 개념에 대해서는 Colin Crouch, *Post-Demcoracy* (Polity Press Ltd., 2004), p. 13(이한 옮김, 『포스트 민주주의』, 이지북스, 2008)을 참조.

역대 대통령 선거 개요

단위 : %

선거 시기 (방법)	후보별 득표율							투표율
1대 (간선) 1948년 7월 20일								
2대 (직선) 1952년 8월 5일	이승만 74.6	조봉암 11.4	이시영 10.9	신흥우 3.1				88.1
3대 (직선) 1956년 5월 15일	이승만 70.0	신익희 사망	조봉암 30.0					94.4
4대 (직선) 1960년 3월 15일	이승만 100	조병옥 사망						97.0
5대 (직선) 1963년 10월 15일	박정희 46.6	윤보선 45.1	오재영 4.1	장이석 2.0	변영태 2.2	송요찬 사퇴	허정 사퇴	85.0
6대 (직선) 1967년 5월 3일	박정희 51.4	윤보선 40.9	오재영 2.4	전진한 2.1	김준연 2.2	이세진 0.9		83.6
7대 (직선) 1971년 4월 27일	박정희 53.2	김대중 45.3	진복기 1.0	박기출 0.4	이종윤 0.1			79.8
8~12대 (간선)								
13대 (직선) 1987년 12월 16일	노태우 36.6	김영삼 28.0	김대중 27.0	김종필 8.1	신정일 0.2			89.2
14대 (직선) 1992년 12월 18일	김영삼 42.0	김대중 33.8	정주영 16.3	박찬종 6.4	백기완 1.0	김옥선 0.4	이병호 0.2	81.9
15대 (직선) 1997년 12월 18일	김대중 40.3	이회창 38.7	이인제 19.2	권영길 1.2	신정일 0.2	김한식 0.2	허경영 0.2	80.7
16대 (직선) 2002년 12월 19일	노무현 48.9	이회창 46.6	권영길 3.9	이한동 0.3	김영규 0.1	김길수 0.2		70.8
17대 (직선) 2007년 12월 19일	이명박 48.7	정동영 26.1	이회창 15.1	문국현 5.8	권영길 3.1			63.0

역대 국회의원 선거 개요

단위 : %

선거 시기	정당별 득표율							투표율
1대 1948년 5월 10일	대한독립촉성 국민회의 24.6	한국민주당 12.7	대동청년당 9.1	조선민족청년당 2.1	대한노동총연맹 0.6	기타 12.0	무소속 38.0	95.5
2대 1950년 5월 30일	대한국민당 9.7	민주국민당 9.8	국민회 6.8	대한청년단 3.3	대한노동총연맹 1.7	기타 5.5	무소속 62.9	91.9
3대 1954년 5월 20일	자유당 36.8	민주국민당 7.9	국민회 2.6	대한국민당 1.0	한국독립당 0.3	기타 3.8	무소속 47.9	91.1
4대 1958년 5월 2일	자유당 42.1	민주당 34.2	통일당 0.6	국민회 0.6		기타 1.1	무소속 21.5	90.7
5대 1960년 7월 29일	민주당 41.7	사회대중당 6.0	자유당 2.8	한국사회당 0.6	통일당 0.2	기타 1.9	무소속 46.8	84.3
6대 1963년 11월 26일	민주공화당 33.5	민정당 20.1	민주당 13.6	국민의당 8.8	통일사회당 0.9	기타 15.9		72.1
7대 1967년 6월 8일	민주공화당 50.6	신민당 32.7	자유당 3.6	민주당 3.0		기타 6.1		76.1
8대 1971년 5월 25일	민주공화당 48.8	신민당 44.4	국민당 4.1	민중당 1.39		대중당 0.5		73.2
9대 1973년 2월 27일	민주공화당 38.7	신민당 32.5	민주통일당 10.1				무소속 18.6	71.4
10대 1978년 12월 12일	민주공화당 31.7	신민당 32.8	민주통일당 7.4				무소속 28.1	77.1
11대 1981년 3월 25일	민주정의당 35.6	민주한국당 21.6	한국국민당 13.2	민권당 6.7	신정당 4.2	기타 7.9	무소속 10.7	78.4
12대 1985년 2월 12일	민주정의당 35.2	신한민주당 29.3	민주한국당 19.7	한국국민당 9.2	신정사회당 1.5	기타 2.0	무소속 3.3	84.6
13대 1988년 4월 26일	민주정의당 34.0	통일민주당 23.8	평화민주당 19.3	신민주공화당 15.6	신한민주당 0.2	기타 2.3	무소속 4.8	75.8
14대 1992년 3월 24일	민주자유당 38.5	민주당 29.2	통일국민당 17.4	신정당 1.8	공명민주당 0.1	민중당 1.5	무소속 11.5	71.9
15대 1996년 4월 11일	신한국당 34.5	새정치국민회의 25.3	자유민주연합<>16.2	통합민주당 11.2	무당파국민연합 0.9	기타 0.1	무소속 11.8	63.9
16대 2000년 4월 13일	한나라당 38.9	새천년민주당 35.8	자유민주연합 9.8	민주국민당 3.6	민주노동당 1.1	기타 1.1	무소속 9.7	57.2
17대 2004년 4월 15일	열린우리당 38.3	한나라당 35.8	민주노동당 13.0	새천년민주당 7.1				60.6
18대 2008년 4월 9일	한나라당 37.4	통합민주당 25.2	친박연대 13.2	자유선진당 6.9	민주노동당 5.7	진보신당 3.0		46.1

인명 찾아보기

ㄱ

간디, 모한다스(Mohandas K. Gandhi) 51, 52
거셴크론, 알렉산더(Alexander Gerschenkron) 97
그람시, 안토니오(Antonio Gramsci) 41, 80, 112, 248
기든스, 앤서니(Anthony Giddens) 37, 151
긴스버그, 벤자민(Benjamin Ginsberg) 24, 271
김구 52, 62
김대중 93, 105, 113, 119, 132, 135, 136, 142, 149, 151, 158, 161~164, 166, 168, 169, 171, 181, 191, 201, 205~207, 213~216, 234, 235, 238, 249, 262, 276
김성수 52, 53, 56, 62
김약수 68
김영삼 113, 115, 135, 149, 151, 158, 161, 162, 164, 168, 171, 181, 198, 200, 201, 203, 204, 207, 208, 212, 213, 216, 234, 235, 249, 276

ㄴ

나세르, 가말(Gamal Abdel Nasser) 94
네루, 자와할랄(Pandit Jawaharlal Nehru) 51, 52
노무현 93, 113, 142, 149, 151, 158, 163, 164, 166, 168, 171, 202, 206, 207, 216, 235, 238, 255, 258, 262, 276
노태우 151, 158, 161, 162, 168, 181, 198, 200, 203, 207

ㄷ

다알더, 한스(Hans Daalder) 143
다운스, 앤서니(Anthony Downs) 41, 166
달, 로버트(Robert A. Dahl) 270, 281
던컨, 존(John Duncan) 34
뒤베르제, 모리스(Maurice Duverger) 26
디 팔마, 주세페(Giuseppe Di Palma) 71

ㄹ

러스토우, 덩크와트(Dankwart A. Rustow) 40, 72
로칸, 스타인(Stein Rokkan) 38, 39, 64
로크, 존(John Locke) 14, 221~223, 229, 230
루소, 장 자크(Jean-Jacques Rousseau) 176, 221
리몽기, 페르난도(Fernando Limongi) 86
립셋, 세이무어 마틴(Seymour M. Lipset) 14, 38, 39, 64, 84~86, 185, 186

ㅁ

마라발, 호세 마리아(José María
　　Maravall) 261
마키아벨리, 니콜로(Niccolò
　　Machiavelli) 14, 45, 254
매디슨, 제임스(James Madison) 14, 45
메이어, 피터(Peter Mair) 24
모스카, 가에타노(Gaetano Mosca) 8
몽테스키외, 샤를 루이 드
　　세콩다(Charles-Louis de Secondat,
　　baron de La Brède et de
　　Montesquieu) 45, 221
무어, 베링턴(Barrington Moore, Jr.) 84, 86,
　　88, 99, 107~109, 112, 248
밀라, 존(John Millar) 222

ㅂ

박정희 82, 83, 87~89, 92~95, 97~99, 101,
　　102, 104~113, 117~119, 131, 170, 171,
　　173, 214, 217, 279
박헌영 52, 53, 62
번햄, 월터(Walter D. Burnham) 252
베르만, 셰리(Sheri Berman) 224
베버, 막스(Max Weber) 96, 110, 155, 156,
　　157

ㅅ

사르토리, 지오반니(Giovanni Sartori) 14
샤츠슈나이더, 엘머 에릭(Elmer Eric
　　Schattschneider) 14, 38, 39, 132, 133,
　　224, 252, 257, 260
송진우 53, 56, 62
쉐보르스키, 애덤(Adam Przeworski) 84,
　　86, 88, 121, 129, 138
쉐프터, 마틴(Martin Shefter) 24, 143, 271
슈미터, 필립(Philippe C. Schmitter) 20, 64,
　　121, 129, 138, 160, 205, 256, 274
슐레진저, 아서 2세(Arthur Schlesinger,
　　Jr.) 178, 180
스미스, 애덤(Adam Smith) 222
스테판, 알프레드(Alfred Stepan) 80

ㅇ

아라토, 앤드루(Andrew Arato) 80
아리스토텔레스(Aristoteles) 45
알라비, 함자(Hamza Alavi) 55
알먼드, 가브리엘(Gabriel Almond) 142
알튀세르, 루이(Louis Althusser) 80
암스덴, 앨리스(Alice Amsden) 96
애커만, 브루스(Bruce Ackerman) 180
여운형 52, 53, 62
오도넬, 길레르모(Guillermo A.
　　O'Donnell) 20, 64, 84, 86, 121, 129,
　　138, 167, 172, 227, 256
오스트로고스키, 모이세이(Moisei
　　Ostrogorski) 256
요시다 시게루(吉田茂) 71
우-커밍스, 메레디스(Meredith
　　Woo-Cumings) 96
윌리엄슨, 존(John Williamson) 199
이승만 52, 53, 57, 59, 62, 63, 67~71, 74,
　　77, 83, 89~93, 101, 102, 114, 124, 127,
　　130, 131, 150, 164, 175
이홍구 177

ㅈ

전두환 82, 113, 115, 116, 119~121, 123, 124, 145, 181, 199, 201
조봉암 63
존슨, 찰머스(Chalmers Johnson) 96, 97
지니, 코르라도(Corrado Gini) 24, 27

ㅋ

칼, 테리(Terry L. Karl) 160
코헨, 진(Jean L. Cohen) 80
키르히하이머, 오토(Otto Kirchheimer) 26
킨, 존(John Keane) 37

ㅌ

토크빌, 알렉시스 드(Alexis de Tocqueville) 10, 14, 45, 60, 61, 80, 91, 113, 155, 224, 236

ㅍ

퍼거슨, 애덤(Adam Ferguson) 221, 222
폴리비오스(Polybios) 45
플라톤(Platon) 45, 177

ㅎ

하이에크, 프리드리히(Friedrich August von Hayek) 269
하토야마 이치로(鳩山一郞) 71
한배호 82
핸더슨, 그레고리(Gregory Henderson) 31, 60, 61
햄프셔, 스튜어트(Stuart Hampshire) 40
허쉬만, 앨버트(Albert O. Hirschman) 24, 97, 100
홉스, 토머스(Thomas Hobbes) 221, 222
흄, 데이비드(David Hume) 222

용어 찾아보기

ㄱ

간부 정당 26
갈등 7, 19, 29, 32, 33, 38~40, 51, 53, 56~58, 61, 68~70, 79, 81, 85, 88, 110, 130~133, 136, 140~144, 146, 184~186, 197, 203, 205, 206, 210, 211, 215, 217, 221, 224, 234, 235, 237, 251~257, 259, 260, 270, 271, 274, 275, 280
    갈등의 국지화·분획화 142
    갈등의 사유화 254, 257
갈등 축 50, 53, 132, 133, 140, 141, 144, 210, 234
    갈등 축의 격변적 전치 50
    국지화된 갈등 축 133
강경파 129, 136, 137
강권 기구(=강권적 억압 기구) 54, 85, 91, 171
개량파 136
개발독재 99, 268
개혁파 108, 272~274
결빙 효과 64
경제 발전 85, 86, 94, 96, 98~100, 107, 111, 214, 217, 226, 228, 251
경제개발 5개년계획 92, 101
경제정책 92, 95, 96, 98, 169, 188, 199, 201, 203, 205, 206, 209, 210, 213, 216, 263

계급 8, 19, 25~27, 29~31, 43, 57, 74, 79, 80, 88, 122, 125, 133, 186, 212, 218, 240, 242, 262, 266
    계급 갈등 88, 133
    계급 구조 19, 31, 80, 122, 212, 266
    계급 구조화 26, 27, 29, 43, 218, 262
공간 모델 166
공론장 141
공안 정국 203
공적 영역 81, 160, 221, 222, 223, 227, 228, 230
공적 이성 81, 242
공화주의 14, 76, 172, 281, 284~286
과대 성장 국가 54, 55, 61, 84, 108, 123, 155
관료 체제 이론 96
구사회 236
구조적·이념적 다원주의 227
구조조정 169, 200, 204, 205, 210, 211, 213~215
국가 폭력 89
국가권력 33, 40, 86, 87, 99, 102, 107, 109, 114, 115, 123, 156, 165, 176, 178, 196, 221, 228, 232, 235, 236
국가기구 55, 67, 80, 91, 95, 98, 99, 116, 150, 156~158, 160, 164, 172
국가보안법 68, 78

국가성 155
국제통화기금(IMF) 28, 31, 93, 163, 169, 199, 200, 201, 204~211, 213~215, 238, 265, 266
군부 후견주의 118
군사주의 99, 100, 110
권위주의 9, 12, 25, 27, 29, 32, 42, 45, 60, 66~68, 78, 82~84, 86, 87, 89, 92, 95, 98, 99, 100, 102, 105~117, 119~124, 130~132, 138, 140, 142, 145, 148, 149, 155~162, 168, 170~173, 175~181, 183, 184, 187, 194~198, 200~203, 206, 207, 212~215, 217, 218, 221, 225~228, 230~233, 236~239, 247~251, 258, 260~264, 266, 268, 273, 274, 276, 277, 279, 282, 283
    관료적 권위주의 44, 84, 85, 89, 97, 112, 115, 116, 118, 121, 123, 124, 150, 175, 195, 227, 233
    권위주의 정권 68, 82, 84, 95, 98, 118, 119, 121, 123, 125, 145, 163, 195, 196, 198, 201, 249
    권위주의 정치체제 89
    권위주의(의) 제도화 83
    권위주의적 국가 기제 197
    권위주의적 노동 배제 196
    권위주의적 발전 국가 228
    권위주의적 발전 모델 169
    권위주의(적) 산업화 46, 101, 106, 109, 117, 122, 187, 194, 195, 198, 216, 228
    기업 조직의 권위주의 228
    사인적 권위주의 67
균열 38, 39, 40, 41, 58, 130, 133, 143, 144, 185, 186, 188, 197, 208, 209, 211, 251, 253~255, 259, 261, 271, 280
    균열 공간 261
    균열 구조 209, 211
    균열 라인 38, 210
    균열 요소 38, 253
    균열의 환치 현상 211
    균열 축 209, 260
근대화 68, 83, 86, 87, 92, 94, 99, 107, 110, 114, 121, 122, 131, 155, 173, 195
    근대화 프로젝트 82, 92, 94
    근대화론 84~86, 88, 185
    보수적 근대화 112, 126, 248
    신근대화론 86
기술 관료적 경영주의 110, 151, 168, 196
긴급조치 115, 121, 122

ㄴ

내각 위의 내각 177
내각책임제 68, 174
냉전 12, 23, 33, 34, 35, 46, 50, 51, 53~56, 58, 60, 61, 66, 68~72, 78~81, 88, 90, 116, 126, 134, 137, 139, 141, 142, 144, 155, 156, 162, 166, 180, 184, 186, 187, 207, 215, 227, 230, 232~237, 239, 240, 248, 249, 252, 253, 260, 261, 282
    냉전 반공 체제 58, 85, 126, 130, 132
    냉전의 국내화 53
    탈냉전 39, 234, 252, 260, 261
노동 개혁 203, 204
노동 배제적 정치체제 35
노동시장 28, 29, 42, 180, 200, 203, 204, 206, 207, 210, 215, 262

노동시장 보호 정책 200, 210
노동시장 유연화 204, 206, 207, 210
노동운동 85, 88, 99, 104, 118, 121~124, 127, 128, 137, 203, 204, 206, 207, 210, 217, 242, 243
노동의 배제 195, 197, 207, 252
노동의 소외 197
노동자 28, 54, 73, 74, 81, 93, 100, 102~104, 107, 108, 112, 115, 122, 124, 125, 128, 131, 140, 193, 196, 199, 203, 204, 206, 227, 239, 240, 268
    비정규직 노동자 28, 206
    조직노동자 125
노동정책 111, 203~207, 213, 216, 263
    개혁적 노동정책 204
노동 통합적 개혁 207
노사정위원회 205, 206

ㄷ

다원주의 176, 187, 188, 190, 192, 193, 205, 231, 238, 267
    정치의 다원주의 193
다원화 32, 188, 193, 234
단원적 가치 구조 187
담론 동맹 182
대안 배제의 정치 252
대안 정부 51, 255
대안적 발전 모델 169
대중 권력 112
대중 동원 38, 51, 76, 81, 133, 220, 226, 248
대중정당 26, 74, 130, 132, 257
대표 체제 14, 23, 24, 26, 33, 34, 38, 41, 81, 132, 195, 206, 247~250, 254, 257
대표성의 위기 20
동맹의 전치 현상 211
동심원적 엘리트 구조 59, 133, 192, 237

ㅁ

명사 정당 130, 131, 133
미군정 53, 57, 70, 72, 74, 94, 101, 131, 230
민족주의 51, 53, 56, 62, 65, 79, 283, 286
    우파 민족주의 62
    좌파 민족주의 51
    혁명적 민족주의 56, 147
민주적 개방 64, 115, 132, 133, 146, 156
민주적 시장경제 214
민주주의
    노동 없는 민주주의 23, 203
    대의 민주주의 167, 176, 281
    민주주의와 시장경제의 병행 발전 169, 214, 215
    민주주의의 공고화 88, 127, 138
    보수적 민주주의 27, 44, 249, 252
    산업화 없는 민주주의 89
    산업화 있는 민주주의 89
    시장과 민주주의 194
    신자유주의적 민주주의 263, 265
    위임 민주주의 166, 167, 178
    자유-민주주의 282
    절차적 민주주의 125, 127, 265
    조숙한 민주주의 71~73, 75, 83, 248
    지속 가능한 민주주의 161
민주화
    민주화 운동 9, 23, 94, 108, 118~122,

124, 127~129, 132, 135~137, 139, 145, 147, 148, 159, 167, 221, 229, 232~234, 236, 239, 260, 285
민주화 이론가 136, 138, 149
민주화 이행 46, 64, 82, 117, 121, 129, 136, 148, 242
민주화 이행론 129, 149
민주화 이후 국가와 정당 체제 250
민주화 이후 한국 사회 8, 13, 27, 31, 113, 198, 234, 236
민주화 이후 한국 시민사회 219
민주화 이후(의) (한국) 민주주의 10, 24, 35, 43, 46, 89, 138, 212, 238, 265, 275, 276, 284
민주화 투쟁 114, 128, 145, 165, 221, 225, 276
민주화의 동인 122
민주화의 비용 149
2단계 민주화 143, 144
보수적 민주화 43, 247~250
운동에 의한 민주화 117, 118, 124, 127, 129, 131, 146, 248, 283
절차적 민주화 126
정치적 민주화 126, 127, 265
협약에 의한 민주화 129, 138, 248
민중운동 118, 121, 122, 129, 229, 232

ㅂ

박정희식 발전 모델 82, 83, 96~99, 117, 165, 169, 170, 217, 264, 266
발전 국가 95~97, 155, 171, 228
발전주의 95, 99, 100, 156, 165, 166, 170, 239

변형주의 136
보수 양당제 66, 248
보수정당 71, 119, 135, 166, 193, 248, 258
보수주의 79, 92, 136, 137, 142, 215, 237
  신보수주의 179
  안락한 보수주의 13, 41, 250
보통선거권 10, 73, 74, 179
복지국가 27, 206, 263
부정선거 91
분권화 169, 188, 193, 237
분단국가 53~55, 57~59, 62~64, 72, 74, 78, 90, 93, 119, 130, 141, 150, 155, 230
분리 통치 146
비선 조직 164

ㅅ

사인주의 183
사적 영역 102, 165, 221, 222, 223, 230, 268, 285
사회 균열 38, 39, 40, 144, 186, 197, 208, 254
사회 양극화 266
사회 통합 72, 197, 240, 253
사회운동 42, 44, 120, 139, 198
사회적 합의 39, 93, 251
산업구조의 심화 84
산업화
  산업화 전략 107, 109
  산업화 프로젝트 92, 106
  산업화의 타이밍 89, 97
  수입대체산업(화) 84, 101
  후발 산업화 97
  후후발 산업화 97, 100, 112

선거 경쟁 62~64, 70, 112, 127, 132~134,
140, 141, 147~150, 166, 175, 186, 189,
251, 272, 280
선거 공간의 개방 146
선거 전문가 정당 26
선거불참여주의 148
선거제도 22
세계화 169, 170, 198~201, 204, 206, 208~
211, 213, 214, 216, 217, 260, 261
세금 납부자 선거 체제 73
세자리즘 66~68, 178
소극적 자유 230
소득 불평등 27, 205, 218, 261
수동적 개혁 215
시민권 20, 22, 179, 239
시민사회 13, 46, 49, 67, 80, 81, 102, 108~
110, 112, 121, 145, 150, 183, 186, 196,
219~243, 247, 248, 255, 270, 272, 273,
277, 284, 285
    강력한 시민사회 242
    국가 대 시민사회 234
    국가에 반하는 시민사회 221, 225, 226,
231, 232, 235, 237
    서구의 시민사회 220, 221
    시민사회 대 시민사회 231, 232, 235, 236
    시민사회와 정치사회 229
    시민사회의 보수적 부문 234, 235, 238
    시민사회의 헤게모니적 부문 234
시장
    시장 근본주의 170, 263, 265
    시장 자유화 109, 199
    시장 창출적 개발 국가 195
    시장의 불평등 효과 27, 180, 262

    시장의 역할 209, 260
    언론 시장 37
    여론 시장 37~39, 164
    정치 시장 195, 215
    제도로서의 시장 195
    한국의 시장구조 194, 200, 216

ㅇ

안보 기구(안보 관련 국가기구) 95, 98, 99
언론
    대학·언론 연합 114
    언론 기업 37, 114, 115, 116
    언론 노조 운동 121
    언론 매체 115, 239, 268
    언론과 재벌 41, 43
    언론사 세무조사 173, 181
업종전문화 198, 201
엘리트 연줄망 134
엘리트 정당 130
엘리트 카르텔 151, 232~234, 252
여촌야도 91, 105, 106
역코스 70
열정적 집합의지 100
55년 체제 66, 69, 70, 71
온건파 129, 136, 137
운동 없이 민주화 없다 109
운동의 공간 221
운동적 요소 135, 136, 141, 142, 150, 151,
167
워싱턴컨센서스 199
위로부터의 개혁 112, 130, 196
위로부터의 혁명 112, 248
유신체제 84, 85, 104, 107, 108, 115, 116,

119, 121~124, 132, 145, 203
의회중심제 77, 125, 174, 175
이념적 불러내기 80
이념적 획일주의 61
이데올로기
    군사주의적 이데올로기 196
    냉전 반공 이데올로기 117, 229, 242
    발전주의 이데올로기 207
    이데올로기적 기구와 제도 237
    이데올로기적 스펙트럼의 확대 140, 193
    이데올로기적 헤게모니 90, 143, 232, 239
이익집단 111, 112, 129, 198, 205, 206, 220, 224, 226~228, 231, 236
입법부 229

ㅈ

자연 상태 49, 223, 229
자연권 229
자유주의 14, 75, 110, 111, 113, 114, 125, 169, 181, 182, 220~223, 228, 229, 231, 237, 269, 281~286
    고전적 자유주의 230, 282~284
    서구 자유주의 229
    신자유주의 31, 42, 169, 170, 179, 180, 199, 200, 203, 206, 210, 214, 216~218, 236, 238, 239, 252, 260, 261, 263~266, 283, 284
    자유주의 계몽사상가 221
    자유주의 정치철학 222
    자유주의의 논리 229
    자유주의적 가치 229
    자유주의적 사회질서 231

    자유주의파 181, 182
자유화 109, 110, 121, 199
자율적 결사체 220, 224~226, 236
재벌 28, 41, 43, 70, 82, 93, 101, 102, 108~111, 113, 116, 156, 158, 163, 165, 169, 173, 188, 193, 195~202, 204, 205, 208~216, 228, 241, 248, 260, 262, 264, 266~269, 278
    슈퍼 재벌 266~269, 278
    재벌 개혁 28, 70, 93, 163, 193, 198, 201, 208, 213, 216
    재벌 중심의 시장경제구조 196
    재벌 편향적 성장 제일주의 111, 196
    재벌의 사회적 영향력 200
    재벌의 헤게모니 110
재분배 정책 39
적극적 시민 222, 287
정경유착 102, 197, 198
정당 조직 33
정당체제
    보수적 정당 체제 134, 249, 253
    정당 체제와 사회 간의 괴리 252
    정당 체제의 위기 249, 252
    정당 체제의 저발전 247, 252
    정당 체제의 편협성 252
    지역 정당 체제 129, 132~134, 144, 215, 254, 257
    지역주의적 정당 체제 241
    한국의 정당 체제 63, 133, 184, 252, 254
정보 기구 171, 172, 177
정책 레짐 264~266, 269
정책 정당 43, 119
정초 선거 20, 64~66, 134, 137, 141, 147

정치 계급 8, 13, 247, 252
정치 균열 133
정치 담론 141
정치 동원 26
정치 엘리트 8, 33, 38~40, 111, 112, 118, 126, 130~132, 136~139, 146, 147, 156~159, 170, 185, 190, 193, 241, 249, 250, 253, 254, 257, 260
정치 참여 75, 85, 111, 112, 207, 259, 262
정치 행태 8
정치개혁 215
정치사회 49, 80, 110, 112, 163, 222, 223, 229, 231, 240, 247, 255
정치제도 39, 81, 224
정치체제 10, 19, 20, 35, 40, 45, 46, 51, 66, 70, 80, 81, 84, 86, 88, 89, 91, 92, 97, 101, 106, 112, 121, 126, 156, 174, 175, 185, 227, 228, 234, 259, 279, 280
제왕적 대통령 177~183
주변적 시민사회 231
중산층 8, 28, 42, 73, 85, 102, 106, 108, 121, 122, 124, 127, 128, 140, 205, 228, 242, 243
    도시 중산층 102, 124, 228, 243
    도시의 교육받은 중산층 102, 121, 127, 242
    신중산층 102, 128
중상주의 102
중우정치 178, 278
지대 추구 165, 173
지리적 분산 192
지방 분산 191
지시적 계획 92

지식인 사회 12, 43
지역감정 32, 33, 35, 144, 145, 189, 253, 257
지역주의 33, 241
직업 관료제 160
진보 정당 22
집중화
    중앙 집중화 31, 32, 39, 54, 55, 59~61, 90, 155~157, 164, 169, 170, 176, 187~193, 206, 223, 230, 236
    집중화된 관료행정 기구 236
    초집중화 31~33, 59, 60, 107, 187, 190~192

ㅊ

책임성
    수직적 책임성 172
    수평적 책임성 167, 172
1958년 체제 134, 140
체제 변화(전환) 88, 89, 93, 108
최대 강령파 129
최대 국가 170
최소 국가 170, 222

ㅋ

코포라티즘 205, 206, 227
    공급 측면 코포라티즘 206
    국가 코포라티즘 227, 229, 231, 232
    서구의 코포라티즘 206

ㅌ

탈규제 199, 203, 208, 209
탈동원화 64, 90, 91

탈정치화 231
토지개혁 57, 90~92, 131
퇴영적 향리주의 142
투표 불참 25, 258
투표자 25, 40, 64, 75, 104, 106, 141, 157,
  164, 166, 167, 170, 176, 183, 185, 186,
  264, 280
 중위수 투표자 166
 투표자 등록제 25
 투표자 정렬 64, 104, 106, 141
투표 행태 101, 141, 166, 241
 중산층의 투표 행태 106

ㅍ
파생 정당 248, 249
편향성의 동원 133
평등주의 90
평화공존 노선 162
포괄 정당 26, 64

ㅎ
학생운동 42, 109, 118~121, 123, 127,
  137, 139
해방 공간 49, 50, 51, 53~55, 62, 248

햇볕정책 163, 234
행정 관료 95, 156~160, 164, 169, 171,
  185, 262, 277
 행정 관료 기구 160, 164, 169
 행정 관료 엘리트 156~158, 160
 행정 관료 집단 156
 행정 관료 체제 95, 171, 262, 277
향리주의 142
헤게모니 33, 34, 38, 41, 54, 66, 69, 70,
  80, 81, 83, 91, 105, 116~118, 136, 143,
  144, 151, 161~163, 165, 168, 170, 182,
  184, 186, 187, 196, 202, 213, 231~235,
  237, 239, 242, 260, 262, 277, 278, 285
 기득 헤게모니 구조 38, 235
 냉전 반공주의의 헤게모니 19, 81, 118,
  184, 231, 234, 260
 비헤게모니적 시민사회 232
 헤게모니 부문 234, 237
 헤게모니 없는 정부 162
 헤게모니 있는 정부 162
협약 129, 130, 136~140, 215, 248, 249
혼합 정당 구조 135
효율 지상주의 110, 196